우리 아이 미래를 바꿀
대한민국 교육 키워드7

우리 아이 미래를 바꿀

대한민국 교육 키워드7

방종임 · 이만기 지음

EDU KEYWORD

21세기북스

왜 교육 키워드를
알아야 하는가

요동치는 입시제도에서 살아남기

"편집장님, 앞으로 교육은 어떻게 변할까요?", "대입 개편은 어떻게 될
까요?" 제가 올 한 해 가장 많이 들은 말입니다. 단언컨대 우리나라만
큼 대입제도가 자주 바뀌는 나라는 없습니다. 최근에도 또 한 번 대대
적인 변화가 예고되었죠. 우리나라 교육제도를 알면 알수록 전 세계 어
느 나라에서도 볼 수 없는 독특한 교육 현실이라는 생각이 듭니다.

제가 대학입시를 가까이에서 살펴본 지도 20년이 다 되어갑니다.
제가 직접 대입을 치른 시기까지 합치면 20년이 훌쩍 넘습니다. 그 과
정에서 우리나라 대입제도는 참 많이 바뀌었습니다. 불과 몇 년 전 변

화만 놓고 봐도 그렇습니다. 수시제도 중 입학사정관 전형을 보완해 만든 학생부종합 전형의 비중이 급격히 늘었다가 다시 줄었다가를 반복하고 있죠. 입시 전문가들을 만나면 입시제도가 하도 자주 바뀌어 과거의 제도가 기억이 잘 안 난다는 농담을 할 정도입니다. 저 역시 그렇습니다. 가끔 '우리나라에 이런 입시제도가 있었나?' 할 때가 한두 번이 아닙니다. 심지어 수능(대학수학능력시험)을 두 번 치른 해도 있었죠.

우리나라 대입제도가 자주 바뀌는 이유는 사공이 많기 때문입니다. 교육부는 교육부의 입장에서, 대학은 대학의 입장에서, 시도교육청은 시도교육청의 입장에서 자신들이 생각하는 방향으로 대입제도를 바꾸려 하다 보니 변화가 불가피합니다. 이를 중앙에서 방향성에 맞게 가지치기하면 좋으련만, 현실은 그렇지 못합니다. 그렇다 보니 해마다 수많은 변화가 일어납니다.

그래서 이 변화를 잘 이해하고 능동적이며 적극적으로 수용하는 사람은 대학 가기가 훨씬 유리합니다. 혹자는 이것을 '정보력'이라고 부릅니다. 예를 들어 최근 수능에서 가장 큰 키워드는 문과, 이과 통합입니다. 쉽게 말해 문과와 이과의 장벽을 없애고 수험생이라면 누구나 계열에 상관없이 과목을 선택할 수 있는 자유를 주자는 의미입니다. 그러나 이는 사실 수학의 중요성을 뜻하는 것이기도 합니다. 우리나라 대다수 학생들에게 문과와 이과 장벽의 기준선이 수학인 상황에서 장벽만 없앨 경우 수학에서의 점수 격차는 예상되는 일이었죠. 실제로 지금 그 폐해가 심각하게 나타나고 있습니다.

수능 수학 영역의 선택과목은 확률과 통계, 미적분, 기하 이렇게 세 과목입니다. 이 중 확률과 통계는 다른 수학 선택과목에 비해 상대적으로 범위가 좁고 난이도가 평이하기 때문에 문과 성향의 학생들이 많이 선택합니다. 반면 이과 성향의 학생들은 미적분과 기하를 선택합니다.

그런데 우리나라 수능 표준점수 보정식에 따르면 학습의 양이 많거나 어려운 과목을 선택한 학생들에게 유리하도록 조정점수제를 적용하고 있기에 미적분을 선택한 학생들이 확률과 통계를 선택한 학생보다 표준점수를 잘 받게 됩니다. 따라서 수학 영역의 모든 점수를 다 맞아도 확률과 통계를 선택한 학생(소위 문과)이 미적분을 선택한 학생(소위 이과)보다 더 낮은 표준점수를 받게 되는 것이죠.

요즘 수능은 100점 만점의 '원점수'가 기준이 아니라 과목 난이도에 따라 보정한 '표준점수'를 적용하기에 수학에서의 경쟁력을 바탕으로 미적분과 기하를 선택한 이과 학생들이 대학 지원 시 문과로 넘어오는 경우가 많이 발생하고 있습니다. 이과생이 같은 이과생들과 경쟁하는 것보다 문과로 넘어올 경우, 대학을 레벨 업 할 수 있기 때문이죠. 지난해 서울대 인문·사회 계열의 정시 최초 합격자(등록 전 합격자) 수를 살펴보면 이과생이 문과생을 넘었을 정도입니다. 심지어 경제학부는 이과생이 합격자의 74%, 경영학부는 67%에 달했습니다.

이것이 바로 이른바 요즘 많이 회자되는 '문과침공'입니다. 하지만 이 문제는 문과, 이과 통합 수능 3년 차인 지금이 아니라 통합된다는 발표가 난 순간부터 예측할 수 있는 일이었습니다. 문과와 이과가 장벽

없이 수능을 치르면 결국 변별력은 수학에서 나올 수 있다는 것을 예측하고 미리 수학 공부를 열심히 한 학생은 유리한 고지를 점할 수 있었을 것입니다.

그러나 대부분의 학생과 학부모는 그렇지 못하죠. 심지어 교육 현장에서는 문과, 이과 통합 수능 당해 연도가 되어서야 통합 수능이 치러진다는 것을 안 수험생들도 꽤 많았습니다. 단언컨대 전자와 후자의 차이는 컸으리라 생각합니다. 이를 일찍부터 알고 대비하는 경우 좀 더 여유를 가질 수 있다는 것은 분명합니다.

공부의 방향성을 정해주는 정보

입시 정보는 대입에서 성적만큼이나 중요한 요소입니다. 그리고 이 부분이 바로 학부모가 도와줄 수 있는 부분이라고 생각합니다. 공부는 결국 아이가 하는 것이니까요. 유치원과 초등학교 때까지는 부모가 학습 습관을 형성할 수 있도록 도와줄 수 있지만, 그 이후 성적이라는 예민한 점수를 만들어가는 것은 오로지 아이 몫이라고 생각합니다. 다만 부모가 흐름을 이해하고 있으면 아이가 자기의 방향성으로 나아가도록 도움을 줄 수 있다고 생각합니다.

저는 개인적으로 대입 정보로 인해 많은 것이 달라진 경우입니다. 지금이야 사교육 정보와 공교육 정보 양쪽 다 누구보다 잘 알고 있지만, 학창 시절에는 그것과는 거리가 먼 삶을 살았죠. 그 시기를 돌이켜

봤을 때 저는 한마디로 교육 사각지대에 놓인 학생이었습니다. 경제적인 이유로 초중고생 때도 학원 한번 다니지 못했죠. 학교생활이 교육의 전부였습니다. 부모님은 생계를 위해 늘 바쁘셨기 때문에 의식주 외의 모든 생활은 제가 다 알아서 해야만 했습니다. 학창 시절 내내 틈틈이 아르바이트도 하다 보니 대입 정보가 뭔지도, 어떻게 알아봐야 하는지도 전혀 모르는 상태였습니다.

다만 학교에서 시키는 대로 주어진 공부는 열심히 해서 내신은 꽤 좋은 편이었습니다. 하지만 제가 다닐 때만 해도 수능의 위력이 절대적이어서 내신으로 큰 경쟁력을 갖기는 어려웠죠. 그렇게 저는 원하는 수능점수를 받지 못해 결국 재수를 선택했습니다. 재수하는 과정에서 입시에 대해 좀 더 자세히 알아야겠다는 생각을 처음으로 했습니다. 수능 공부만 할 게 아니라 지금 내가 놓여 있는 현실, 내가 공부하는 것이 무엇을 위한 것인지부터 파악해야겠다고 마음먹은 것입니다.

당시만 해도 인터넷으로 검색하는 게 익숙하지 않아 신문과 배치표 등을 보고 대학에 문의했던 기억이 납니다. 그리고 그 과정에서 저는 인생을 바꿔준 중요한 대입 정보를 알게 되었습니다. 저처럼 글을 좀 쓰는 사람에게 유리한 '수시 논술 전형'이 있다는 사실을 말이죠. 제가 대학에 갈 때만 해도 수시제도가 안정화된 시기가 아니어서 수시제도에 대한 정보가 전무했습니다. 그렇게 저는 논술 전형을 통해 원하는 대학교에 합격할 수 있었습니다.

기자가 되어 교육 현장을 누비고, 수많은 학생과 학부모를 만나고,

입시 기사를 쓰면서 교육 정보의 중요성을 다시금 깨달았습니다. 제가 십수 년간 지켜본 교육 현장에서의 정보 격차는 심각할 정도로 컸습니다. 입학사정관 버금갈 만큼 대입 정보를 줄줄이 꿰고 있는 부모가 있는가 하면, 수시는 여섯 번 지원할 수 있다는 기본 정보조차 모르는 부모님도 있었습니다. 그리고 안타깝게도 정보를 많이 가진 분은 경제적으로나 정신적으로나 여유가 있는 분이 대부분이었습니다. 경제적인 그리고 정신적인 여유를 통해 얻은 대입 정보를 아이에게 고스란히 적용하고 있었던 것입니다. 그리고 수없이 바뀌는 대입제도는 이런 정보 격차를 더욱 공고히 만들었습니다.

5년 차 교육기자 때의 일입니다. 취재차 만난 학부모의 초대로 이른바 '강남 8학군 엄마' 모임에 간 적이 있습니다. 어떤 이야기가 오고 가는지 궁금해 호기심 반, 기대 반으로 들른 그곳에서 저는 큰 충격을 받았습니다. 어머님들의 교육 정보 수준이 놀라울 정도였기 때문입니다. 대치동 학원가의 사교육 정보는 물론이고 요즘 수능 출제 경향부터 대학별 인재상, 학교별 선생님들의 내신 출제 스타일까지 두루 꿰고 있었습니다. 정보력에서 나온 입시를 대하는 그분들의 여유로운 자세를 저는 지금도 잊을 수가 없습니다.

이 때문에 저는 많은 학부모님께 교육 정보의 중요성을 알려드리고 싶습니다. 비단 입시뿐만 아니라 육아를 비롯해 교육의 전반적인 부분을 부모님도 배우고 익혀 아이에게 적용한다면 분명 좀 더 좋은 결과를 얻을 것이라 확신합니다.

흐름을 알면 흔들리지 않는다

제가 정보력을 강조하는 이유는 한 가지 더 있습니다. 바로 사교육 때문입니다. 사교육이 우리 부모님의 등골을 휘게 만든 지 오래지만 현실은 여전히 답보 상태입니다. 변함없이 사교육비는 늘고 있고, 사교육으로 인해 경제적으로 힘든 가정이 점점 더 많아지고 있습니다.

이유는 불안하기 때문입니다. 다른 아이들은 다 하는데 우리 아이만 안 하는 것 같은 그 불안감에 압도되어 오늘도 아이를 학원으로 보내는 것입니다. 사교육비를 잡고자 입시제도를 바꾸지만 그럴 때마다 사교육비가 더 늘어납니다. 그 이유는 바로 새로운 변화가 몰고 올 불안감 때문이라고 생각합니다. 저는 이 불안감을 달래는 방법 중 하나가 바로 '아는 것'이라고 생각합니다. 이해를 통해 예측이 가능하면 확실히 덜 불안해지니까요.

저는 재테크 이야기가 나올 때마다 심장이 뛰고 불안감이 큽니다. 재테크 문외한이기 때문입니다. 집값이 오른다거나 비트코인, 주식 등의 이야기가 나올 때마다 심장이 두근거립니다. 그래서 때로는 큰 고민 없이 주식을 사버리곤 하는데, 결과는 빤하죠. 잘 알아보지도 않고 한 행동을 뼈저리게 후회하는 악순환이 이어집니다. 모르면 확실히 불안감이 클 수밖에 없습니다. 흔히 학부모들이 대입 정보를 얻기 위해 찾아가는 설명회에도 어느 정도 알고 가는 것과 마냥 모른 채 가는 것에는 큰 차이가 있습니다.

정보력은 중요하지만 대입 정보를 제대로 공부하는 것은 어려운 일입니다. 저는 부모님이 입학사정관이나 교육 전문가가 될 필요는 없다고 생각합니다. 하지만 적어도 흐름을 파악할 정도는 되어야 합니다. 게다가 과거와 달리 최근 들어서는 마음만 먹으면 누구나 정보를 알 수 있는 창구가 아주 많아졌습니다.

정보를 쉽고 자세히 알려주는 시도교육청이나 정부기관 등이 운영하는 홈페이지도 있고, 대학과 학교 홈페이지 등도 있습니다. 또한 제가 운영 중인 〈교육대기자TV〉를 비롯해 교육 정보 유튜브 채널도 아주 많습니다. 이런 창구를 잘 활용한다면 사교육에 의지하지 않고도 유익한 정보를 얻을 수 있습니다.

다만 이런 정보 창구에도 한 가지 아쉬움이 있습니다. 이들이 다루는 정보는 대개 현재에 머무는 입시 정보가 많다는 것입니다. 또한 여기저기에 파편화되어 있다 보니 이것을 한데 묶어 흐름을 정확히 짚어주고 미래 방향성을 잘 알려주는 면에서 부족한 점이 있습니다.

이런 아쉬움으로 이 책 『대한민국 교육 키워드7』을 생각했습니다. 매년 바뀌는 교육 트렌드를 분석하고 우리 교육계를 움직이는 키워드를 통해 앞으로의 변화를 예측하고 자녀 교육의 방향성을 알려드리고 싶었습니다. 적어도 이 책을 읽으면 앞으로 몇 년 동안의 교육 변화에 대해서는 확실히 감을 잡고 대비할 수 있으리라 생각합니다.

이 한 권으로 2023년을 정리하고 2024년을 맞이할 수 있을 것입니다. 여기저기 교육 정보를 찾아내느라 허비하는 시간을 단축시키고,

우리 아이와 함께하는 시간을 불안으로 보내지 않도록 도와드릴 것입니다. 그럼 지금부터 우리나라를 대표하는 교육 키워드를 만나러 함께 떠나보겠습니다.

2023년을 마무리하며
방종임·이만기

차례

: 프롤로그 : 왜 교육 키워드를 알아야 하는가   005

─────────────── ✦ PART 1 ✦ ───────────────

요즘 교육 트렌드는 이렇습니다

01 초등 우등생이 중고등 우등생이 아닌 이유   019
02 요즘 대학은 이렇게 선발합니다   031

─────────────── ✦ PART 2 ✦ ───────────────

교육을 움직이는 7가지 키워드

키워드 01 · 의대 블랙홀   043
"대한민국 수험생은 '의치한약수'에 몰린다"

키워드 02 · 고교학점제   088
"내가 듣고 싶은 과목을 내가 선택해서 듣는다"

| 진로 심리 검사·직업 학과 검색 사이트 | 125 |

키워드 03 · 2022 개정 교육과정   127
"2009년생부터 적용되는 교육과정의 핵심"

키워드 04 · 2028 대입 개편   173
"아이의 공부 방향성을 어떻게 잡아줄 것인가"

키워드 05 · IB(국제 인증 교육 프로그램)   212
"어릴 때부터 국제 기준에 맞춘 교육과정을 듣고 싶다면"

키워드 06 · 챗GPT 교육   242
"인공지능은 앞으로 교육 방향을 어떻게 바꾸어놓을까"

키워드 07 · 권위 상실   281
"부모가 교육의 주도권을 놓지 않으려면"

— + 특별 인터뷰 + —

주도권 있는 자녀교육을 위한 제언

① 부모의 권위를 세우는 가장 효과적인 방법   298
| 아주대 의과대학 정신건강의학교실 조선미 교수 |

② 아이 키우기 힘든 부모를 위한 조언   310
| 하정훈소아청소년과의원 하정훈 원장 |

PART 1

요즘 교육 트렌드는
이렇습니다

◆

우리나라는 OECD 국가 중 수능 등의 외부 시험으로 줄 세우기를 해 대학 합격을 결정하는 유일한 나라가 되었습니다. 현재 우리나라 입시는 한 줄 서기와 여러 줄 서기가 혼재된 독특한 상황입니다. 그리고 이런 독특한 입시제도로 인해 어디에서도 볼 수 없는 새로운 현실이 만들어졌다는 것을 이해하시면 됩니다.

초등 우등생이
중고등 우등생이
아닌 이유

아이가 중학생이 되면 달라지는 것들

"초등학교 때는 참 잘했거든요…." 중고등학생 부모를 만나면 으레 듣는 이야기입니다. 초등학생 때 우등생이 중고등학생이 되면 사라진다는 말은 아마도 들어보셨을 거예요. 제 채널에도 이와 관련된 주제의 영상을 올리면 공감 댓글이 가득하곤 합니다. 초등학생 때는 잘한다는 칭찬을 많이 듣는 우등생이었는데 중고등, 특히 고등학생 때는 중위권도 어려울 만큼 성적이 '폭망'하는 경우입니다.

그렇다면 왜 초등학생 때 우등생이 중고등학생 때까지 이어지지 않을까요? 초등학교에서 중학교로 올라가면 참 많은 것이 달라집니다.

일단 학교에 갈 때 교복을 입죠. 학교 수업 시수도 이전보다 훨씬 많아집니다. 등교 시간은 빨라지고, 하교 시간은 더 늦어집니다. 교과담임이 있고 교과마다 수행평가 방식이나 기간이 달라지는 것 등도 큰 차이점입니다.

중학교에 가면 수업 시간이 늘어난 만큼 학습량도 많아집니다. 따라서 교과가 많아진 것처럼 느껴질 수 있어요. 하지만 실제로 중학교 필수교과목 수는 초등학교 때와 큰 차이 없이 열 과목 정도로 비슷합니다(선택과목 제외). 다만 교과 내용이 한층 심화되어 어렵게 느껴지는 것입니다.

피아제의 인지발달 단계에 따르면 청소년기(11~15세)는 형식적 조작 시기로 아동기(7~11세)의 경험에만 의존하는 사고에서 벗어나 보다 논리적이고 추상적인 수준 높은 사고가 가능합니다. 청소년이 되는 중학교 시기는 육체적 변화와 더불어 새로운 사고방식과 인지능력이 발달하기 때문에 교과가 좀 더 세분화되고 교과별로 심화된 내용을 가르치고 배우는 것입니다.

중학교 절대평가의 맹점

초등학교와 중학교 때 가장 달라지는 것은 교육과정입니다. 초등학교 교육과정은 다음에 제시된 표와 같습니다. 이랬던 수업이 중학교 때는 뒤의 표와 같이 바뀝니다. 일단 수업 시간도 40분에서 45분으로

|초등학교 교과 과목 편제 |

구분		1~2학년	3~4학년	5~6학년
교과(군)	국어	국어 448	408	408
	사회/도덕		272	272
	수학	수학 256	272	272
	과학/실과	바른생활 128	204	340
	체육	슬기로운 생활 192	204	204
	예술(음악/미술)	즐거운 생활 384	272	272
	영어		136	204
	소계	1,408	1,768	1,972
창의적 체험활동		336 / 안전한 생활(64)	204	204
학년군별 총 수업시간 수		1,744	1,972	2,176

(출처: 교육부 '2015 개정 교육과정 총론')

늘어나죠. 수업도 심화되고 시간이 많이 늘어난다는 점이 가장 큰 차이입니다.

또 한 가지 치명적 문제는 자신의 실력을 정확히 가늠하기 어렵다는 점입니다. 중학교 1학년 때 시험이 없는 자유학기제(자유학년제)를 시행하기 때문이에요. 자유학기제란 학생들이 자신의 적성과 미래에 대해 탐색하고 학습의 즐거움을 경험할 수 있도록 진로 연계 교육을 편성하고 운영하는 과정을 말합니다. 학교에 따라 1학기 또는 1년이 자유

| 중학교 교과 과목 편제 |

구분		1~3학년
교과 (군)	국어	442
	사회(역사 포함)/도덕	510
	수학	374
	과학/기술·가정/정보	680
	예술	272
	예술(음악/미술)	272
	영어	340
	선택	170
	소계	3,060
창의적 체험활동		306
총 수업시간 수		3,366

(출처: 교육부 '2015 개정 교육과정' 총론)

학기로 운영되죠. 시험을 치르지 않고 지역과 학교 여건을 고려해 자율적으로 학생 참여 중심의 주제선택활동과 진로탐색활동을 운영한다는 특징이 있습니다. 이때는 토의·토론 학습, 프로젝트 학습 등 학생 참여형 수업이 강화됩니다.

중학교 내신 성적은 지필평가와 수행평가 점수를 합산해 산출합니다. 지필평가는 중간고사, 기말고사, 서술형평가 등의 시험을 통해 산출하는 점수입니다. 수행평가는 수업 준비, 과제, 참여도, 발표 등 수업과정에서의 평가로 산출하는 점수를 말합니다.

중학교에서는 내신 성적을 학업성취도 기준 절대평가로 산출합니다. 지필평가와 수행평가 점수를 합산해 90점 이상이면 A등급이며, 80~89점은 B등급, 70~79점은 C등급, 60~69점은 D등급, 60점 미만이면 E등급으로 기재합니다. 따라서 절대평가에서는 점수가 아니라 등급만 기재하므로 90점 이상이면 전체 학년 인원수에 상관없이 A등급을 받게 됩니다. 중학교 내신시험과 지필평가는 등수를 매기기보다는 학생이 교육과정을 잘 이해하고 있는지 확인하고, 성취 달성 여부를 알기 위해 A, B, C, D, E로 등급을 나눕니다.

절대평가는 시험을 응시한 학생이 일정 점수를 넘으면 모두 같은 등급이 부여되는 방식입니다. 정해진 커트라인만 넘기면 같은 등급으로 인정되기 때문에 등급별로 인원 제한이 없습니다. 예를 들어 전체 학년 학생 수가 200명일 때 90점 이상이 50명이면 50명 모두 A등급을 받게 되죠. 그러나 상대평가는 시험을 응시한 전체 학생의 점수를 비교해 등급이 부여되는 방식입니다. 예를 들어 전체 학년 학생 수가 200명일 때 1등급을 받을 수 있는 비율이 전체 인원수의 4%, 즉 여덟 명에 불과합니다. 90점이 넘었다고 해도 8등 안에 들지 못하면 1등급을 받지 못합니다. 바로 이 점 때문에 중학생 때 어느 정도 상위권을 유지했던 친구들이 고등학생 때 무너지는 것이죠. 고등학교는 상대평가이기 때문입니다.

초등학교에 이어 중학교 1학년까지는 학교에서 치르는 공식적인 시험이 없는 데다 중학교 2~3학년도 상위권에 대한 변별력이 없는 절대평가로 시험을 치르기 때문에 자신의 실력을 정교하게 알기 어렵습니다. 따라서 어느 정도 학교나 학원 수업을 잘 따라가고 90점 이상을 받는다면 상위권이라고 생각하기 쉽습니다.

그런데 고등학교는 절대평가가 아닌 상대평가이며, 이 중 단 4%만 상위권으로 1등급을 받기 때문에 변별력이 커지는 것이죠. 중학교 때 90점 이상 A를 받은 학생이라 할지라도 고교 성적 산출 방식에 따라 2등급, 3등급 또는 4등급의 성적을 받을 수 있습니다.

또한 고등학교 때는 과목당 공부할 양도 굉장히 늘어납니다. 중학교 때 3년 내내 배운 내용을 한 학기 또는 1년 만에 배우기도 하죠. 예를 들어 고1 때 배우는 통합과학의 경우 중학교 3년간 배운 과학 과목을 심화하고 물리, 화학, 지구과학, 생명과학을 융합한 과목입니다. 여기에 수시로 치르는 수행평가도 늘기 때문에 충분한 대비 없이 어느 날 갑자기 실력이 향상한다는 것은 꿈꿀 수 없습니다.

중학교 대비 공부법의 핵심, 문해력과 수해력

시기별로 초등학교에서 중학교로 넘어가는 학생들의 특성 변화를 분석한 결과 이 시기에 학생들의 교과에 대한 태도와 학교에 대한 행복감이 떨어지는 경우가 많다는 조사 결과가 있습니다. 살펴볼 점은 이때 낮아진 교과 태도와 학교에 대한 행복감은 그 이후에도 크게 향상되지 않았다는 것입니다. 따라서 학교급이 달라지기 전에 앞으로의 변화를 예상해 미리 대비하는 것이 현명한 방법입니다. 또한 앞으로 학생들의 학력 저하를 막기 위해 초등 3학년, 중1에 학업성취도 평가를 치르는 등 기초학력 진단이 예정돼 있기에 이에 대한 대비도 필요합니다.

초중고등학생 시기에 잘 적응하기 위해 시작점인 초등학생 때 어떻게 대비해야 할까요? 뭐니 뭐니 해도 가장 중요한 것은 국영수입니다. 앞으로 교육에 어떤 변화가 닥치든 국영수는 교과목의 가장 근본이기 때문에 국영수를 탄탄하게 한다면 변화에 유연하게 대응할 수 있습니다. 다만 국영수를 어떻게 대비할 것인가에 대해서는 제대로 알 필요가 있기에 구체적으로 알려드리고자 합니다. 다만 영어는 대입의 측면에서 국어와 수학에 비해 그 중요도가 떨어진 상황인 데다 의사소통식의 영어와 입시 영어에 상당한 차이가 있고, 또 가정마다 비중을 달리 두는 경우가 있기에 구체적으로 다루지는 않겠습니다.

먼저 초등학교 시기 국어 공부의 핵심이자 기본으로 어휘력과 독해 능력을 강조하고 싶습니다. 한마디로 '문해력'입니다. 문해력을 바탕으로 다양한 교과목의 내용을 한 번에 효과적으로 이해한다면 같은 시간을 할애하더라도 더 많은 분량을 효율적으로 공부할 수 있기 때문입니다. 국영수 기본 교과목을 열심히 대비한다고 해도 문해력을 놓치면 성과가 없기 쉽고, 반대로 문해력을 챙기면 국영수 기본 교과목의 학습 효과를 높일 수 있습니다.

어휘력과 독해 능력이 부족하면 학업의 이해 속도가 저하되고 그로 인해 공부에 대한 흥미가 떨어질 수 있습니다. 중학교 때부터 수업 시간에 자는 아이들이 많아지는 이유가 바로 이 때문입니다. 더 이상 벼락치기 암기로 시험을 잘 볼 수도 없고, 내용을 정확히 이해해야 하는데 이해력이 떨어지면서 아예 공부를 놓아버리는 것이죠. 무력감에 빠지는 시간이 늘어날수록 전두엽이 쇠퇴하고 공부하는 데에 시간을 많이 투자해도 효과가 반감되는 악순환이 이어지는 것입니다.

앞서도 이야기했듯이 초등학교 교과과정은 내용의 사실적 이해와 정확한 기억을 묻는 것이 대부분입니다. 이에 비해 중학교 교과과정은 학과의 내용에 배경지식과 체험을 통한 이해를 추가로 묻습니다. 따라서 평소 문해력을 바탕으로 내용을 정확히 이해하고 심층적으로 사고하는 훈련을 하는 것이 가장 주효합니다.

최근 몇 년간 문해력이 크게 화두가 되면서 문해력의 중요성을 아는 부모님이 정말 많아졌습니다. 문해력을 키우는 핵심 방법이 독서라는 점 또한 그렇습니다. 너무도 당연한 말이어서 추가적으로 강조하지 않겠습니다. 다만 많은 부모님들이 책을 읽는데도 문해력이 높아지지 않는다고 고민하는 경우가 많아, 이에 대한 구체적인 방법을 소개해드리고자 합니다.

초등학교 때는 평소 책을 많이 읽고 문장을 정확히 이해하는 문해력에 바탕을 둔 학습을 해야 하는데, 문해력에 대한 정확한 평가 기준이 없다 보니 막연할 수 있습니다. 문해력을 무료로 측정할 수 있는 두 가지 사이트를 추천합니다. 사이트에 접속해 정기적으로 체크하면서 우리 아이의 현재 문해력이 어느 정도이고, 어떻게 하면 좀 더 높일 수 있는지 관심을 가지고 자극을 주면 좋겠습니다.

소개할 첫 번째 사이트는 교육부와 한국교육과정평가원에서 제작한 '한글 또박또박(http://www.ihangeul.kr)'입니다. 한글 또박또박에서는 초등학교 1학년 수준의 한글 읽고 쓰기 검사가 이뤄집니다. 진단 결과에 맞는 보충 교육 자료도 제공합니다.

두 번째는 '웰리미 한글 진단 검사(https://hg.mirae-n.com)'입니다. 한국초등국어교육연구소와 초등 국어 교과서 발행사인 미래엔이 함께 만든 것이죠. 이 사이트에서는 한글 해독 준비도 음운 인식, 문장 청해 등 문해력 관련 여섯 개 분야에서 자가 진단이 가능합니다.

이외에도 문해력의 근간이 어휘력임을 잊지 말고 사전과 친해지길 바랍니다. 굳이 두꺼운 책자로 된 사전을 활용하지 않고 네이버 국어사전을 이용해도 좋습니다. 단, 단순히 어휘의 정의만 살펴보지 말고 반드시 유의어와 반의어도 함께 살펴보아야 합니다. 문해력 부족이 성적의 하락을 가져온다는 점을 늘 명심하고, 중고등학생 때 후회가 없도록 초등학생 때 문해력 심화에 초점을 두는 방향으로 학습을 이어나갈 것을 추천합니다.

또 하나는 수해력입니다. OECD는 'OECD 교육 2030'에서 미래 학습자가 가져야 할 네 가지 역량을 제시했는데, 그중 하나가 수해력입니다. OECD는 수해력을 '수학적 정보에 접근해 사용·해석하고 의사소통하는 능력'이라고 정의합니다. 간단히 말해 '수리적 문해력'의 줄

임말이라고 생각하시면 됩니다. 여기에는 문해력literacy, 수리력numeracy, 데이터 이해력data literacy, 디지털 이해력digital literacy이 포함됩니다. 현대 사회는 수학이 만들어놓은 세계라고 해도 과언이 아닙니다. 수학을 공부하지 않고는 어느 분야를 막론하고 리더가 되기 어렵습니다. 우리 교육과정도 이런 수학의 중요성을 반영하고 있습니다.

점점 커지는 수학의 중요성과 달리 우리 아이들은 갈수록 수학을 어려워합니다. 수학 공부가 어려운 이유는 능력을 키우다 보면 점차 어려운 문제를 해결할 수 있게 되는 게 아니라, 새로운 개념이 등장할 때마다 갑자기 높은 벽을 마주한 것처럼 느끼기 때문입니다.

예를 들어 초등학교 1, 2학년에서는 두 자릿수 범위의 덧셈과 뺄셈을 배우는데 3, 4학년에서는 세 자릿수의 덧셈과 뺄셈을 배우죠. 이 경우는 같은 개념인데 조금 복잡해지는 것이라 서서히 오르막을 오르는 듯한 느낌을 갖게 됩니다. 그러다 4학년 때는 분모가 같은 분수의 덧셈과 뺄셈을 배우고, 5학년 때는 분모가 다른 분수의 덧셈과 뺄셈을 배웁니다. 이어 분모의 곱셈과 나눗셈까지 배우죠. 이때가 되면 아이들은 지금까지와는 다른 새로운 개념으로 느껴 수학을 어려워하게 됩니다.

따라서 수학을 놓치지 않기 위해 중요한 것은 앞서 나가는 것보다 지나온 단계에 대한 학습 결손이 없어야 한다는 점입니다. 선행에 대한 불안감을 떨치고 이전 학기에 배운 내용 중 모르는 게 있는지 반드시 채우고 넘어가야 합니다.

이때 중요한 것이 바로 '개념'입니다. 수학 공부를 할 때 가장 많은 비중을 차지하는 것이 문제풀이지만 가장 중요한 뼈대를 이루는 것은 개념 학습입니다. 초중학교 때의 수학 과정은 고등학교 수학을 공부하기 위한 가장 기본적인 개념을 배우는 단계이기에 올바른 수학 개념을 정확히 이해하는 방향으로 공부해야 합니다. 수학은 이전 개념에 대한 이해가 뒷받침되어야 다음 개념을 공부하기 수월하기에 지금 배우는 개념이 무엇인지 다른 사람에게 설명할 수 있을 정도로 이해해야 하며 수학적 정의도 정확하게 알아야 합니다.

요즘 수학은 짧게 생각해 답을 구하는 방식에서 개념을 적용해 문제를 해결하는 과정을 서술하는 방식으로 변화하고 있습니다. 답보다 중요한 것이 그 문제를 푸는 과정인데, 이때 풀이의 기본은 정확한 개념의 이해라는 것을 기억해야 합니다. 문장제, 서술형 문제에 잘 대비하기 위해서는 개념을 정확히 숙지해야 한다는 것이 핵심입니다. 예를 들어볼까요?

Q. 8%의 소금물 500g이 있다.
여기에 몇 g의 물을 넣으면 5%의 소금물이 되는가?

이런 문제가 있다면 농도에 대한 정확한 개념을 바탕으로 다음과 같은 식을 이해해야 합니다. 또한 이를 바탕으로 문제를 보고 식으로 나타낼 수 있어야 합니다.

$$\%농도 = \frac{용질의\ 질량}{용액의\ 질량} \times 100(\%)$$

넣어야 하는 물의 양을 xg라고 하면 8% 소금물 500g에 녹아 있는 소금의 양과 5%의 소금물 (500+x)g에 녹아 있는 소금의 양이 같으므로 문제를 아래와 같은 식으로 기술할 수 있습니다.

$$500 \times \frac{8}{100} = (500 + x) \times \frac{5}{100}$$

결국 수해력을 키우는 방법은 무리하게 선행 학습을 진행하는 것보다 현행 학습을 충실히 하고 기본 개념을 놓치지 않는 것이라고 할 수 있습니다. 선행을 하더라도 실력을 점검하면서 해야 해요. 숫자를 가까이하되 덮어놓고 많은 문제를 풀기보다는 한 문제라도 그 안에 어떤 개념이 녹아 있는지 생각하고 이것을 수식으로 바꿔보는 연습이 필수입니다. 앞으로 늘어날 논서술형에 대비하기 위해서 꼭 연필로 직접 써보기를 추천합니다. 이를 위해서는 아이가 수학을 싫어하거나 포기하지 않는 게 전제되어야 한다는 점을 잊지 말아야 합니다.

요즘 대학은
이렇게 선발합니다

대입 전형의 큰 줄기

요즘 대입의 흐름을 알기 위해서는 대입의 기본 구조를 알아야 합니다. 이것을 바탕으로 최근 달라진 포인트를 이해할 수 있습니다. 일단 대학을 가는 방법은 크게 정시와 수시로 나눌 수 있습니다. 정시는 11월에 치르는 대학수학능력시험(수능)을 보고 12월에 성적표가 나오면 그 점수로 원서를 쓰는 것을 말합니다. 가군, 나군, 다군(전문대 제외)에 각각 한 군데씩 총 세 곳에 지원할 수 있습니다.

수시는 학교 내신과 전반적인 고등학교 생활을 평가받는 전형입니다. 크게 학생부종합 전형과 학생부교과 전형으로 나뉩니다. 학생부종합 전형을 줄여 '학종'이라고 하는데, 많이 들어보셨을 것입니다. 이 외에 인문, 수리 논술시험을 보는 논술 전형과 특기자들을 위한 특기자 전형도 있습니다. 논술 전형의 경우 학생부 위주 전형보다는 수가 적지만 서울 주요 대학이 실시하므로 무시할 수는 없습니다.

| 정시와 수시 비교 |

정시	수시
수능시험 성적 위주	고등학교 내신 성적 및 학교생활
가/나/다군, 각 군마다 1개 대학 지원, 총 3개 대학 지원 가능	구분 없이 6개 지원 가능
재수생 강세	고3 강세 (학생부종합 전형, 학생부교과 전형 위주)

학생부교과 전형은 내신 점수만으로 대학에 가는 반면, 학생부종합 전형은 내신과 함께 학교생활기록부를 합해 종합적으로 학생을 평가하는 전형입니다. 학생부종합 전형은 학교생활기록부를 바탕으로 평가받는데, 학교생활기록부에는 내신 점수뿐만 아니라 다양한 것들이 담겨 있습니다. 출결은 잘했는지, 성적은 어떤지, 동아리활동과 봉사활동, 진로활동은 무엇을 했는지 등등이 포함됩니다.

학생부는 학교 선생님이 기록합니다. 항목에 따라 교과선생님 또는 담임선생님이 나눠 평가합니다. 이런 점 때문에 일각에서는 선생님의 능력과 관심에 따라 학생부가 달라진다는 말이 나오기도 합니다. 교과 성적 이외의 다양한 활동을 비교과라고 하는데, 학생부종합 전형은 이를 정성평가로 반영해 합격자를 가립니다.

학생부종합 전형을 둘러싼 잡음

앞의 설명은 2010년대까지 대학교가 신입생을 뽑는 핵심 요건이었습니다. 그런데 이 틀이 2020년대에 들어 조금씩 달라지기 시작했습니다. 뜨거운 감자는 학생부종합 전형입니다. 입학사정관제를 전신으로 하는 학생부종합 전형은 내신 성적이 좋은 학생을 선발하는 것이 아니라 미래 사회가 요구하는 다양한 역량을 갖춘 학생을 선발하는 전형입니다. 학업 역량, 발전 가능성, 전공 적합성, 인성이라는 평가 요소를 반영하기 때문에 정량평가가 아닌 정성평가를 기본으로 하죠. 정성평가는 질적 기준을 바탕으로 수치화되지 않은 정보까지 평가하는 방식을 말합니다.

이때까지는 점수를 바탕으로 평가하는 정량평가가 보편적이었어요. 정시는 수능점수로, 학생부교과 전형은 내신 점수로 한 줄 세우기를 해 학생을 선발하는 정량평가에 익숙한 학생과 학부모에게 학생부종합 전형은 낯선 전형으로 다가왔습니다.

이 낯선 전형은 여러 가지 '~카더라' 소문을 낳았습니다. 정량적으로 점수화하는 게 아니기 때문입니다. 같은 점수임에도 합격과 불합격으로 나뉘다 보니 어떤 활동이 유리한지를 두고 다양한 해석이 쏟아졌습니다. 대학도 합격과 불합격에 대한 이유를 설명해주지 않기 때문에 답답함이 커졌고, 이에 잔뜩 겁을 먹은 많은 학부모가 수십만 원, 수백만 원에 달하는 컨설팅 비용을 지불하며 학생부종합 전형 상담을 받는 일도 많아졌죠. 비교과활동을 늘리기 위해 다양한 외부활동에 참여하는 학생들이 많아지면서 상대적으로 경제적 여유가 있는 학생들이 준비하기 유리하다는 인식이 생겨 '금수저 전형'이라는 비판을 받았습니다.

이런 인식이 만연해질 때쯤 2019년에 법무부 장관의 딸이 대학에 합격하는 과정에서 각종 입시 특혜가 있었다는 사실이 드러나면서 크게 논란이 일었고, 학생과 학부모들은 분노에 들끓었죠. 그리고 이는 2019년 11월 '대입제도 공정성 강화 방안'이 마련되는 결정적 계기가 되었습니다.

입시제도 변화의 4가지 핵심

최근 몇 년간의 입시 트렌드, 그리고 당분간의 입시는 '대입제도 공정성 강화 방안'에 따른 변화가 주요합니다. 강화 방안은 2019년 11월에 교육부에서 발표했지만, 2022학년도부터 점차 반영되어 2024학년도에 본격적으로 적용되기 때문입니다. 대입 정책은 학생들의 준비 시간이 필요하기 때문에 '4년 예고제'라고 해서 몇 년간의 유예 기간을 두고 있습니다. 그러면 변화의 핵심을 짚어보겠습니다.

| 학생부 주요 항목 내 비교과 기재 항목 변화 |

구분		20~21학년도 대입	22~23학년도 대입	24학년도 대입
① 교과활동		• 과목당 500자	• 과목당 500자 • 방과후학교활동(수강) 내용 미기재	• 과목당 500자 • 방과후학교활동(수강) 내용 미기재 • 영재/발명교육 실적 대입 미반영
②종합의견		• 연간 1,000자	• 연간 500자	• 연간 500자
③ 비교과영역	자율활동	• 연간 1,000자	• 연간 500자	• 연간 500자
	동아리활동	• 연간 500자 • 정규/자율동아리, 청소년단체활동, 스포츠클럽활동 기재 • 소논문 기재 가능	• 연간 500자 • 자율동아리는 연간 1개(30자)만 기재 • 청소년단체활동은 단체명만 기재 • 소논문 기재 금지	• 연간 500자 • 자율동아리 대입 미반영 • 청소년단체활동 미기재 • 소논문 기재 금지
	봉사활동	• 연간 500자 • 실적 및 특기사항	• 특기사항 미기재 • 교내외 봉사활동 실적 기재	• 특기사항 미기재 • 개인봉사활동 실적 대입 미반영 단, 학교교육계획에 따라 교사가 지도한 실적은 대입 반영
	진로활동	• 연간 1,000자	• 연간 700자 • 진로 희망 분야 대입 미반영	• 연간 700자 • 진로 희망 분야 대입 미반영
	수상경력	• 모든 교내 수상	• 교내 수상 학기당 1건만(3년간 6건) 대입 반영	• 대입 미반영
	독서활동	• 도서명과 저자	• 도서명과 저자	• 대입 미반영

※ 미기재 - 학생부에서 삭제, 미반영 - 학생부에는 기재하되 대입자료로 미전송

(출처: 교육부)

첫째는 학생부 간소화입니다. 앞서 말씀드린 법무부 장관의 딸이 대학에 들어갈 때까지만 해도 논문 등재, 도서 출간, 교외 경시대회, 해외 봉사활동, 공인 어학시험 등을 학생부에 반영할 수 있었습니다. 이런 활동은 부모의 경제적, 사회적 지위에 따라 불법 또는 편법으로 활용할 수 있다고 판단해 정규 교육과정 외 활동의 기재를 금지했습니다. 2022학년도부터 기재할 수 있는 항목을 점차 줄여 2024학년도에는 본격적으로 많은 항목에 변화를 주었습니다.

학생부는 크게 교과활동, 교과 외 활동, 종합의견으로 구성됩니다. 교과활동과 종합의견은 큰 변동이 없지만, 교과 외 활동은 많이 달라졌습니다. '교과활동'과 관련해서는 영재, 발명교육 실적을 반영하지 않는 것으로 바뀌었습니다. '교과 외 활동'은 자율활동, 동아리활동, 봉사활동, 진로활동이 대표적입니다. 이전까지는 자율동아리(연간 1개), 청소년단체활동 단체명 기재가 가능했지만, 2024학년도 입시에서는 자율동아리와 청소년단체활동을 모두 반영하지 않습니다. 봉사활동의 경우에도 2024학년도부터 개인봉사활동 실적은 반영하지 않습니다. 수상경력이나 독서활동도 대학입시에 미반영되었죠. 따라서 비교과 영역에서 평가 요소가 점차 줄다 보니 남는 것은 세부능력 및 특기사항이라는 말이 나오는 상황입니다.

둘째는 학생부종합 전형에서 학생부와 함께 평가자료로 활용한 자기소개서를 폐지했습니다. 그동안 자기소개서는 지원자가 장점을 강조하거나 학생부 내용을 소명하기 위해 대입에서 활용되어왔습니다.

그런데 자기소개서를 통해 부모 배경 등 외부 요인이 평가에 유입될 우려가 있었죠. 2022년 대입에서 교사추천제를 폐지한 데에 이어 2024학년도에 자기소개서를 폐지하면서 점점 더 외부 환경이 평가에 개입할 여지를 줄이는 방향으로 나아가고 있습니다. 물론 이로 인해 면접 전형 시 자신의 장점을 면접관에게 더 어필해야 한다는 부담감이 커졌지요.

셋째는 블라인드 서류평가 도입입니다. 블라인드 평가는 학생의 사회·경제적 배경의 영향을 최소화하고 출신 고교의 후광을 없애 고교 서열화를 해소하겠다는 취지로 2021학년도에 도입되었습니다. 학생부의 인적·학적사항, 수상실적, 봉사활동 등이 일괄적으로 블라인드 처리되어 대학에 전송되는 방식입니다. 이로 인해 수상 경력의 수상명, 창의적 체험활동의 특기사항, 교과 학습 발달 사항의 과목, 개인별 세부 능력 및 특기사항, 행동 특성 및 종합의견 등은 하나하나 뜯어보고 학교명은 지워 대학에 보내게 되었죠. 과거에는 이 과정에서 특목고나 자사고, 강남 8학군이 특혜를 받는 경우도 있었기 때문입니다.

또한 입학사정관들이 서류평가 과정에서 참고 자료로 활용하던 '고교 프로파일'도 폐지되었습니다. 입학사정관들이 지원자가 어느 고교를 다녔는지, 해당 고교가 어떤 교육 환경에 처해 있는지 등의 정보를 알지 못한 채 지원자를 평가하게 된 것이죠. 그나마 교육과정 정보를 주는 것은 다행입니다. 하지만 블라인드 서류평가 이후에도 여전히 특목고와 자사고가 유리하다거나 효과가 미미하다는 다양한 의견이 나오고 있습니다. 특히 특목고의 경우, 교육과정이 개설 과목(전문 교과)이나 세부능력 및 특기사항에서 일반고와 차별화되기 때문에 출신 학교 정보를 유추할 가능성을 배제할 수 없습니다.

넷째는 정시 확대입니다. 교육부는 공정성 논란이 끊이질 않는 학생부종합 전형의 비율을 줄이고 수능점수에 맞춰 대학에 가는 정시 전형을 늘리라고 (지역은 학생부교과 전형 확대) 대학에 권고했습니다. 2023학년도까지 정시 비중을 40%로 상향하되 대학 여건에 따라 2022학년도까지 하라고 말이죠. 확대 권고 비율은 '대입 전형 간 비율의 균형', '작년 공론화위원회 공론화 조사 결과 응답자가 적절하다고 본 정시 비율의 평균이 약 40%로 나타났다는 점'을 종합적으로 검토해 나온 수치였습니다.

이에 정시를 늘린 대학은 주로 '인 서울' 상위권 대학이었습니다. 상위권 대학은 학생부종합 전형을 선호해 이를 통해 선발하는 비율이 높았기 때문입니다. 왜냐하면 대학마다 인재상에 맞는 학생을 정성평가로 뽑을 수 있는 데다 정시에 비해 대학에 대한 충성도가 높은 학생을 뽑을 수 있었기 때문입니다. 정시로 선발된 학생은 수능점수에 맞춰 합격한 학생들이기 때문에 대학에 충성도가 높지 않죠. 그래서 아쉬움을 느낄 경우 자퇴하고 재수하는 경우도 많아 대학 중도 탈락률이 학생부종합 전형에 비해 상대적으로 높습니다.

교육부 권고에 따라 학생부종합 전형 비율을 줄이고 정시 비율을 늘린 16개 대학은 건국대, 경희대, 고려대, 광운대, 동국대, 서강대, 서울시립대, 서울대, 서울여대, 성균관대, 숙명여대, 숭실대, 연세대, 중앙대, 한국외대, 한양대입니다. 대부분 선망의 대학들이죠. 따라서 이들 대학이 정시를 늘린 것은 상당한 의미가 있습니다. 상대적으로 지역대학은 내신 점수를 바탕으로 하는 학생부교과 전형을 늘렸습니다.

이렇듯 '대입 공정성 강화 방안'은 입시제도에 많은 변화를 불러왔습니다. 교육계는 한 줄 세우기를 통해 공정성을 강화해야 한다는 과제를 부여받았습니다. 정성평가를 줄이고 수능과 내신 점수의 비중을 상대적으로 높였습니다. 하지만 이는 4차 산업혁명 시대를 맞아 여러 줄을 활용해 다양한 잠재력을 가진 학생을 선발하겠다는 2010년대 대입 기조와는 상반되는 것이었죠. 또한 전 세계적 흐름과도 차이가 있습니다. 현재 세계적인 교육 흐름은 논술과 서술형을 통해 학생의 비판적인 사고력을 평가하는 방향이거든요. 학생들 각자의 재능과 잠재력을 키워주고 비판적으로 생각할 수 있도록 교육제도를 다듬어가는 것이죠.

따라서 우리나라는 OECD 국가 중 외부 시험(수능 등)으로 줄 세우기를 해 대학 합격을 결정하는 유일한 나라가 되었습니다. 우리나라에서 이런 흐름을 의식해 만든 것이 고교학점제였는데, 공정성이라는 화두로 인해 방향을 바꾼 것입니다. 사실 고교학점제는 학생부종합 전형이 확대될 것을 염두에 두고 디자인한 제도입니다(그리고 2028학년도 대입에서는 여기에 또다른 변화를 줍니다).

현재 우리나라 입시는 한 줄 서기와 여러 줄 서기가 혼재된 독특한 상황입니다. 그리고 이런 독특한 입시제도로 인해 어디에서도 볼 수 없는 새로운 현실이 만들어졌다는 것을 이해하시면 됩니다. 최근 대입의 흐름과 맥락을 이해했다면 이제 키워드를 만나러 가보겠습니다.

PART 2

교육을 움직이는
7가지 키워드

◆

변화를 잘 이해하고 능동적이며 적극적으로 수용하는 사람은 대학 가기가 훨씬
유리합니다. 혹자는 이것을 정보력이라고 부릅니다. … 매년 바뀌는 교육 트렌
드를 분석하고 우리 교육계를 움직이는 키워드를 통해 앞으로의 변화를 예측하
고 자녀 교육의 방향성을 알려드리고 싶었습니다. 적어도 이 키워드만 알면 앞
으로 몇 년 동안의 교육 변화에 대해서는 확실히 감을 잡고 대비할 수 있으리라
생각합니다.

의대 블랙홀

●

"대한민국 수험생은
'의치한약수'에 몰린다"

사그라지지 않는 의대 열풍

몇 년간 대입을 장악한 입시 키워드는 단연 '의대 열풍'이었습니다. 의대에서 학생들을 다 빨아들인다고 해서 '의대 블랙홀'이라고도 불리죠. 학령인구 감소로 전국 대학에 위기 신호가 감지되지만 의대만은 예외입니다. 의예과, 치의예과, 한의예과, 약학과, 수의예과(이하 의약학 계열)의 인기가 높다는 것은 여러 지표로 확인이 가능합니다. 그중에서도 단적으로 대학입시와 관련한 수치로 말씀드리겠습니다. 지원 경쟁률과 정시 모집 합격자의 수능 성적 결과입니다.

  서울 수도권을 중심으로 주요 의대의 2024학년도 수시 모집 지원 결과를 살펴보겠습니다. 이 중 6개 대학에서 논술 전형을 실시하는 데 논술 전형의 평균 경쟁률은 무려 308.07대 1에 달합니다. 지난해에도 마찬가지였습니다. 대학별로 살펴보면 인하대가 2023학년도에 660.75대 1로 가장 높았고, 다음으로 2023학년도부터 논술 전형이 신설된 성균관대가 631.60대 1을 기록했죠. 물론 수시 모집 논술 전형의 경쟁률은 다른 전형에 비해 높습니다. 2024학년도 주요 10개 의대 수시 평균 경쟁률로 확대하면 45.59대 1입니다. 학령인구가 급격히 줄고 있음에도 의약학 계열은 아랑곳하지 않고 최고의 경쟁률을 자랑하고 있는 사실은 변함이 없죠.

수능으로 뽑는 정시 모집은 어떨까요? 의약학 계열을 개설하고 있는 서울대 2023학년도 정시 모집(일반전형) 최종 합격자의 수능시험 국어, 수학, 탐구 영역 백분위 70% 커트라인 평균(100점 만점)을 보면 의예과 99.3점, 치의학과 99.0점, 수의예과 97.3점, 약학과 97.0점 등입니다. 그 외 우리나라 최상위권이라 할 수 있는 의대 중 연세대(서울) 의예과 99.5점, 가톨릭대 의예과 99.5점, 성균관대 의예과 99.4점, 고려대(서울) 의과대학 99.4점 등으로 그야말로 최상위권 성적을 기록하고 있습니다. 이는 1등급은 물론이고 각 과목당 한 문제 넘게(1문제 틀리는 것까지는 괜찮습니다) 틀리지 않았다는 것을 의미합니다. 대개 서울 주요 의대는 수능에서 4개 이상, 지역 의대는 6개 이상 틀리지 않아야 합격선입니다. 합격자의 수능시험 성적이 높다는 것은 그만큼 그 학과의 인기가 높다는 의미이기도 합니다.

| 전국 의약학 계열 개설 대학 현황 |

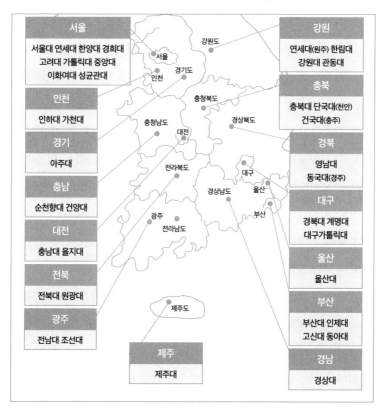

서울
서울대 연세대 한양대 경희대
고려대 가톨릭대 중앙대
이화여대 성균관대

인천
인하대 가천대

경기
아주대

충남
순천향대 건양대

대전
충남대 을지대

전북
전북대 원광대

광주
전남대 조선대

강원
연세대(원주) 한림대
강원대 관동대

충북
충북대 단국대(천안)
건국대(충주)

경북
영남대
동국대(경주)

대구
경북대 계명대
대구가톨릭대

울산
울산대

부산
부산대 인제대
고신대 동아대

경남
경상대

제주
제주대

소위 'SKY(서울대, 고려대, 연세대)'라 불리는 최상위권 대학에 합격했음에도 다른 학교 의대로 향하는 재수생도 늘었습니다. 최상위권 자연대에서는 의대 진학을 위한 이탈자가 늘고 있죠. 교육부에서 제공하는 대학 정보 공유 사이트 '대학알리미'에 공지된 바에 따르면 서울대, 연세대(서울), 고려대(서울)에서 자퇴나 미등록, 학사경고 등으로 중도 탈락한 신입생은 2021학년도에 611명, 2022학년도에 817명, 2023학년도에 1,001명을 기록했습니다. 특히 연세대와 고려대는 신입생 중도 탈락한 학생 비율이 9%대를 기록했습니다. 신입생 열 명 중 한 명꼴로 학교를 그만두는 셈인데, 이 중 상당수가 의대로 향했을 것으로 추정합니다.

불과 10년 전만 하더라도 지방 의대에 합격한 학생들이 SKY 이공계로 진학하고 있다는 기사를 흔하게 접할 수 있었습니다. 인재들이 의대보다는 이공계를 선택해 대기업에 취업하고 미래 산업을 발굴하는 쪽으로 모인다는 말이었죠. 하지만 최근 들어서는 정반대의 상황이 벌어지고 있습니다. 이공계보다는 지방이라도 의대를 선택하는 기류로 급선회하고 있는 것입니다. 급격한 의대 쏠림은 서울 최상위권 대학의 인기 공과대학 학생들의 이탈로 이어지고 있습니다.

이와 관련해 최근에 있었던 잊지 못할 에피소드가 있습니다. 우리나라 교육계에 쓴소리를 마다하지 않는 김누리 중앙대 독어독문학과 교수님을 인터뷰했을 때의 일입니다. 최근 교수님께서 서울대 기초교육원장과 나눈 이야기를 들려주셨는데 가히 놀라웠습니다. 기초교육원은 쉽게 말해 기초교양과목을 총괄하는 본부라고 생각하면 됩니다. 최근 들어 서울대에서 뜨는 기초교양과목이 있는데 바로 '수학'입니다. 신입생들이 반수를 염두에 두고 1학기부터 수학을 수강 신청하기 때문입니다. 교수님은 서울대 이공계생조차도 스스로를 의대에 지원했다 떨어진 패배자로 여기고 있다는 점을 안타까워했습니다.

이공계 인재를 키우기 위한 목적으로 설립된 과학고와 영재학교 학

| 전국 과학고, 영재학교 중도 이탈(전출 및 학업 중단) |

고교 유형	2015~2018년(4년)					2019~2022년(4년)					전체 계	증감(과거 4년 VS 현재 4년)	
	20 15	20 16	20 17	20 18	계	20 19	20 20	코로나 상황		계		인 원	증감률
								2021	2022				
과학고 (20개교)	41	17	63	52	173	49	69	64	68	250	423	77	44.5%
영재학교 (7개교)	3	2	7	11	23	19	18	17	15	69	92	46	200%
전체 계 (27개교)	44	19	70	63	196	68	87	81	83	319	515	123	62.8%

*공시 년도별 현황(전 학년 기준, 3개 학년)
*한국과학영재학교는 학교알리미 미공시로 제외

(출처: 학교알리미 공시자료, 종로학원)

생들 역시 의대로 진학하기 위해 이탈을 일삼고 있습니다. 종로학원이 최근 8년간 과학고를 비롯해 전국 일곱 개 영재학교의 전출 및 학업 중단 학생 현황을 분석한 결과, 이 기간 동안 총 515명이 학교를 빠져나갔다고 합니다. 과학고에서는 423명, 영재학교에서는 92명이 이탈했는데, 최근 4년 새 이탈 규모가 더 가팔라지고 있습니다. 과학고에서는 2015년부터 2018년까지 173명이 이탈했지만, 2019년부터 2022년까지는 250명이 이탈해 그 비율이 44.5% 증가했습니다. 영재학교는 더 심각합니다. 2015년부터 2018년까지 23명이 이탈했지만, 2019년부터 2022년까지는 무려 세 배 증가한 69명이 이탈했습니다. 이들은 과학고와 영재학교를 나와 일반고로 전학을 가거나 검정고시를 보고 대입을 준비합니다. 요즘 검정고시 합격자율이 높아진 이유는 이러한 배경도 한몫했죠.

과학고와 영재학교에서 이탈 학생이 증가한 것은 이공계 인재를 육성하겠다는 설립 목표를 위해 의대 지원자에게 불이익을 주기 시작한 것과 연관이 있습니다. 이들 학교에서는 의대 진학 시 장학금을 회수하고 의대 추천서를 금지했으며, 그럼에도 의대를 희망하면 일반고등으로 전출을 권고하고 있습니다. 앞으로는 의대에 가겠다는 영재학교 학생에게는 대학 진학 시 영재학교 학생부 대신 초중등교육법에 근거한 학생부를 제공하는 등 불이익을 더 확대하기로 했죠. 이렇게 되면 수상실적, 연구활동 등 영재학교만의 특성이 담긴 학생부의 유리함을 누리지 못하게 됩니다. 따라서 의대를 생각한다면 과학고나 영재학교 진학은 효과적이지 않습니다.

'사'자 선호 사상이 만든 전통의 의대 인기

의약학 계열은 언제부터 인기가 있었을까요? 사실 의약학 계열은 개설되면서부터 인기가 있었다고 말하는 게 맞을지도 모릅니다. 예전부터 인기 있는 학과였는데, 관심이 고조된 계기는 IMF였습니다. 1997년 당시 많은 사람이 직장과 일터를 잃고 고통받을 때 소위 '사'자 직업이라 불리는 변호사, 검사, 판사, 의사, 약사 등이 비교적 타격을 덜 받으면서 이후 인기가 점점 더 높아졌습니다.

40년간 이공계 인기 대학의 변천 상황을 살펴보면 의대 인기를 체감할 수 있습니다. 학력고사 시절에는 서울대 물리학과가 이공계 학과 중 가장 인기가 있었으나, 수능 이후부터 서울대 의예과가 선두 자리를 지키고 있죠. 이후 1997년 외환위기를 거치면서 우리나라 최상위권 학

| 4년제 대학 이공계학과 입학 성적 톱10 |

순위	1985 학년도	1990 학년도	2000 학년도	2010 학년도	2020 학년도	2023 학년도
1	서울대 물리학과	서울대 물리학과	서울대 의예과	서울대 의예과	서울대 의예과	서울대 의예과
2	서울대 의예과	서울대 컴퓨터공학과	연세대 의예과	성균관대 의예과	연세대 의예과	연세대 의예과
3	서울대 전자공학과	서울대 의예과	성균관대 의예과	연세대 의예과	가톨릭대 의예과	성균관대 의예과
4	서울대 제어계측학과	서울대 전자공학과	가톨릭대 의예과	연세대 치의예과	성균관대 의예과	가톨릭대 의예과
5	서울대 미생물학과	서울대 미생물학과	가천의과대 의예과	울산대 의예과	울산대 의예과	울산대 의예과
6	서울대 기계공학과	서울대 제어계측학과	경희대 한의예과	인제대 의예과	고려대 의과대학	고려대 의과대학
7	서울대 항공학과	서울대 무기재료공학과	고려대 의예과	고려대 의과대학	가천대(메디컬) 의예과	가천대(메디컬) 의예과
8	서울대 전자계산학과	서울대 기계공학과	서울대 건축학과	중앙대 의학과	경희대 의예과	경희대 의예과
9	서울대 산업공학과	서울대 계산통계학과	서울대 기계공학과	건양대 의학과	아주대 의학과	아주대 의학과
10	서울대 무기재료공학과	서울대 항공학과	서울대 원자핵공학과	관동대 의학과	이화여대 의예과	중앙대 의예과

(출처: 종로학원 종로학력평가연구소/전자신문 2023년 5월 23일자 기사)

과는 전국에 있는 의예과가 모두 차지하기 시작했습니다.

'사'자 직업 중에서도 의사와 치과 의사, 약사가 단연 인기가 더 많은 이유로는 의약학 계열의 학생 선발 방식 변화도 한몫했습니다. 2005학년도부터 의학전문대학원과 치의학전문대학원이 도입되면서 학생 선발 방식이 고등학교 졸업생을 대상으로 선발하는 신입학 선발 과 4년제 대학 졸업생을 대상으로 선발하는 대학원 선발로 이원화되었 습니다.

하지만 2013학년도부터 의학전문대학원, 치의학전문대학원을 폐 지하고 의학대학, 치의학대학으로 변경할 수 있게 되면서, 의예과와 치 의예과 학생을 신입학으로만 선발하는 대학이 증가하기 시작했습니다. 2024학년도 대학입시에서 의예과는 차의과대학교를 제외한 39개 대학 에서 의학대학 신입학으로 선발하고, 치의예과는 11개 대학 전체가 치 의학대학 신입학으로 선발합니다. 다만 서울대와 부산대, 전남대는 신 입학으로 학생을 선발하지만 모집 단위명은 치의학전문대학원입니다.

약학과는 2012학년도부터 학제가 기존의 4년제에서 2+4년제로 변 경되면서 학생 선발 방식도 변경되었습니다. 고등학교 졸업생을 대상으 로 하던 신입학 선발이, 4년제 대학이나 전문대학 2년 이상 수료생을 대상으로 하는 편입학 선발로 바뀌었죠. 그런데 이런 약학과의 편입학 선발 방식이 2022학년도부터 고등학교 졸업생을 대상으로 하는 6년제 신입학 선발 방식으로 변경되었습니다. 그러면서 약학과의 인기도 덩 달아 높아졌죠.

대학원 진학 등 추가 검증 과정 없이 한 번의 학부 입학으로 의약학 계열 졸업장을 취득할 수 있다는 점은 학생과 학부모에게 큰 메리트로 다가갔습니다. 이에 점차 인기가 높아지더니, 장기적인 경기 침체에 따른 전문직 선호 현상까지 더해져 단연 최고의 인기 학과로 우뚝 섰습니다. 그 인기는 가히 하늘을 찌를 정도로 높아지고 있습니다.

　　이런 인기는 비단 의약학 계열의 높은 연봉만으로는 설명되지 않습니다. 뒤의 표에 나타나 있듯이 연봉으로만 놓고 보면 요즘 의사보다 각광받는 IT 기업 연봉이 더 높은 곳도 있습니다. 표의 왼쪽은 2022년 금융감독원이 전자공시시스템에 공시된 주요 대기업의 사업보고서를 바탕으로 직원 평균 연봉이 1억 원이 넘는 회사를 조사한 것이고, 오른쪽은 같은 해에 한국고용정보원이 국내 537개 직종에 종사하는 재직자 1만 6,244명을 대상으로 직업 평균 소득을 분석한 것입니다. 물론 의사의 연봉은 꽤 높지만 개원의로 성공한 경우에 해당하는 부분이 큽니다. 의사 중 많은 경우는 월급을 받고 일하는 일명 '페이 닥터'로, 최근 들어 많아진 상황입니다.

　　하지만 의사는 정년 없이 오랜 기간 일하며 안정적으로 돈을 벌 수 있다는 점, 사회적 평판이 높다는 점 등이 큰 장점으로 작용하고 있습니다. 이에 날이 갈수록 의대 선호 현상은 더 높아지고 있습니다. 대략 매년 의대는 3,000여 명, 치한약수까지 포함하면 6,000여 명 정도 신입생을 선발하는데, 이 안에 들기 위해 매년 바늘구멍을 뚫으려는 학생이 늘어나고 있습니다.

| 2022년 대기업 및 직업 평균 연봉 순위 |

순위	기업명	평균연봉	순위	직업	평균	25%	75%	응답자 수(명)
1	카카오	1억 7,200만 원	1	이비인후과 의사	1억 3,934만 원	9,500만 원	1억 8,000만 원	31
2	SK 텔레콤	1억 6,200만 원	2	성형외과 의사	1억 3,230만 원	9,500만 원	1억 6,000만 원	30
3	삼성 전자	1억 4,400만 원	3	피부과 의사	1억 3,043만 원	9,500만 원	1억 6,000만 원	30
4	네이버	1억 2,900만 원	4	외과 의사	1억 2,667만 원	1억 원	1억 5,000만 원	30
5	삼성 SDS	1억 1,900만 원	5	안과 의사	1억 2,280만 원	8,892만 원	1억 5,000만 원	30
6	SK 하이닉스	1억 1,520만 원	6	산부인과 의사	1억 2,123만 원	8,000만 원	1억 5,000만 원	30
7	에쓰 오일	1억 1,500만 원	7	정신과 의사	1억 1,883만 원	8,000만 원	1억 3,000만 원	30
8	삼성 물산	1억 1,300만 원	8	기업 고위임원	1억 1,219만 원	8,000만 원	1억 5,000만 원	31
9	대한 유화	1억 1,200만 원	9	비뇨기과 의사	1억 1,108만 원	8,600만 원	1억 2,000만 원	30
10	삼성 엔지니어링	1억 1,100만 원	10	내과 의사	1억 1,073만 원	8,300만 원	1억 1,000만 원	30
			11	소아과 의사	1억 807만 원	7,500만 원	1억 2,000만 원	30
			12	항공기 조종사	1억 571만 원	9,800만 원	1억 2,000만 원	30
			13	한의사	1억 255만 원	7,000만 원	1억 2,000만 원	30
			14	대학교 총장, 학장	9,980만 원	9,000만 원	1억 원	30
			15	가정의학과 의사	9,943만 원	8,000만 원	1억 2,000만 원	30
			16	방사선과 의사	9,607만 원	7,000만 원	1억 원	30
			17	금융관리자	9,381만 원	8,000만 원	1억 750만 원	32

(출처: 2022 금융감독원, 2022 한국고용정보원)

의대 쏠림 현상 중 최근 들어 두드러지게 나타나는 특징은 의대 중에서도 소위 상위 여섯 개 의대를 향한 인기입니다. 의대 안에서도 수도

순위	병원명	점수	소재지
1	서울아산병원	96.80%	서울
2	삼성서울병원	64.52%	서울
3	서울대병원	92.99%	서울
4	세브란스병원	92.77%	서울
5	서울성모병원	89.93%	서울
6	분당서울대병원	89.45%	성남
7	아주대병원	87.36%	수원
8	강남세브란스병원	83.22%	서울
9	강북삼성병원	82.13%	서울
10	여의도성모병원	81.04%	서울

권과 지역 간의 차이가 나타납니다. 지역 대학 의대에 합격한 학생들이 소위 수도권, 그중에서도 대학병원과 연계된 의대로 향하는 경우가 더 많아졌습니다.

흔히 주요 의대 상위 여섯 개라고 하면 서울대 의대, 연세대 의대, 고려대 의대, 성균관대 의대, 가톨릭대 의대, 울산대 의대를 꼽습니다. 이 중 울산대 의대는 의대 교육과 수련 대부분이 서울 아산병원에서 이루어졌습니다. 하지만 교육부에서 이에 대해 '무늬만 울산대'라고 지적함에 따라 2023년 신입생부터 울산에서 4년 이상 교육을 진행한다고 밝혀 최근에는 인기가 떨어진 상황입니다.

대학병원 순위는 의대 선택의 가장 중요한 잣대로 작용합니다. 의대 진학 후 3, 4학년 때 대학병원이나 교육 협력 병원에서 실습을 거쳐야 하기 때문이죠. 통상 병원 규모가 크고 의료의 질이 높은 경우 상대적으로 우수한 실습 기회를 가질 가능성이 크다고 볼 수 있습니다. 울산대 의대 협력 병원인 서울아산병원, 성균관대 의대 협력 병원인 삼성서울병원, 서울대학교 부속 병원인 서울대병원, 연세대학교 부속병원인 세브란스병원, 가톨릭대 의대의 부속병원인 서울성모병원의 인기가 높은 것은 이를 반영합니다.

3,000명을 향한 경쟁

수험생이 대략 40만 명(요즘은 재수생 포함 50만 명)이라고 할 때 의대는 3,000명 안에 들어야 하는 치열한 경쟁입니다. 그렇다 보니 일찍부터 준비하려는 움직임이 많아졌고, 급기야 초등학교 저학년 때부터 의대를 준비하는 현상까지 나타나고 있습니다. 이유는 간단합니다. 초등학생 때에 시간적 여유가 가장 많다는 이유에서죠. 이런 인기는 서울 강남 대치동 일대를 중심으로 '초등의대반'이라는 기존에 없던 학원들이 새롭게 탄생하고 있는 것만으로도 알 수 있습니다.

의대 쏠림 현상은 초등학교 사교육 현장에 깊게 파고들고 있습니다. '초등의대반', '초등의대관'에 들어가기 위해서는 학원이 자체적으로 만든 국어, 영어, 수학 과목의 입학시험을 거쳐야 하는데, 이를 대비하기 위해 과외를 받는 경우도 있다고 합니다. 방학 때는 지방에서도 적지 않은 학생들이 오는 것으로 알려져 있죠.

학원 커리큘럼은 수학과 과학 위주이며, 수학은 올림피아드 대비용 문제를 풀거나 수학의 정석을 활용하는 경우가 많습니다. 과학 시간에는 자체 교재를 통해 물리, 화학 등을 중심으로 수업을 진행합니다. 다른 커리큘럼과의 차이점은 학년 구분 없이 선행학습에 따라 반을 편성한다는 게 특징입니다. 선행 속도만 따라간다면 초등학교 저학년, 아니 유치원생이라도 초등학교 고학년생들과 수업을 들을 수 있습니다.

대치동 '초등의대반'의 경우, 지역 특성상 초등학교 저학년 때는 국내 대학과 해외 대학을 결정하지 못한 학생들이 대부분이기 때문에 해외 대학 진학을 대비해 수업을 영어로 진행하며 미국 경시대회(AMC) 문제를 푸는 곳이 많습니다. AMCAmerican Mathematics Competitions는 MAAMathematics Association of America(미국수학협회)에서 주관하는 경시대회로 미국 중고등학생들을 위한 가장 권위 있는 수학경시대회로 꼽힙니다. 중고등용 수학경시 문제를 초등 때부터 미리 풀게 하는 것이죠. AMC를 활용해 수업하는 학원이 많은 것은 이를 대비해 공부해두면 이후 유학을 갔을 때도 수업을 따라가는 데에 어려움이 없기 때문입니다. 이들 중 상당수는 국내뿐 아니라 해외 의대를 생각하는 경우도 많습니다.

그간 최상위권의 코스라 여기던 영재교육원의 인기가 학교생활기록부에 기재되지 않는다는 점에서 떨어지고 있고, 이들 중 상당수가 초등의대반으로 향하고 있습니다. 영재교육원이 입시에서 큰 이점이 되

| 급속도로 번지고 있는 '초등의대반' 광풍 |

"초등 의대반 선발고사 진행" 지방 시골학원까지 광풍

[아무튼, 주말]
대치동 초등 의대반… 지방 읍단위까지 확산

김아진 기자
업데이트 2023.06.21. 11:00 ∨　　　　　　　　　　　　　　◁)) 가

"아이를 꼭 의대에 보내고 싶은데요."

"몇 학년이죠?"

"초등학교 1학년요."

"지금부터 준비해야 해요. 외대반으로 보내세요. 저희가 스페셜하게 관리합니다."

(출처: 조선일보 기사 캡처)

지 못한 데다 의대 선호 현상까지 나타나다 보니, 최상위권 학생들이 초 등의대반으로 점점 눈을 돌리게 된 것이죠. 그것이 옳고 그르냐를 떠나 의대 선호가 계속되는 한 이런 흐름은 지속될 것으로 보입니다.

앞으로는 서울 대치, 목동, 중계동을 넘어 지역 학군지를 중심으로 이런 학원이 계속 나타나지 않을까 합니다. 학원에서 기존 최상위반 또는 영재반을 초등의대반으로 이름을 바꾸는 일도 심심치 않게 있을 것입니다. 초등의대반을 모집하는 학원의 플래카드는 점점 더 많이 나타 날 테고, 나아가 '유치원의대반' 광고도 더 많아질 것으로 예상됩니다.

커리큘럼상 극심한 선행학습을 전제하기 때문에 반 편성을 학년별 로 하기보다는 선행 속도로 나누는 경우가 많습니다.

다음 수학 문제는 '맘카페'에서 회자된 초등의대반 레벨테스트 문항입니다. 얼핏 봐도 상당한 선행을 전제로 한다는 것을 알 수 있습

[초등부 의대 K2반 선발고사 - 정답률 69%]

1. 그림 (가)는 질량 M인 모래가 놓인 단열 실린더 내의 이상 기체(X)가 단열 피스톤 1과 2에 의해 A, B로 나뉘어 있는 것을 나타낸 것이다. 이상 기체는 평형 상태에 있고, A와 B의 부피는 각각 2V, V이며, 절대 온도는 각각 3T, T이다. 그림 (나)는 (가)의 피스톤 위에 놓인 모래의 질량을 2M 으로 증가시켜 이상 기체가 평형 상태에 있는 것을 나타낸 것이다.

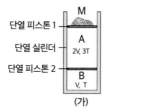
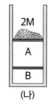

이에 대한 설명으로 옳은 것만을 <보기>에서 있는 대로 고르시오. (단, 피스톤의 질량은 무시한다.) [2점]

<보기>

ㄱ. (나)의 B의 압력은 (가)의 A의 압력보다 M_g 높다.

ㄴ. (가) → (나) 과정에서 의 값은 X가 단원자분자일 때와 이원자분자일 때가 같다.

ㄷ. (가) → (나) 과정에서 A와 B의 엔트로피 변화량의 차는 $2\ln 2$이다.

니다. 확인할 수는 없지만 정답률 69%가 놀랍네요. 초등의대반의 핵심이 선행학습이기에 아이의 의사와 학업 속도를 따라가는 정도를 등한시한 채 부모의 욕심만으로 강요하지 않았으면 하는 바람입니다.

의대를 선호할수록 N수생이 늘어난다

의약학 계열은 좁은 문입니다. 의약학 계열 인기가 높아진다는 것은 가고 싶지만 가지 못하는 학생들이 그만큼 많다는 것을 의미합니다. 떨어진 학생들은 '한 번 더'를 위해 재수를 합니다. 요즘 상위권 재수생의 절반 이상이 의약학 계열 진학 희망자라는 말이 나올 만큼 의약학 계열을 가기 위한 재수 열풍이 뜨겁습니다. 아니, 재수 이상 장수생이 많아졌습니다. 하지만 이와 관련한 구체적인 자료를 대학이 공개하지 않아 재수생이 어느 정도인지 정확히 파악하기는 쉽지 않습니다.

다만 미루어 추정할 수 있는 근거는 매 학년도 수능시험 응시자 현황 중 졸업생의 비율입니다. 2014학년도에 19.6%(12만 7,634명)였던 졸업생 비율이, 의학전문대학원과 치의학전문대학원이 의학대학과 치의학대학으로 전환되기 시작한 2015학년도에 20.5%(13만 1,532명)로 증가했습니다. 이후에도 조금씩 증가하다 2020학년도에 25.9%(14만 2,217명)로 다시 크게 증가했습니다. 2024학년도 수능시험에서는 전체 응시생 50만 4,588명 중 재수생은 15만 9,742명으로 검정고시 등을 포함한 N수생 비율(35.3%)이 1996학년도 수능 이후 28년 만에 최고치를 기록했습니다.

입시업계에서는 '의대 열풍'으로 이과 N수생이 크게 늘었다고 분석합니다. 의학대학, 치의학대학으로 전환된 2015학년도 이후 꾸준히 증가하고 있다는 사실과 약학대학이 신입학 선발로 변경한 2022학년도 이후 큰 폭으로 증가했다는 사실이 적지 않게 영향을 미친다고 볼 수 있습니다. 앞으로도 졸업생 비율은 한동안 증가할 것으로 예상되며, 특히 의대 선호가 강한 강남 8학군은 더욱 심화되리라 보입니다.

요즘 재수생의 사교육 트렌드

매년 의약학 계열로 입학하는 학생 가운데 적지 않은 수가 고3 수험생이 아니라 재수생을 포함한 졸업생(이하 N수생)이며, 이들이 해를 거듭할수록 증가하고 있다는 말은 과장이 아닙니다. 요즘 재수생 중에서는 20대 중후반은 기본이고 30대도 심심치 않게 있습니다. 이는 앞서 살펴본 수능 응시자 현황으로도 어느 정도 파악이 가능합니다.

재수생들은 학생부를 중심으로 선발하는 수시 모집보다는 수능 위주로 선발하는 정시 모집에 지원하는 경우가 흔합니다. 학생부는 고등학교 재학 기간 동안 교과 성적과 비교과 활동 등을 기록하는 것으로, 한 번 기록되면 절대 변경할 수 없지만 수능은 매년 응시할 수 있을 뿐만 아니라 성적 향상도 기대할 수 있기 때문입니다.

요즘 재수생들은 혼자 공부하기보다 재수학원을 활용하는 경우가 많습니다. 요즘에는 새해부터 재수를 하기보다는 중간에 하는 반수생이 많아졌기에, 짧은 기간 효율을 높이려는 학생들 사이에서 인기입니다. 스마트폰 등의 유혹을 떨쳐내거나 생활 관리 면에서 유리하다는 생각 때문일 것입니다. 그렇다 보니 N수생들은 집중적으로 수능에 대비할 수 있는 학원을 찾습니다. 특히 상위권 N수생들이 많이 다니고 입시 실적도 좋은 학원을 선호하는데, 그 대표적인 학원으로 '시대인재'가 있죠.

시대인재는 현재 대치동 학원가에서 가장 잘나가는 입시학원입니다. 2014년에 개원한 뒤 10년 만에 대치동 학원가를 평정했다는 평가를 받고 있습니다. 2022년 매출이 무려 2,747억 원에 달하며, 해마다 50%에 가까운 성장 비율을 보이고 있습니다. 심지어 시대인재는 온라인 강의도 없습니다. 오프라인 강의만으로 온오프라인 사교육 시장에 모두 진출한 '메가스터디 그룹'을 위협할 정도로 급성장한 것입니다. 사교육의 메카라 불리는 강남 대치동 은마아파트 사거리는 이제 아예 시대인재 동네라고 불릴 정도입니다. 대치동 일대에만 45개의 분관이 있습니다.

시대인재의 성공 비결을 이해하기 위해서는 요즘 수능의 출제 기조를 알아야 합니다. 최근 몇 년간 수능은 지나치게 어렵거나 난해한 초고난도 문항보다는 고난도 문항이 여럿 출제되는 게 특징입니다. 따라서 이에 대비하기 위해서는 수능과 비슷한 상황에서 여러 번 모의고사를 치러 실수를 줄이는 게 효과적인데, 시대인재의 서바이벌 모의고사가 이런 특징을 간파한 전략입니다. 수능 문제를 출제하는 한국교육과정평가원과 비슷한 수준의 이른바 평가원급 문제로 이루어져 있어 수험생들 사이에서 폭발적인 인기를 얻고 있습니다. 또한 서바이벌 모의고사 문제풀이까지 강사들이 제공하고 있죠. 매년 하반기에 주 1회 과목별로 서바이벌 실전 모의고사 문제집을 제공해 교재비만 100만 원이 넘는 것으로 알려져 있습니다. 특히 이 중 상당수가 상위권 대학 인기 학과의 당락을 좌우하는 킬러문항의 적중률이 높은 것으로 유명했습니다.

그러나 시대인재의 성공 뒤에도 그림자가 있다는 사실이 최근 정부의 사교육 단속으로 밝혀졌습니다. 서바이벌 모의고사 등 교재를 만드는 과정에서 현직 교사와 수능시험 출제위원들에게 문제를 받기 위해 거액의 돈을 준 것이 적발되면서 비난을 받고 있습니다. 국세청으로부터 강도 높은 세무조사를 받은 시대인재는 사회적 비판을 수용하고 정부의 사교육비 경감 대책에 동참하겠다는 내용의 반성문을 발표했죠.

요즘 재수생들 사이에 나타난 또 다른 트렌드 중 하나는 기숙학원입니다. 기숙학원에서 재수하는 학생들이 꽤 많아졌습니다. 스마트폰의 유혹 등에 빠져 자기관리가 안 되는 학생들에게 인기가 많은데, 학원의 치밀한 관리 프로그램과 전략이 재수생 모집에 한몫한 것입니다. 시대인재, 메가스터디, 대성학원이 재수학원의 3대 강자이며, 이들 모두 기숙학원에 적극적입니다. 시대인재는 용인에 1,500명을 수용할 수 있는 기숙학원을 오픈할 예정이라고 합니다. 이는 국내 최대 규모입니다. 그 이전에 가장 큰 규모로 통했던 양지 메가스터디 기숙학원은 수용 규모가 1,200명 수준이며, 강남대성학원은 강남대성기숙 의대관과 S관을 모두 합쳐 1,500명 규모입니다.

대형 학원들이 기숙학원 사업에 공격적인 이유는 돈이 되기 때문입니다. 교육업계에서 기숙학원은 황금알을 낳는 거위로 통합니다. 학생들을 한 공간에 몰아넣고 교육비, 식비, 숙박비, 심지어 세탁비까지 일괄 수령하기 때문에 인터넷 강의와는 비교도 안 될 정도로 인당 단가가 높습니다. 대략 월 300만 원 안팎이며, 서울 접근성이 좋거나 의대 반이 있는 경우에는 월 350만 원에 달합니다. 여기에 교재 비용까지 합치면 한 달 비용이 웬만한 대학교 한 학기 등록금과 맞먹는 셈입니다. 규모가 큰 데다 선발 자격 기준도 있어서 실적이 꽤 좋은 것으로 알려져 있습니다. 상위권 의대 N수생 합격자의 절반 이상이 시대인재와 기숙학원 출신이라는 비공식 통계가 회자될 정도입니다. 그리고 이런 재수학원의 프로그램을 방학 때 그대로 따라해 보는 일명 '윈터스쿨'이 중고등들 사이에서도 인기입니다. 겨울방학 4~5주간 수능 전 과목을 배울 수 있는 윈터스쿨 기숙형은 400만 원 이상, 숙식을 제공하지 않는 일반형은 300만 원에 달하지만 자리가 없어 못 들어가는 경우가 많습니다.

의대를 위해 재수하는 현상은 당분간 계속 이어질 것으로 보입니다. 따라서 의대를 생각하는 초중고생이라면, 수능에 올인하는 최상위권 재수생과 경쟁을 피하기 위해서라도 학생부 중심으로 선발하는 수시 모집에 중점을 두고 대비하는 것이 지원 전략의 최우선입니다. 이를 위해서는 교과 수업에 충실하면서 학교생활과 진로 관련 활동에 최선을 다할 필요가 있습니다. 특히 초중등생이라면 앞으로의 수시제도 변화를 면밀히 살펴 수시에서 경쟁력을 얻기 위해 노력해야 합니다. 그리고 의대를 꿈꾸기 위해서는 한 가지 더 기억해야 할 게 있습니다. 고등학교 때 학생부교과 성적이 전 과목 1등급대여야 한다는 점입니다.

의치한약수를 정복하기 위한 관문

그렇다면 의약학 계열은 어떻게 들어갈 수 있을까요? 현재 대학에서는 학생부교과 성적(내신), 수능 점수, 비교과 평가, 면접, 논술시험 등을 각자 대학의 상황에 맞게 조합해 적용하고 있습니다. 그 조합 방식은 다음의 예처럼 아주 다양합니다.

교과 성적
교과 성적+면접
교과 성적+비교과 성적+면접
논술
논술+교과 성적
수능
수능+교과
수능+교과+면접
수능+논술

특히 수시 모집의 경우 적지 않은 대학에서 수능 최저 학력 기준을 적용합니다. 다른 학과와 크게 다른 것은 면접을 보는 대학이 많다는 것입니다. 아무래도 사명감과 책임감을 요구하는 직업이기에 적지 않은 대학이 인성 면접 결과를 반영하고 있습니다. 면접 방식은 서류 확인 면접, 제시문 면접 등 다양합니다. 일부 의대는 다양한 상황의 제시문을 주고 질의응답하는 다중 미니면접(MMI)을 실시합니다. 보통 도덕적 딜레마 상황을 제시하고 학생이 어떤 윤리적 결정을 내리는지 평가하는 고난도 면접 방식이에요.

면접에서는 어떤 문제가 나올까요? 예시 문항을 살펴보겠습니다.

| 2023학년도 성균관대학교 선행학습 영향평가 자체평가보고서 |

학생부종합 전형 면접문항

의예 1

※ 아래 지시문을 읽고, 면접위원의 질문에 답하시오.

A 고등학교의 과학탐구동아리는 입시에 도움이 되기 때문에 가입 경쟁이 치열하다. 합격 여부에는 과학 성적 외에도 동아리 선배들의 추천이 중요하다.

1학년 연우와 지수 모두 동아리 2학년 선배 서원이에게 초콜릿 선물을 주면서 자기들을 추천해 달라고 부탁하였고, 서원이는 흔쾌히 추천해주기로 하였다. 그런데 연우는 합격하고 지수는 불합격하였다. 지수는 동아리 선생님을 찾아가 연우가 서원이에게 선물을 주면서 추천을 부탁한 사실을 알렸고, 연우는 일단 합격이 보류 되었다.

질문) 지수의 행동에 대해서 어떻게 생각하나요?

많은 의대 지원자가 최상위권 성적에 대한 부담 때문에 성적 관리에만 치중하고 면접은 등한시하거나 임박해 준비하는 경우가 많습니다. 하지만 면접이야말로 굉장히 중요한 전형으로 일찍부터 준비할 수 있는 부분이라고 생각합니다. 또한 앞으로 상위권 학생들의 변별을 위해 면접 비중이 늘어날 것으로 예상되기에 대비가 필요합니다. 특히 의대를 염두에 둔 초중등생이라면 '히포크라테스 선서'를 살펴보면서 '왜 내가 의사가 되고 싶은지' 답을 찾아보는 시간을 가져보기를 권합니다.

왜냐하면 생각보다 많은 학생이 공부를 잘한다고 주변에서 의사를 권유해 막연하게 의대를 지원하는 일이 많기 때문입니다. 또는 수능점수가 잘 나와서 일단 의대에 원서를 내는 경우도 많습니다. 그래서 의대에 합격하고도 자퇴하거나 방황하는 경우가 있습니다. 낙타가 바늘구멍에 들어가는 것만큼이나 힘들다는 의대 입시를 위해 초중고등학교 때부터 굉장히 많이 노력했으리라는 것을 생각하면 참으로 안타까운 일이 아닐 수 없습니다. 그래서 의대를 준비한다면 적어도 학생 스스로 왜 의대에 가고 싶은지, 어떤 의사가 되고 싶은지, 대학에서 어떤 내용을 배우는지를 사전에 생각해보면 좋겠습니다.

의약학 계열에 어떻게 진학할 수 있는지를 알고 싶다면 현재 신입생을 어떻게 선발하는지에서부터 출발해야 합니다. 2024학년도 대학 입시에서 의약학 계열 수시 모집과 정시 모집의 학생 선발 방법에 대해 알려드리고자 합니다. 참고로 여기서 알려드리는 내용은 대학별 '2024학년도 대학 입학 전형 시행계획'을 기준으로 작성한 것입니다.

① 의예과

전국 의대 정원은 2006년부터 18년째 3,000명대로 동결 중입니다. 2024학년도 대학입시에서 39개 대학 의예과가 선발하는 전체 모집 인원은 3,016명입니다. 그중 수시 모집으로 전체 정원의 1,872명을 모집하죠. 평균 경쟁률은 33.72대 1로 지난해 33.30대 1보다 소폭 상승했습니다.

전형 유형으로 살펴보면 수시 모집에서는 학생부교과 전형, 학생부종합 전형, 논술 전형으로 선발하고, 정시 모집에서는 수능 전형으로만 선발합니다. 전형 유형별 모집 인원을 지난해와 비교해보면 수시 모집의 학생부교과 전형과 학생부종합 전형은 늘었고, 수시 모집의 논술 전형과 정시 모집의 수능 전형은 줄었습니다.

의예과로 진학하고자 하는 학생들은 어느 대학, 어느 전형으로 지원할 것인가를 지원 전략의 첫 단추로 삼고 대비할 필요가 있습니다. 더불어 전형 유형과 관련해 알아두어야 할 것이 있습니다. 수도권 외 지역에 산다면 '지역인재 전형'을 살펴볼 필요가 있습니다.

지역인재 전형은 지역 내 인재들이 수도권으로 이탈하는 현상을 막고, 지역 거주 학생이 지역사회에 뿌리내릴 수 있게 하겠다는 취지로 도입되었습니다. 2015년 제정된 '지방대학 및 지역 균형 인재 육성에 관한 법률'을 근거로 지역인재 전형을 앞다퉈 마련해 지역 학생의 합격 비율이 높아졌죠.

2023학년도부터 지역 소재 의치한약수에서는 정원의 40% 이상(강원과 제주는 20%)을 지역인재로 선발하는 제도가 의무적으로 적용되었습니다. 따라서 지방 소재 고등학교 출신 학생들은 서울과 수도권을 제외한 지역의 의예과에서 해당 지역 소재 고등학교 출신자를 대상으로 선발하는 지역인재 전형을 확대 실시하고 있다는 점을 고려해 적극적으로 활용해야 합니다.

2024학년도를 기준으로 보면 전국 의대에서 지역인재전형으로 총 1,030명을 선발하는데, 그중 수시 선발 인원이 805명에 달할 만큼 수시 선발 비율이 높습니다. 따라서 지역에서 의대 지원을 희망하는 학생이라면 수시에 집중해서 내신과 비교과 관리를 철저히 해야 유리합니다.

2024학년도 수시 모집에서 지역인재 전형은 가톨릭관동대, 강원대, 건국대(글로컬), 건양대, 경북대, 경상국립대, 계명대, 고신대, 대구가톨릭대, 동국대(WISE), 동아대, 부산대, 순천향대, 연세대(미래), 영남대, 울산대, 원광대, 을지대(대전), 인제대, 전남대, 전북대, 제주대, 조선대, 충남대, 충북대, 한림대 등에서 실시했습니다.

종로학원이 대입 정보 포털 '어디가'를 통해 발표한 2023학년도 전국 의약학 계열 및 SKY 자연계 학과의 수시 입시 결과(70% 커트라인)를 분석했는데요, 학생부교과 전형에서 의대는 전국 평균 1.17등급(대학별 1.00~1.42등급)으로 나타났고, 약대는 평균 1.25등급(1.00~1.62), 치대는 1.22등급(1.13~1.49등급), 한의대는 1.27등급(1.00~1.50), 수의대는 1.37등급(1.19~1.57)으로 나타났습니다.

지방권 학생이라면 지역인재 합격선을 눈여겨볼 필요가 있습니다. 지역인재는 전국 선발과 비교해 지원 자격이 제한되다 보니 경쟁률과 합격선이 소폭 낮게 형성되는 경우가 많죠. 이에 보다 수월한 의대 진학을 위해 이같이 지역인재 선발 비율이 높은 지역으로 이사를 가거나 해당 지역 고교에 진학하라는 이야기까지 나오고 있습니다. 다음 표를 통해 알 수 있듯이 내신 점수가 일반 전형에 비해 상대적으로 낮은 편이기 때문입니다.

| 2023학년도 의약학 계열 대학 그룹별 수시 입시 결과(내신 등급) 분석 |

1) 학생부교과

구분	전국 선발			지역 선발(지역인재)		
	평균	최고	최저	평균	최고	최저
의대	1.17	1.00	1.42	1.25	1.09	1.51
약대	1.25	1.00	1.62	1.46	1.17	1.88
치대	1.22	1.13	1.49	1.41	1.25	1.69
한의대	1.27	1.00	1.50	1.34	1.00	1.64
수의대	1.37	1.19	1.57	1.55	1.19	1.91
합계	1.24	1.00	1.62	1.38	1.00	1.91
SKY 자연계열	1.59	1.22	1.93	-	-	-

* '어디가' 발표 / 최종 등록자 일반전형. 정원 내, 자연 계열 선발 / 내신 평균 등급 70% 컷 기준

2) 학생부종합

구분	전국 선발	지역 선발 (지역인재)
	평균	평균
의대	1.48	1.98
약대	1.80	1.68
치대	1.59	1.69
한의대	1.89	1.96
수의대	1.62	-
합계	1.63	1.85
SKY 자연계열	2.20	-

하지만 무작정 이사를 가는 것은 금물입니다. 2008년생까지는 해당 대학이 소재한 권역에 위치한 고등학교를 졸업한 학생이면 지역인재로 인정받았습니다. 하지만 2009년생이 대입을 준비하는 2028학년도부터는 중학교는 비수도권(수도권 3개 지역을 제외한 14개 비수도권 지역)에서, 고등학교는 해당 대학 소재 권역에서 3년을 다닌 다음 졸업을 하고, 그 지역에 거주해야 하는 것으로 조건이 강화됩니다. 지역인재 전형을 악용할 것을 우려한 정부가 자격 기준을 강화한 것이죠. 또한 갑자기 환경이 달라졌을 때 아이들이 받을 부담감을 고려하면 의대만을 향해 거주지역을 옮기는 것은 모험에 가깝다고 할 수 있습니다. 반면 지역 학생이라면 이 점을 살려서 수시 지역인재 전형을 공략해야 합니다.

수시 모집의 학생부교과 전형은 국어, 수학, 영어, 과학 교과 전 과목 평균이 1.3등급 이내는 들어야 합격이 가능할 것으로 예상되는데, 주요 의대는 전 과목 평균이 1.0등급도 흔한 편입니다. 1.3등급의 의미를 구체적으로 살펴보면, 고1에서 배우는 국, 영, 수, 통합사회, 통합과학, 한국사 6과목에서 5과목을 1등급 받고 1과목을 2등급 받을 시 1.15등급에 수렴됩니다. 이런 식으로 생각했을 때, 고등학교 3년 내내 2등급 이상으로 받는 과목이 매학기 1개를 넘어서면 위험합니다. 교과 성적과 비교과도 함께 반영하는 학생부종합 전형은 학교 유형에 따라 다소 차이가 있는데, 일반계 고등학교는 1.7등급 이내, 과학고 등 특목고와 전국 단위 자사고는 2.5등급 이내로 합격선이 예상됩니다. 수시 모집에서 대부분의 전형이 수능 세 개 영역 이상 1등급을 최저 학력 기준으로 적용한다는 점도 기억해야 합니다.

정시 모집 수능 위주 전형으로 의예과에 지원하기 위해서는 수능 시험 국어, 수학(미적분/기하), 과학탐구(2과목) 영역의 백분위 평균이 97.5점 이상이면서 영어 영역이 1등급은 되어야 할 것으로 예상됩니다.

| 2024학년도 전국 각 대학 의예과 선발 인원 |

지역	대학명	수시		정시		합계
		인원	비율	인원	비율	인원
서울	가톨릭대학교(서울)	56	60.2%	37	39.8%	93
	경희대학교	66	60.0%	44	40.0%	110
	고려대학교	67	63.2%	39	36.8%	106
	서울대학교	96	71.1%	39	28.9%	135
	성균관대학교	30	75.0%	10	25.0%	40
	연세대학교	63	57.3%	47	42.7%	110
	이화여자대학교	13	17.1%	63	82.9%	76
	중앙대학교	41	47.7%	45	52.3%	86
	한양대학교	42	38.2%	68	61.8%	110
경기	아주대학교	30	75.0%	10	25.0%	40
인천	가천대학교(메디컬)	25	62.5%	15	37.5%	40
	인하대학교	33	67.3%	16	32.7%	49
부산	고신대학교	50	65.8%	26	34.2%	76
	동아대학교	30	61.2%	19	38.8%	49
	부산대학교	78	62.4%	47	37.6%	125

울산	울산대학교	30	75.0%	10	25.0%	40
대구	경북대학교	88	80.0%	22	20.0%	110
	계명대학교	52	68.4%	24	31.6%	76
대전	건양대학교(대전)	37	75.5%	12	24.5%	49
	을지대학교	25	62.5%	15	37.5%	40
	충남대학교	71	64.5%	39	35.5%	110
광주	전남대학교	93	74.4%	32	25.6%	125
	조선대학교	69	55.2%	56	44.8%	125
강원	가톨릭관동대학교	30	61.2%	19	38.8%	49
	강원대학교	34	69.4%	15	30.6%	49
	연세대학교(미래)	72	77.4%	21	22.6%	93
	한림대학교	39	51.3%	37	48.7%	76
경북	경상국립대학교	50	65.8%	26	34.2%	76
	인제대학교	56	60.2%	37	39.8%	93
	대구가톨릭대학교	27	67.5%	13	32.5%	40
	동국대학교(WISE)	38	77.6%	11	22.4%	49
	영남대학교	41	53.9%	35	46.1%	76
전북	원광대학교	71	76.3%	22	23.7%	93
	전북대학교	84	59.2%	58	40.8%	142
충남	단국대학교(천안)	15	37.5%	25	62.5%	40
	순천향대학교	65	69.9%	28	30.1%	93
충북	건국대학교(글로컬)	25	64.1%	14	35.9%	39
	충북대학교	20	41.7%	28	58.3%	48
제주	제주대학교	20	50.0%	20	50.0%	40
총합계		1,872	62.1%	1,144	37.9%	3,016

　　2024학년도 대학입시에서 모집 단위를 치의예과, 치의학과, 치의학전문대학원(이하 치의예과)으로 선발하는 대학은 경희대(서울), 부산대, 서울대 등 11개 대학이며, 전체 모집 인원은 631명입니다. 수시 모집에서는 365명(57.8%)을 선발하고, 정시 모집에서는 266명(42.2%)을 선발합니다. 2023학년도에 수시 모집 58.5%(375명), 정시 모집 41.5%(266명)를 선발했던 것에 비해 수시 모집이 다소 감소했습니다. 이런 전형 유형별 모집 인원을 2023학년도 대학입시와 비교해

| 2024학년도 전국 각 대학 치의예과 선발 인원 |

지역	대학명	수시		정시		합계
		인원	비율	인원	비율	인원
서울	경희대학교	48	59.3%	33	40.7%	81
	서울대학교	25	55.6%	20	44.4%	45
	연세대학교	34	56.7%	26	43.3%	60
부산	부산대학교	25	62.5%	15	37.5%	40
대구	경북대학교	42	70.0%	18	30.0%	60
광주	전남대학교	23	65.7%	12	34.3%	35
	조선대학교	46	57.5%	34	42.5%	80
강원	강릉원주대학교	24	60.0%	16	40.0%	40
전북	원광대학교	48	60.0%	32	40.0%	80
	전북대학교	30	75.0%	10	25.0%	40
충남	단국대학교(천안)	20	28.6%	50	71.4%	70
총 합계		365	57.8%	266	42.2%	631

보면, 수시 모집의 학생부교과 전형은 증원되었고, 수시 모집 학생부종합 전형은 감소했습니다.

수시 모집 학생부교과 전형의 경우, 지원이 가능한 성적은 국어, 수학, 영어, 과학 교과 전 과목 평균 1.4등급 이내로 추정됩니다. 학생부종합 전형은 학교 유형에 따라 차이가 있는데, 일반계 고등학교는 1.8등급 이내, 과학고 등 특목고와 전국 단위 자사고는 2.7등급 이내에 들어야 할 것으로 예상됩니다. 정시 모집 수능 전형으로 치의예과에 지원하기 위해서는 수능시험 국어, 수학(미적분/기하), 과학탐구(2과목) 영역의 백분위 평균이 96.3점 이상이면서 영어 영역이 1등급은 되어야 할 것으로 예상됩니다.

③ 한의예과

2024학년도 대학입시에서 모집 단위를 한의예과, 한의학전문대학원(이하 한의예과)으로 선발하는 곳은 가천대, 경희대(서울), 원광대 등 12개 대학이며, 전체 모집 인원은 724명입니다. 수시 모집에서 490명(67.7%), 정시 모집에서 234명(32.3%)을 선발합니다. 이는 2023학년도 수시 모집에서 468명(62.7%), 정시 모집에서 234명(37.8%) 선발했던 것보다 수시 모집을 다소 증원한 것입니다.

수시 모집 학생부교과 전형의 경우 지원 가능한 성적은 국어, 수학, 영어, 과학(또는 사회) 교과 전 과목 평균이 1.6등급 이내로 추정됩니다. 학생부종합 전형은 학교 유형에 따라 차이가 있는데, 일반계 고등학교는 2.0등급 이내, 과학고 등 특목고와 전국 단위 자사고는 3.0등급 이내는 되어야 합격이 가능합니다.

정시 모집 수능 전형으로 한의예과에 지원하기 위해 인문 계열은 국어, 수학, 사회·과학탐구(2과목) 영역의 백분위 평균이 96.0점 이상이 되어야 하고, 자연 계열은 국어, 수학(미적분·기하), 과학탐구(2과목) 영역의 백분위 평균이 95.5점 이상이면서 영어 영역이 1등급은 되어야 합니다.

| 2024학년도 전국 각 대학 한의예과 선발 인원 |

지역	대학명	수시		정시		합계
		인원	비율	인원	비율	인원
서울	경희대학교	63	58.3%	45	41.7%	108
경기	가천대학교(글로벌)	15	50.0%	15	50.0%	30
부산	동의대학교	34	68.0%	16	32.0%	50
	부산대학교	20	80.0%	5	20.0%	25
대전	대전대학교	60	84.5%	11	15.5%	71
강원	상지대학교	24	40.0%	36	60.0%	60
경북	대구한의대학교	88	81.5%	20	18.5%	108
	동국대학교(WISE)	56	77.8%	16	22.2%	72
전남	동신대학교	30	75.0%	10	25.0%	40
전북	우석대학교	24	80.0%	6	20.0%	30
	원광대학교	51	56.7%	39	43.3%	90
충북	세명대학교	25	62.5%	15	37.5%	40
총 합계		490	67.7%	234	32.3%	724

④ 수의예과

앞서 살펴본 의예과, 치의예과, 한의예과가 사람의 질병 예방과 치료에 대해 가르치는 학과라면, 수의예과는 반려동물, 가축, 야생동물뿐 아니라 수생동물까지 모든 동물의 질병 예방과 치료에 대해 가르치는 학과라는 점에서 차이가 있습니다. 그러나 교육과정은 의예과, 치의예과, 한의예과처럼 6년제로 운영됩니다. 즉, 대학 1~2학년생은 예과로 공부하고, 3학년부터 4년 동안은 본과로 수의학 분야의 전문 지식을 배웁니다. 졸업 시 의과대학과 마찬가지로 수의사 국가 면허 시험에 응시할 수 있는 자격이 주어집니다.

수의예과는 다른 의약학 계열과 달리 자연 계열에 포함하고 있습니다. 원래 수의대가 세워진 목적이 반려동물의 진료가 아니라 가축을 진료하기 위해서였기 때문이죠. 전통적으로 농과대학에 속해 있는 경우도 있었습니다. 하지만 지금은 전문직 선호도가 증가하고 반려동물에 대한 지출이 폭증해 학과에 대한 관심이 높아지면서 자연 계열에 포함되어 있음에도 다른 의약학 계열과 묶어 의치한약수[*]로 불립니다.

2024학년도 대학입시에서 수의예과는 강원대, 서울대, 충남대 등 10개 대학에서 선발하며, 전체 모집 정원은 497명입니다. 수시 모집에

---

[*] 의치한약수 vs 의치약한수 논쟁
의약학 계열 순위를 놓고 '의치한약수'냐, '의치약한수'냐 논쟁이 치열합니다. 대학입시 결과와 선호도를 놓고 봤을 때 의치한약수 순서가 맞지만, 입시 결과의 차이가 미미하고 대학마다 편차가 크다는 점에서 딱 떨어지는 정답이라고는 할 수 없습니다. 다만, 책에서는 '의치한약수'로 반영했습니다.

| 2024학년도 전국 각 대학 수의예과 선발 인원 |

지역	대학명	수시		정시		합계
		인원	비율	인원	비율	인원
서울	건국대학교	28	40.0%	42	60.0%	70
	서울대학교	25	62.5%	15	37.5%	40
대구	경북대학교	45	78.9%	12	21.1%	57
대전	충남대학교	38	70.4%	16	29.6%	54
광주	전남대학교	34	68.0%	16	32.0%	50
강원	강원대학교	30	75.0%	10	25.0%	40
경남	경상국립대학교	45	90.0%	5	10.0%	50
전북	전북대학교	32	64.0%	18	36.0%	50
충북	충북대학교	25	54.3%	21	45.7%	46
제주	제주대학교	20	50.0%	20	50.0%	40
총 합계		322	64.8%	175	35.2%	497

서 322명(64.8%), 정시 모집에서 175명(35.2%)을 선발합니다. 학생부 위주 전형은 증가했고, 수능 전형은 감소했습니다. 정시 모집 수능 전형으로 수의예과에 지원하기 위해서는 수능시험 국어, 수학(미적분·기하), 과학탐구(2과목) 영역의 백분위 평균이 95.5점 이상이면서 영어 영역이 1등급은 되어야 할 것으로 예상됩니다.

⑤ 약학과

2022학년도 대학입시부터 학부 모집으로 변경해 선발하는 약학과, 약학부, 약학전공, 미래산업약학전공, 제약학과 등 약학 계열(이하

약학과)은 의예과와 치의예과, 한의예과 등 의학 계열 다음으로 지원 성적이 높은 모집 단위입니다. 경희대, 서울대, 이화여대, 중앙대 등 37개 대학에 개설되어 있습니다. 2024학년도 대학입시에서 약학과가 선발하는 전체 모집정원은 1,762명입니다. 수시 모집에서는 전체 모집 정원의 1,023명(58.1%), 정시 모집에서는 전체 모집 정원의 739명(41.9%)을 선발합니다. 이는 2023학년도보다 수시 모집 인원을 다소 증원한 것입니다.

장래 희망이 약사인 학생들은 약학과의 학생 선발 방법을 정확히 숙지하고, 이에 대한 대비를 계획적으로 준비하고 실천할 필요가 있습니다. 왜냐하면 약학과의 지원 경쟁률이 의학 계열 다음으로 높은 경우가 많기 때문입니다. 특히 희망 대학이 어떤 전형으로 선발하는지를 지원 자격과 함께 알아둘 필요가 있습니다. 더불어 수능 최저 학력 기준의 적용 여부와 선발 기준을 대학별, 그리고 전형별로 살펴 불이익을 받지 않도록 대비할 필요가 있습니다.

수시 모집 학생부교과 전형의 경우, 지원 가능한 성적은 국어, 수학, 영어, 과학 교과 전 과목 평균이 1.7등급 이내로 예상됩니다. 학생부종합 전형은 학교 유형에 따라 차이가 있는데 일반계 고등학교는 2.1등급 이내, 과학고 등 특목고와 전국 단위 자사고는 3.0등급 이내는 되어야 할 것으로 추정됩니다. 정시 모집 수능 전형으로 약학과에 지원하기 위해서는 수능시험 국어, 수학(미적분/기하), 과학탐구(2과목) 영역의 백분위 평균이 95.5점 이상이면서 영어 영역이 1등급은 되어야 할 것으로

| 2024학년도 전국 각 대학 약학과 선발 인원 |

지역	대학명	수시		정시		합계
		인원	비율	인원	비율	인원
서울	경희대학교	26	63.4%	15	36.6%	41
	덕성여자대학교	45	56.3%	35	43.8%	80
	동국대학교	18	60.0%	12	40.0%	30
	동덕여자대학교	20	50.0%	20	50.0%	40
	삼육대학교	10	33.3%	20	66.7%	30
	서울대학교	43	68.3%	20	31.7%	63
	성균관대학교	35	53.8%	30	46.2%	65
	숙명여자대학교	27	33.8%	53	66.3%	80
	연세대학교	18	58.1%	13	41.9%	31
	이화여자대학교	32	26.2%	90	73.8%	122
	중앙대학교	70	58.3%	50	41.7%	120
경기	가톨릭대학교	20	66.7%	10	33.3%	30
	아주대학교	15	50.0%	15	50.0%	30
	차의과학대학교	18	60.0%	12	40.0%	30
	한양대학교(에리카)	17	56.7%	13	43.3%	30
인천	가천대학교(메디컬)	15	50.0%	15	50.0%	30
부산	경성대학교	30	60.0%	20	40.0%	50
	부산대학교	36	60.0%	24	40.0%	60
대구	경북대학교	27	84.4%	5	15.6%	32
	계명대학교	24	75.0%	8	25.0%	32
대전	충남대학교	32	64.0%	18	36.0%	50
광주	전남대학교	40	66.7%	20	33.3%	60
	조선대학교	51	68.0%	24	32.0%	75

강원	강원대학교	35	70.0%	15	30.0%	50
경남	경상국립대학교	20	62.5%	12	37.5%	32
	인제대학교	20	62.5%	12	37.5%	32
경북	대구가톨릭대학교	40	80.0%	10	20.0%	50
	영남대학교	37	52.9%	33	47.1%	70
세종	고려대학교(세종)	24	72.7%	9	27.3%	33
전남	목포대학교	22	68.8%	10	31.3%	32
	순천대학교	16	53.3%	14	46.7%	30
전북	우석대학교	28	70.0%	12	30.0%	40
	원광대학교	33	78.6%	9	21.4%	42
	전북대학교	21	70.0%	9	30.0%	30
충남	단국대학교(천안)	8	26.7%	22	73.3%	30
충북	충북대학교	30	60.0%	20	40.0%	50
제주	제주대학교	20	66.7%	10	33.3%	30
총 합계		1,023	58.1%	739	41.9%	1,762

보입니다.

의약학 계열은 앞서 살펴본 것처럼 다양한 전형으로 신입생을 선발합니다. 지원 가능한 학교생활기록부 교과 성적은 모집 단위와 전형 유형에 따라 다소 차이가 있으나, 교과 성적 위주로 선발하는 수시 모집의 경우에 의예과는 전 과목 교과 성적이 평균 1.3등급 이내, 치의예과는 1.5등급 이내, 한의예과는 1.6등급 이내, 수의예과와 약학과는 1.7등급 이내는 되어야 할 것으로 예상됩니다. 다만 이것은 지원 가능한 점수 대인 데다가 내신 경쟁이 치열한 특목고와 자사고 등을 포함한 것으로,

일반고의 경우에는 전교 3등 안에는 들어야 한다는 것이 정설입니다.

문과는 여전히 SKY가 대세

현행 교육과정에서는 문과, 이과를 구분하지 않고 통합해 운영하고 있습니다. 그러나 대학이 모집 단위를 크게 인문 계열(문과), 자연 계열(이과), 예체능 계열(예체능) 등으로 구분해 신입생을 선발함에 따라 실질적으로 문과와 이과 구분이 있다고 보는 게 맞습니다.

　이는 대학의 정시 모집에서 수능시험 반영 영역을 보면 보다 쉽게 알 수 있습니다. 예컨대 현재 서울대 정시 모집 수능시험 영역별 반영 비율의 경우, 문과 모집 단위는 국어(화법과 작문, 언어와 매체) 33.3%+수학(확률과 통계, 미적분 기하) 40.0%+탐구(사회탐구, 과학탐구) 26.7%로 반영하고, 이과 모집 단위는 국어(화법과 작문, 언어와 매체) 33.3% 수학(미적분, 기하) 40.0%+탐구(과학탐구) 26.7%로 반영합니다. 여기서 수학과 탐구 영역을 보면 반영 과목에 차이가 있습니다. 즉, 문과는 수학과 탐구 영역의 응시 과목에 제한 없이 지원이 가능하나, 이과는 반드시 수학 영역에서 미적분과 기하, 탐구 영역에서 과학탐구를 응시해야 한다는 조건이 있습니다. 다시 말해 수학 영역에서 확률과 통계, 탐구 영역에서 사회탐구를 응시하면 이과 모집 단위에 지원할 수 없게 된다는 것입니다.

　대학이 이처럼 문과, 이과로 계열을 구분해 선발하다 보니, '문과는 대학, 이과는 학과로 선택하라'는 이야기까지 나오고 있습니다. 특히 문과의 경우 사범 계열 모집 단위를 제외한 다른 모집 단위에서는 입학 후 전과 또는 부전공을 대부분 허용하고 있기에 어떻게든 서울대, 연세대, 고려대로 지원하고자 노력하는 경향이 높습니다. 대학이 발표한 합격선을 보면 이과는 선호하는 학과가 뚜렷한 반면, 문과는 대체적으로 학과보다는 대학을 보고 결정하는 경향을 보입니다. 문과는 인기학과도 뚜렷하지 않은 상황입니다.

실제로 최근에는 문과에서 가장 인기 있는 학과라 알려진 경영학과와 경제학과의 지위도 흔들리고 있습니다. 서울대, 연세대, 고려대 등 상위 10개 대학에서 경영학과와 경제학과가 합격선 수위를 차지하는 곳은 '0곳'으로 나타났습니다(대입 포털 '어디가' 기준). 2023학년도 정시 기준 대학별 문과 합격선 1위 학과 열 곳 중 경영학과와 경제학과는 전혀 없습니다.

대학별 문과 합격선 1위는 서울대 정치외교학부, 연세대 언론홍보영상학부, 고려대 통계학과, 성균관대 글로벌리더학과, 서강대 중국문화학과, 한양대 정보시스템학과, 중앙대 도시계획부동산학과, 경희대 빅데이터응용학과 등이 차지했습니다. 2021학년도까지만 해도 이들 대학에서 문과 1위 자리를 차지한 경영학과와 경제학과는 다섯 곳이나 있었습니다. 고려대 경영대학, 성균관대 글로벌경제학, 중앙대 경영경제대학 등이 대표적이었지요. 하지만 2022학년도에는 네 곳으로 줄더니, 2023학년도에는 단 한 곳도 없는 것으로 나타났습니다. 경영학과와 경제학과가 빅데이터, 정보시스템 등 사회과학 계열 융합학과에 밀리는 양상을 보이고 있습니다.

참고로 의약학 계열을 제외한 10개 대학의 이과 합격선 1위 중 인공지능, 반도체, 데이터사이언스 등 첨단 분야 학과가 여섯 곳이나 되었습니다. 2021학년도에 두 곳에서 세 배나 늘어난 셈입니다. 대학별로는 서울대 수리과학부, 고려대 반도체공학과, 연세대 인공지능학과, 서강대 시스템반도체공학과, 한양대 컴퓨터소프트웨어학부, 중앙대 AI학과, 경희대 정보디스플레이학과, 이화여대 데이터사이언스학과 등입니다.

게다가 이공계 대학은 현 정부의 재정 지원으로 첨단학과, 반도체 계약학과 등 학과 신설과 모집 정원을 확대하는 추세입니다. 따라서 상위권 이공계 선발 인원이 현재보다 늘어날 전망이죠. 정원 내뿐 아니라 상황에 따라 정원 외로도 가능해 수험생 입장에서는 호재로 여겨집니다. 이공계에 비해 문과는 특별한 이슈가 없는 상황입니다.

우선 문과 상위권의 대명사였던 주요 대학 법학과가 2009학년도 일제히 로스쿨로 전환되면서 문과 최상위권 학생이 고교 졸업 후 당장 갈 수 있는 모집 정원 규모가 축소되었고, 학령인구 수 감소에 따른 교원 수급 정책 변화 예고로 교대에 대한 선호도도 많이 하락했습니다. 따라서 앞으로 몇 년간 주요 대학은 이공계 중심으로 재편될 가능성이 높습니다. 그리고 이런 흐름은 점점 아래로 내려와 초중등 학생들 사이에서도 이과를 염두에 두고 대비하는 현상이 더 짙어지고, 사교육도 이

| 대학별 합격선 1위(인문 계열) 학과 현황 |

대학명	2021		2022		2023 정시 모집	
	학과명	2021	학과명	2022	학과명	2023
서울대	소비자학전공	98.7	경제학부	97.3	정치외교학부	98.5
연세대	심리학과	97.3	문화인류학과	92.5	언론홍보영상학부	92.8
고려대	경영대학	97.3	경제학과	95.0	통계학과	95.6
성균관대	글로벌경제학	94.8	글로벌경영학	93.8	글로벌리더학	93.3
서강대	인문계	92.7	경영학부	90.7	중국문화학과	91.7
한양대	교육공학과	96.0	행정학과	93.5	정보시스템학과	96.0
중앙대	경영경제대학	93.7	공공인재학부	89.5	도시계획부동산학과	92.0
경희대	회계세무학과	93.3	빅데이터응용학과	88.8	빅데이터응용학과	91.8
이화여대	초등교육과	94.8	초등교육과	92.7	교육공학과	89.8
서울시립대	경제학부	94.3	행정학과	89.3	국제관계학과	89.7

(출처: 종로학원)

과 중심으로 움직일 것입니다. 최근 교육부가 2028학년도부터 문이과 통합에 이어 융합을 추구한 배경에는 이런 흐름이 있죠.

의대 선호는 계속될까

지난 5월 모 입시학원에서 실시한 설문조사에 따르면 '초등학생 학부모의 92.3%가 자녀의 이과 진로를 희망하고, 이 중 44%가 의약학 계열을 희망한다'고 합니다. 의약학 계열의 인기가 언제까지 이어질지 알수는 없지만, 사회가 불안하고 실업 문제가 심각할수록 보다 안정적인직업을 갖기 위한 의대 선호 경향은 당분간 계속될 것으로 보입니다. 그리고 이런 현상은 초중등생을 자녀로 둔 학부모들에게도 적잖은 영향을 줄 것입니다. 이런 바람을 고려할 때 의약학 계열을 향한 관심과인기는 식지 않을 것 같습니다. 어릴 때부터 이과 성향으로 준비하면서학습을 잘 따라갈 경우, 의대 입시를 준비하는 패턴이 당분간 만연해질전망입니다.

현재 정부도 의대 쏠림이 갈수록 심화되는 점을 우려해 의대 정원을 확대할 계획입니다. 정부가 입학 정원 50명 이하 '미니 의대'를 중심으로 정원 확대를 추진 중이지만 하지만 정원이 확대된다고 해도 의대쏠림이 쉽사리 나아질 것으로 보이지는 않습니다. 오히려 정원이 늘면대학을 다니는 도중에 의대에 가려는 양상이 더욱 심화될 수도 있습니다. 입시 현장에서는 '지금까지는 100등까지 의대 원서를 낼 수 있었지만, 이제는 130등까지도 원서를 내는 분위기'가 될 것으로 전망합니다. 의대 정원 확대 인원은 수요 조사 및 논의를 거쳐 결정되는데, 몇 명을늘리든 간에 학생과 학부모의 선호도가 높다는 점에서 최상위권은 물론 상위권에게도 연쇄적으로 영향을 줄 것으로 보여요. 그리고 의대 내에서도 더 좋은 의대로 향하는 쏠림 현상은 당분간 지속될 것으로 예측됩니다.

따라서 장래 희망이 의사나 약사인 초등학생들의 공부는 더 치밀하고 계획적이어야 합니다. 그러면서 진로에 대한 확신을 더 확고히 다질 필요가 있습니다. 이때 치밀하고 계획적인 공부란, 복습과 예습을 습관화하는 것입니다. 우리가 매일 아침, 점심, 저녁을 먹듯이 그날 배운 것은 그날 복습하면서 배울 내용을 예습하는 습관을 들여야 합니다.

그간 수많은 전교 1등, 명문대생, 수능 만점자를 인터뷰하면서 느낀 점이 있습니다. 바로 공부를 하기까지의 장벽이 매우 낮았다는 점입니다. 그들은 습관처럼 매일 공부하는 반면, 중하위권의 경우에는 공부를 하기까지 굉장히 많은 장애물이 있었습니다. 특히 초등학생이라면 전 과목 위주로 계획을 세워 공부하면서 복습과 예습을 매일 실천할 수 있도록 습관을 형성하는 게 효과적입니다. 간혹 수학과 과학이 중요하니 이 과목들 위주로 공부하는 경향이 있는데 되도록 국어, 수학, 영어, 사회, 과학 위주로 두루 학습하길 권합니다. 최상위권 경쟁일수록 내신이든 수능이든 전반적으로 두루 양호한 점수가 유리합니다. 과거에는 한두 과목을 특출나게 잘하면 수능 최저 학력 기준 등으로 대학에 가는 방법이 있었으나, 앞으로는 주요 과목을 두루 잘하고 구멍이 없는 학생이 유리할 것입니다.

요즘은 예습과 복습 중에서도 특히 복습이 중요합니다. 학교나 학원에서 듣고 배우는 게 많은데, 그것을 자기 것으로 만들기 위해서는 복습이 반드시 필요하기 때문입니다. 많은 학생이 수업 때 들은 내용을 자신이 모두 안다고 착각합니다. 하지만 보통 하루가 지나면 수업 시간에 들은 것의 대부분을 잊어버립니다. 굳이 헤르만 에빙하우스Hermann

Ebbinghaus의 망각곡선을 예로 들지 않더라도 최대한 잊어버리지 않도록 장기 기억에 새기는 노력을 반드시 해야 합니다. 요즘 순수한 공부 시간을 '순공시간'이라고 부르는데, 학원 수업 시간 외 순공시간을 반드시 늘려야 합니다. 그날 배운 것은 그날 복습하는 게 가장 바람직하며, 여유가 없을 때는 적어도 주말을 활용할 것을 추천합니다.

의대를 준비하는 학생들의 단골 질문은 선행학습입니다. 선행학습은 학생의 학력 수준이 과목별로 어느 정도인지에 따라 개인별 편차가 큽니다. 의대를 준비한다면 현실적으로 일정 부분 선행학습은 필요합니다. 일단 거의 모든 학원 수업이 선행을 전제로 이뤄지기 때문입니다. 다만 이때 현재의 학력 수준을 반드시 고려해야 합니다. 공부를 잘하는 상위권 학생이라도 과도한 선행학습은 학습에 대한 부담감만 커져 공부에 대한 흥미를 떨어뜨릴 요인이 될 수 있습니다. 그래서 선행학습 진도가 적절한지 자녀와 대화를 통해 점검해야 합니다. 간혹 선행학습에 치우친 나머지 고등학교 수업을 등한시하는 경우가 많은데, 절대 학교 수업에 충실하지 않고서는 대입에서 좋은 결과를 얻을 수 없다는 점을 명심해야 합니다.

진로에 대한 확신을 확고히 하기 위한 방법으로 의사나 약사를 소개하는 책이나 관련 분야의 책들을 학교 도서관에서 찾아 읽는 것도 좋습니다. 학교 도서관은 학생들의 눈높이에 맞는 책을 엄선해 구비해놓고 있기 때문에 관련 책을 찾기가 수월하고 관심의 폭을 넓히는 데도 많은 도움이 됩니다. 또한 가능하다면 주변에 의사나 약사를 직접 찾아가 어떤 계기로 의사와 약사가 되었는지, 필요한 적성은 무엇인지, 공부는 어떻게 했는지 등 궁금한 내용이나 알고 싶은 내용을 정리해 물어보는 시간을 갖기를 추천합니다. 아는 것이 많을 때 그리고 궁금한 것이 풀릴 때 그만큼 확신도 강해지고, 확신이 생기면 자기주도적으로 공부할 수 있습니다.

아이가 의약학 계열로 진학하길 희망하는 초중등생 학부모들은 고교 선택이 고민일 것입니다. 지금까지는 일반계고와 자사고가 외국어고, 국제고, 과학고보다 좀 더 유리했습니다. 왜냐하면 의약학 계열은 수시 모집에서 학교생활기록부 교과 성적을 국어, 수학, 영어, 과학 교과 위주로 반영하고, 정시 모집에서 반영하는 수능시험도 국어, 수학, 영어, 과학탐구 영역 위주이기 때문입니다. 특목고에 비해 상대적으로 내신을 받기도 수월하죠.

이들 교과목에서 내신 따기에 좀 더 유리한 학교가 바로 일반계고와 자사고입니다. 그리고 아이를 수시 모집 학생부교과 전형으로 의약학 계열에 진학시키고자 한다면 자사고보다 일반계고가 유리합니다. 하지만 앞으로 자신의 적성에 맞게 수업을 선택해 이수하는 고교학점제가 도입되면 변화가 있을 수 있다는 점에 주의해야 합니다. 무엇보다 중요한 것은 어떤 학교가 유리하느냐, 불리하느냐가 아니라 우리 아이가 해당 학교에서 어떻게 생활하고 어떤 성적을 받느냐입니다. 고교학점제에 대한 전망은 다음 장에서 구체적으로 다루도록 하겠습니다.

고교학점제

●

"내가 듣고 싶은 과목을
내가 선택해서 듣는다"

고교학점제가 바꿀 교실 풍경

고교학점제라는 용어를 들어보셨나요? 앞으로 중요한 키워드가 될 고
교학점제의 개념에 대해서는 반드시 정확하게 알아두어야 합니다. 고
교학점제는 이름에 '학점'이라는 단어가 들어가 있는 것에서 유추할 수
있듯이 학점을 이수해야 고등학교를 졸업할 수 있는 제도를 말합니다.
마치 대학생이 수강 신청을 하고 학점을 이수해야 졸업할 수 있는 것과
같은 개념입니다. 문재인 정부 때 기획되었죠. 추진 당시 교육 전문가로
참여한 이범 교육평론가에 따르면 이름을 정할 때 '수강신청제'와 '고교
학점제' 중 고민이 컸다고 합니다. 고등학생도 수업을 신청해 듣는 방

식으로 바뀌기 때문입니다.

기존에는 학점이 아니라 단위로 교육과정이 운영되었습니다. 그런데 이제 단위가 학점으로 바뀌어 적용됩니다. 이때 1학점이란 50분 수업을 16회 수강하는 것을 의미합니다. 3년간 192학점을 이수하면 고등학교를 졸업하는 형태입니다. '초중등교육법 개정안' 제48조에 기초해 시행되는 것이죠. 이를 바탕으로 2020년 마이스터고(51개교)에, 2022년에는 특성화고에 도입되었습니다. 2023년에는 일반계고에 단계적으로 적용되었으며, 2025학년도에는 전체 고등학교에서 전면 시행됩니다.

앞으로 대부분의 고등학교가 고교학점제로 바뀌면 고등학교를 배경으로 한 '미국 드라마'에 자주 등장하는 것처럼 복도 사물함에서 책을 꺼내 각자 수업을 들으러 가는 장면이 펼쳐질 것입니다. 일단 주어진 시간표대로 한 교실에서 수업을 듣는 게 아니라 학생 각자가 수업을 신청한 뒤 각자의 시간표대로 교실을 옮겨 다니며 수업을 듣는 방식입니다. 따라서 마치 대학생처럼 공강도 생기고 치르는 시험 과목과 범위도 달라질 것입니다.

내가 배울 과목은 내가 선택한다

이런 변화는 왜 생겼을까요? 고교학점제는 왜 나왔을까요? 고교학점제는 공교육을 이대로 두면 안 된다는 변화의 필요성에서 나온 아이디어입니다. 고등학교 교실에 획기적인 변화가 필요하다는 공감대가 형성된 것이죠. 최근에 갑자기 나온 변화라고 생각하시는 분들이 많은데 언급은 10년 전으로 거슬러 올라갑니다. 2009년 국가교육기술자문회의에서 언급된 것을 시작으로 교육과학기술부의 '고등학교 선진화를 위한 입학제도 및 체제 개편 방안'에서는 일반계고 교육력 제고 방안으로 일부 과목에 대한 학점제 운영을 제안한 바 있습니다.

'잠자는 학생은 깨울 수 있지만 자는 척하는 학생은 깨울 수 없다'는 말이 있는데 지금의 학교 모습이 딱 그렇습니다. 고등학교 교실에 가본 적이 있나요? 치열한 입시 경쟁을 떠올리면 학생들이 열심히 공부할 거라고 예상하지만, 실상은 그렇지 않습니다. 취재차 고등학교에 가보면 수업 시간에 엎드려 자거나 딴짓하는 학생들이 생각보다 많아 놀라곤 합니다. 초중등생 학부모라면 아마 깜짝 놀라실 텐데, 이는 해가 갈수록 더 심해지고 있습니다.

고교학점제를 기획한 이들은 그 원인을 주어진 시간표에 의한 획일화된 수업에서 찾았습니다. 학생들의 의사와 상관없이 주어진 시간표대로 수업을 듣고 시험을 보기 때문에 아이들이 점점 수동적이 되었다는 지적입니다. 특히 입시에서 소외된 중하위권 성적의 학생들은 수업 시간을 그냥 흘려보내는 경우가 많습니다. 상위권 성적의 학생이라 하더라도 내신에서 한 번 삐끗하거나 원하는 점수를 못 받으면 바로 내신이 아니라 수능에 올인해 수업을 등한시하게 됩니다.

교원단체인 '좋은교사운동'이 2022년 조사한 바에 따르면, 고등학교 3학년 기준 한 반의 60% 이상이 수업에 미참여한다고 응답한 교사 비율이 절반(51%)을 넘습니다. 그 정도이다 보니 언젠가부터 공교육이 이래서는 안 된다는 공감대가 형성된 것이죠.

모든 학생이 일방적으로 지식 위주의 수업을 들으며 10대를 보낸다면 어떻게 될까요? 주도적으로 자기의 인생을 개척할 수 있을까요? 아마 그렇지 않다고 대답하는 분이 많을 것입니다. 관심 있는 분야를 더 깊이 있게 배울 수 있도록 교육 패러다임의 변화가 필요했고, 고교학점제는 이런 학교 교육 현실을 조금이라도 바꿔보려는 시도입니다. 고등학교 수업에 대한 아쉬움은 학부모도 마찬가지입니다. 초중고교

| 초중고별 학부모 만족도 평가 |

초중고등학교에 대한 학부모의 만족도 평가

'진로 및 진학 지도 강화 꼽아'

	초등학교	중학교	고등학교
매우 잘하고 있다	10(2.1)	5(1.1)	6(1.3)
잘하고 있다	157(33.0)	96(20.2)	43(9.0)
보통이다	237(49.8)	241(50.6)	207(43.5)
못하고 있다	52(10.9)	106(22.3)	159(33.4)
전혀 못하고 있다	20(4.2)	28(5.9)	61(12.8)
계	476(100.0)	476(100.0)	476(100.6)
만족도 평균 (5점 척도)	3.18점	2.88점	**2.53점**

(단위: 영(%), n=476(학부모))

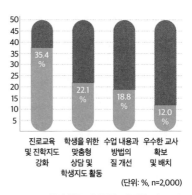

고등학교에서 우선적으로 개선하기 바라는 일

'진로 및 진학 지도 강화 꼽아'

- 진로교육 및 진학지도 강화: 35.4%
- 학생을 위한 맞춤형 상담 및 학생지도 활동: 22.1%
- 수업 내용과 방법의 질 개선: 18.8%
- 우수한 교사 확보 및 배치: 12.0%

(단위: %, n=2,000)

(출처: 한국교육개발원 교육여론조사, 2017)

별 학부모의 만족도 평가에 따르면 학교급이 올라갈수록 만족이 떨어지는 것으로 조사됐죠. 그리고 우선적으로 개선되기 바라는 측면에서는 단연 '진로교육 및 진학지도 강화'가 꼽혔습니다.

또 다른 이유는 학생 개개인의 다양성을 지원하기 위해서입니다. 학생들은 저마다의 관심사가 있는데, 그동안 이런 부분을 학교가 반영하지 못한다는 아쉬움이 있었죠. 물론 학생의 과목 선택권이 배움의 질을 높이는 단계까지 보장하지는 않겠지만, 적어도 학생 스스로의 의사를 반영한 수업을 통해 개개인의 역량에 맞추려는 시도입니다.

이런 배경으로 2012년 제18대 대통령 선거 당시 문재인 후보가 고등학교에도 학점제를 도입하겠다는 공약을 내세웠습니다. 2014년 신입생부터 고등학교에 학점제를 도입하겠다고 했으나 지지부진하며 제도 도입 자체가 없는 일이 되는 듯했죠. 하지만 5년 뒤 2017년 대선에서 문재인 후보가 또다시 고교학점제를 공약으로 내세웠고, 선거에

| 고교학점제 시행 대상 |

대상	2022 고1	2023년 고1(2007년생) 2024년 고1(2008년생)	2025년 고1~ (2009년생 이후~)
일반고 및 특목 고	2015 개정 교육과정 유지 개설 과목 확대	2015 개정 교육과정 유지	2022 개정 교육과정 적용 전과목 미이수제 도입 선택과목에 성취평가제 도입
	3년간 총 수업량: 204단위	3년간 총 수업량: 192학점	3년간 총 수업량: 192학점
특성화 고	2022학년도 고1부터 순차적으로 도입: 192학점(1학점: 50분 x 16회)		

서 이겨 대통령이 되면서 고교학점제가 본격적으로 논의되었습니다.

문재인 정부에서는 2018년 고교 1학년부터 시행하려 했으나 시기가 너무 이르다는 비판이 많아 늦춰졌습니다. 고교학점제는 학교 운영에 커다란 변화를 불러오는 만큼 교육과정을 개정해야 했거든요. 하지만 '2015 개정 교육과정'에 적용하는 것은 어려움이 있어 그다음 개정 교육과정인 '2022 개정 교육과정'에 반영한 것입니다. 이에 2025학년도에 고등학교 1학년부터 적용되어 고교학점제가 시행됩니다. 고교학점제가 본격적으로 적용된 '2022 개정 교육과정'에 대한 설명은 다음 키워드에서 본격적으로 다루도록 하겠습니다.

고교학점제에서는 어떤 수업을 얼마나 들을까

| 고교학점제 BI |

(출처: 고교학점제 홈페이지)

고교학점제의 목표는 BI에 담겨 있어요. 책, 학교, 학생의 이미지를 단순화한 디자인인데, 학교(네모)의 중심에 있는 학생(가운데 사람 형상)이 선택과목(작은 점)을 통해 자신의 학업을 설계하는 것을 의미합니다. 핵심은 과목 선택권을 학생에게 주는 것입니다. 진로에 따라 원하는 과목을 학생 스스로 선택해 듣는 것이 핵심이죠. 기존에는 학생이 성취한 등급에 상관없이 과목을 이수할 수 있었지만, 고교학점제가 시행되면 해당 과목에서 학생이 목표한 성취 수준에 충분히 도달했다고 판단하는 경우에만 이수할 수 있도록 인정합니다. 따라서 좀 더 적극적으로 수업에 참여할 것으로 기대할 수 있습니다. 고교학점제가 시행되면 고등학교 수업이 다음과 같은 방식으로 이루어집니다.

| 고교학점제 수업 프로세스 |

01 교육과정
학교에서 우선 학습자의 과목 선택권이 보장되는 학점 기반의 교육과정을 편성

02 수강 신청
학생의 학업 설계 결과와 수요 조사를 반영해 개설이 가능한 과목을 확정하고, 학생은 개설된 과목 중 원하는 과목을 선택해 개인 시간표를 작성

03 수업
개인 시간표에 따라 수업에 참여

04 평가
수업 연계, 과정 중심 평가, 성취평가 실시

이수 / 미이수
교사는 석차보다 학생이 성취 기준에 어느 정도 도달했는가를 평가함으로써 학생의 과목 이수 여부 결정

05 학점 취득
학생은 이수한 과목에 대한 학점을 취득

06 졸업
누적 학점이 졸업 기준에 도달하면 고등학교 졸업

(출처: 교육부)

먼저 학교에서 우선 학습자의 과목 선택권이 보장되는 학점 기반의 교육과정을 편성하면, 학생의 학업 설계 결과와 수요 조사를 반영해 개설이 가능한 과목을 확정하고, 학생은 개설된 과목 중 원하는 과목을 선택해 수강 신청을 합니다. 그러고 나면 개인 시간표에 따라 수업에 참여합니다. 학생의 참여율을 높이기 위해 결과 중심이 아닌 과정 중심의 평가가 이루어집니다. 교사는 석차보다 학생이 성취 기준에 어느 정도 도달했는가를 평가함으로써 학생의 과목 이수 여부를 결정합니다. 따라서 수업 중간에 이뤄지는 수행평가나 조별 팀 활동은 지금보다 늘어날 전망입니다.

수업이 끝나면 학점 이수와 미이수를 받게 되고, 이수 기준에 도달했을 때 학점을 취득하게 됩니다. 지금까지는 수업 시간에 딴짓을 해도, 답안지를 모두 1번으로 찍어도 교과를 이수하는 것과는 상관이 없었죠. 하지만 앞으로는 두 가지 조건을 달성해야 이수로 인정받습니다. 첫째, 해당 과목 이수를 위한 기준이 과목 출석률 3분의 2 이상이어야 하고, 학업성취율이 40% 이상이어야 합니다. 둘째, 학업성취율이 40%에 미치지 못하는 학생들은 미이수자로 분류되어 보충수업을 들어야 합니다. 그동안 학점제 시행과 더불어 제기되었던 유급제는 보류되어 보충수업을 통해 졸업은 가능하도록 시행하고 있습니다.

다만 고교학점제가 시행된다 하더라도 '모든 과목을 자기 마음대로 할 수는 없다'는 점을 명심해야 합니다. 이는 대학교 수강 신청도 마찬가지죠. 졸업을 위해서는 몇 가지 조건을 충족해야 합니다. 그중 중요한 세 가지를 말씀드리겠습니다.

첫째, 과목 군별 필수 이수 과목은 충족해야 합니다. 과목 군별 필수 이수 학점을 충족해야 한다는 의미는 다음과 같은 상황을 막기 위해서입니다. '저는 수학이 진짜 싫어요. 그래서 수학 빼고 좋아하는 영어만 들을래요', '저는 국어를 잘하니까 국어만 왕창 들을래요' 이런 식으로 좋아하거나 싫어하는 과목이 특정되어 있더라도 '적어도 이 정도의 수업은 들어야 한다'는 기준점을 마련한 것입니다.

둘째, 192학점을 채워야 졸업이 가능합니다. 고교학점제에서 학생들이 졸업을 위해 이수해야 하는 학점은 192학점입니다. 이는 기존 204단위에서 192학점으로 줄어든 것이죠. 1단위는 50분 수업을 1회 기준으로 한 학기에 17회 이수하는 수업량이고, 1학점은 50분 수업을 기준으로 한 학기에 16회 이수하는 수업량입니다. 또한 17회 중 1회는 학교가 자율적으로 주제 중심의 프로젝트 수업, 융합 수업 등으로 활용하도록 권고하고 있습니다. 기존 204단위에서는 연간 2,890시간을 수

| 고등학교 학사 운영 체제의 변화 |

	2021	2022	2023~2024	2025
수업량 기준	단위		학점	학점
1학점 수업량	50분 17(16+1)회		50분 17(16+1)회	50분 16회
총 이수 학점 (이수시간)	204단위 (2,890시간)		192학점 (2,720시간)	192학점 (2,560시간)
교과 · 창체 비중	교과 180 창체24		교과 174 창체18	교과 174 창체18

업했지만, 고교학점제가 전면 시행되면 2,560시간으로 330시간이 감축됩니다. 따라서 현재 204단위에서 192학점으로 줄어들면 방학 기간이 지금보다 조금 더 늘어날 가능성이 있습니다.

셋째, 국어, 수학, 영어군의 주요 교과 학점의 총합이 81점을 넘어서는 안 됩니다. 각 과목은 학기당 기본 4학점(체육, 예술, 교양은 3학점)으로 배정되어 있습니다. 국어, 수학, 영어, 통합사회는 8학점, 과학은 10학점을 필수로 이수해야 합니다. 따라서 고교학점제 시대 이후에도 국영수

| 고등학교 과목별 이수 학점 |

교과(군)	공통 과목	필수 이수 학점	자율 이수 학점
국어	공통국어1, 공통국어2	8	학생의 적성과 진로를 고려해 편성
수학	공통수학1, 공통수학2	8	
영어	공통영어1, 공통영어2	8	
사회(역사/도덕 포함)	한국사1, 한국사2	6	
	통합사회1, 통합사회2	8	
과학	통합과학1, 통합과학2 과학탐구실험1, 과학탐구실험2	10	
체육		10	
예술		10	
기술·가정/정보/ 제2외국어/한문/교양		16	
소계		84	90
창의적 체험활동		18(288시간)	
총 이수 학점		192	

의 중요성은 크게 달라지지 않습니다. 다만 한국사(6학점), 체육·예술(이상 10학점), 기술·가정·정보·제2외국어·한문·교양(이상 16학점)의 필수 이수 학점은 현행 수준으로 유지됩니다. 주의할 점은 국어, 수학, 영어 교과의 이수 학점은 총 81학점을 넘어서는 안 된다는 것입니다. 입시에 유리하다는 이유로 국어, 수학, 영어 위주로만 듣지 말고 다양한 교과를 균형적으로 배우도록 하기 위해서입니다.

이때 학점은 단순히 교과 수업만을 의미하지 않습니다. 필수 이수 학점과 자율 이수 학점은 교과 수업을 의미하지만, 교과 수업 외에 동아리활동과 진로활동 같은 비교과적 활동 시간을 반영한 '창의적 체험활동' 18학점을 추가로 적용합니다. 다시 말해 학점은 단순히 수업뿐만 아니라 다양한 학교 내 활동까지 모두 마쳐야 하고, 교과와 비교과를 3년 동안 충실히 해야 고등학교를 졸업할 수 있다는 의미입니다.

큰 그림을 그리는 학년별 시간표

고교학점제가 적용되더라도 공통과목 위주인 고1은 큰 변화가 없습니다. 학생들은 1학년 때까지 기초 소양을 위해 공통국어 1·2, 공통수학 1·2, 공통영어 1·2, 통합사회 1·2, 통합과학 1·2(이상 8학점), 한국사 1·2(6학점), 과학탐구실험 1·2(2학점) 등 공통과목을 듣습니다. 그리고 고2부터 과목을 선택하게 되죠.

늘 주어진 시간표대로 수업을 듣던 학생들에게 고교학점제는 낯설

수 있습니다. 심지어 중학교는 자유학기제라고 해서 평가에서 자유로운 기간도 있죠. 따라서 고1 때 고교학점제에 적응할 시간을 단계적으로 마련하고 있습니다. 앞으로는 이 시기를 적극 활용해 자신에게 맞는 과목을 찾아 수강하려는 노력을 반드시 해야 합니다.

| 학생의 진로 진학에 따른 맞춤형 과목 선택 절차 |

구분	주체	내용	시기
학교 교육과정 편성	학교	• 교과협의회를 통한 학기별 개설 과목(위계 등 검토) • 학교교육과정위원회에서 학교 교육과정 운영 방침 검토 및 교과별 교육과정 총괄	입학 전
진로 목표에 대한 이해	학생·학교	• 진로적성검사, 진로 계획서 작성 • 대학 진학 등 진로 희망에 대한 상담 • 진로와 관련된 대학이나 학과 확인	1학년 5월
학교 교육과정 편성 분석	학생	• 학기별 필수 이수 과목 확인 • 학기별 개설 과목 일람을 통한 과목 위계, 학기당 이수 단위 수 등 이수 조건 확인 • 학교교육과정 운영 방침 등 확인	1학년 6월
이수 희망 과목 사전 조사	학생	• 진로별 주요 선택 과목, 연관 선택 과목 등에 대한 안내 참여 • 과목 선택을 위한 집중적인 진로, 진학 상담 • 과목 개설을 위한 기초 수요 조사 참여	1학년 7월
수강 신청	학생·학교	• 진로에 따른 선택 과목 확정 • 과목 개설 시기에 따른 과목 이수 시기 결정 • 선택한 진로에 따른 과목 수강 신청 • 필수 이수 과목 누락 여부 확인	1학년 9월
학기 단위 교육과정 편성	학교	• 학교 여건에 따른 선택 과목 최종 확정 • 수강 신청에 따른 과목 편성 조정·폐강 과목 안내 • 분반, 이동 수업 등을 고려한 시간표 작성 • 다음 학년도 이수 과목의 교과서 신청 • 학교에서 개설되지 않는 과목에 대한 학교 밖 수강 기회 안내	1학년 10월~11월

(출처: 고교학점제 홈페이지)

고2 때부터는 진로나 적성에 따라 각자 수업 시간표가 달라집니다. 현재 고등학교 교과목은 공통과목과 일반 선택과목, 진로 선택과목으로 이루어져 있고 이를 2~3학년에 선택하도록 했습니다. 선택과목 중 일반 선택과목은 교과별 학문의 기본적 이해를 위한 과목들로 구성되어 있고, 진로 선택과목은 교과융합학습, 진로안내학습, 교과별 심화학습, 실생활 체험학습 등의 과목으로 구성되어 있으며 이 중 세 개 이상 과목을 이수하도록 하고 있습니다. 그러나 고교학점제에 맞춰 새롭게 적용될 '2022 개정 교육과정'은 학생들의 선택권을 확대하고 심화학습을 할 수 있도록 융합 선택과목을 신설했습니다.

| 2022 개정 교육과정 개편안 |

교과	과목
보통	공통과목
	일반 선택과목
	진로 선택과목

↓

교과	공통과목	선택과목		
		일반 선택	진로 선택	융합 선택
보통	기초 소양 및 기본 학력 함양, 학문의 기본 이해 내용 과목(학생 수준에 따른 대체 이수과목 포함)	교과별 학문 영역 내의 주요 학습 내용 이해 및 탐구를 위한 과목	교과별 심화학습 및 진로 관련 과목	교과 내·교과 간 주제 융합 과목, 실생활 체험 및 응용을 위한 과목

	공통과목	선택과목		
		일반 선택	진로 선택	융합 선택
국어	공통국어1 공통국어2	화법과 작문, 독서, 언어와 매체, 문학 → 화법과 언어, 독서와 작문, 문학	실용 국어, 심화 국어, 고전 읽기 → 주제 탐구 독서, 문학과 영상, 직무 의사소통	→ 독서 토론과 글쓰기, 매체 의사소통, 언어생활 탐구
수학	공통수학1 공통수학2	수학 I, 수학 II, 미적분, 확률과 통계 → 대수, 미적분 I, 확률과 통계	기본 수학, 실용 수학, 인공지능 수학, 기하, 경제 수학, 수학 과제 탐구 → 기하, 미적분 II, 경제 수학, 인공지능 수학, 직무 수학	→ 수학과 문화, 실용 통계, 수학 과제 탐구
영어	기본영어1 기본영어2	영어회화, 영어 I, 영어 독해와 작문, 영어 II → 영어 I, 영어 II, 영어 독해와 작문	기본 영어, 실용 영어, 영어권 문화, 진로영어, 영미 문학 읽기 → 영미 문학 읽기, 영어 발표와 토론, 심화 영어, 심화 영어 독해와 작문, 직무 영어	→ 실생활 영어회화, 미디어 영어, 세계 문화와 영어
사회	한국사1 한국사2 통합사회1 통합사회2	한국지리, 세계지리, 세계사, 동아시아사, 경제, 정치와 법, 사회·문화, 생활과 윤리, 윤리와 사상 → 세계시민과 지리, 세계사, 사회와 문화, 현대사회와 윤리	여행지리, 사회문제 탐구, 고전과 윤리 → 한국지리 탐구, 도시의 미래 탐구, 동아시아 역사 기행, 정치, 법과 사회, 경제, 윤리와 사상, 인문학과 윤리, 국제 관계의 이해	→ 여행지리, 역사로 탐구하는 현대 세계, 사회문제 탐구, 금융과 경제생활, 윤리문제 탐구, 기후변화와 지속가능한 세계

과학	통합과학1 통합과학2		물리학II, 화학II, 생명과학II, 지구과학II, 과학사, 생활과 과학, 융합과학 → 역학과 에너지, 전자기와 양자, 물질과 에너지, 화학반응의 세계, 세포와 물질대사, 생물의 유전, 지구시스템과학, 행성우주과학	→ 과학의 역사와 문화, 기후변화와 환경생태, 융합과학 탐구
	과학탐구실험1 과학탐구실험2	물리학I, 화학I, 생명과학I, 지구과학I →물리학, 화학, 생명과학, 지구과학		

* 현재 → 개정 후

　　다음은 2020년에 발간한 '서울형 고교학점제 워크북'에 실려 있는 위의 교과목 변화를 바탕으로 한 학생의 2학년 시간표 예시입니다. 이 학생은 미래에 심리치료사를 꿈꾸기에 '심리학', '미술 감상과 비평'과 '생명과학I', '생활과 과학', '윤리와 사상', '세계사'를 선택했습니다.

| 2학년 시간표 예시 |

교시	월	화	수	목	금
1	윤리와 사상	생활과 과학	수학I	윤리와 사상	수학I
2	생명과학I	영어I	수학I	생명과학I	창체
3	독서	세계사	독서	심리학	영어I
4	독서	세계사	생활과 과학	독서	영어I
5	영어I	생명과학I	운동과 건강	세계사	창체
6	생활과 과학	수학I	운동과 건강	미술 감상과 비평	창체

| 7 | 윤리와 사상 | 창체 | 심리학 | 미술 감상과 비평 | 창체 |

*학교 지정 교육은 자기 반 교실에서, 학생 선택과목은 교실을 이동하며 수업을 듣습니다.

이후 3학년은 대부분 선택과목을 듣습니다. 선택과목이 많아지면서 대부분 같은 선택과목을 듣는 학생들과 함께 교실을 이동하며 수업을 듣게 됩니다. 같은 반이라도 선택한 과목에 따라 시간표가 각자 다릅니다. 학교 여건에 따라서는 공강이 있을 수 있고, 1학기와 2학기 선택과목이 달라질 수도 있죠.

다만 이때 주의할 점은 선택과목 중에 위계가 있는 과목은 과목 간 위계를 고려해 수업을 들어야 한다는 점입니다. '위계'란 어떤 과목을 이수하기 위해 먼저 들어야 하는 과목이 있는 경우, 이들 과목 간의 순서를 말합니다. 즉, I·II로 구분된 과목은 I을 먼저 이수한 후 II를 이수해야 합니다. 만약 2015 개정 교육과정이라고 한다면 자연 계열을 희망하는 학생은 물리학I, 화학I, 생명과학I, 지구과학I 과목 중 필요한 과목을 선택해 이수하고, 3학년 과정에서 전공 관련해 과학교과 II 수준의 과목 두세 개를 이수하면 됩니다. 단, 수학 교과의 경우는 '수학 I'을 먼저 배우고 '수학 II'를 배워도 되고, '수학I'과 '수학II'를 병행해서 배워도 됩니다. '경제수학'은 '수학I'을 배운 후에 배울 수 있으며 '미적분'은 '수학I', '수학II'를 모두 학습한 다음에 배울 수 있습니다.

| 일반 선택과목의 위계 |

| 진로 선택과목의 위계 |

| 3학년 시간표 예시 |

교시	월	화	수	목	금
1	언어와 매체	미적분	언어와 매체	생활과 윤리	생명과학 II
2	스포츠	언어와 매체	미적분	미적분	화학 II
3	미적분	생명과학 II	진로 영어	생명과학 II	진로영어
4	인공지능 기초	진로영어	생명과학 II	언어와 매체	생활과 윤리
5	진로 영어	생활과 윤리	창체	인공지능 기초	인공지능 기초
6	화학 II	스포츠	창체	화학 II	창체
7	학교자율	화학 II		생활과 윤리	학교자율

*선택과목이 많아지면서 대부분 교실을 이동하며 수업을 듣습니다.

우리는 고교학점제를 받아들일 준비가 되어 있을까

고교학점제는 그간 획일적인 우리 교육환경에 많은 변화를 불러일으키는 것인 만큼 다양한 사회적 노력이 필요합니다. 제일 먼저, 교사의 노력이 많이 필요합니다. 고교학점제의 취지가 학생들에게 과목 선택권을 주는 것인 만큼 다양한 수업이 개설되어야 하죠. 바로 이 점 때문에 그간 고교학점제를 반대하거나 시기상조라고 비판하는 목소리가 높았습니다. 갑작스럽게 학교 수업을 늘리는 게 쉽지 않은 데다가, 이를 가르칠 교사도 턱없이 부족하기 때문이에요. 특히 도시와 농촌 간 여건 차이가 심해 농촌 지역은 어려움이 큰 상황입니다.

이는 고교학점제 도입을 위해 일부 적용한 연구학교에서도 예견된 일입니다. 전국교직원노동조합이 2021년 7월 발표한 '고교학점제 연구·선도학교 의견조사 결과보고서'에 따르면 재검토 및 문제점을 개선할 필요가 있다는 응답이 65.8%, 반대한다는 응답이 26.9%로 응답자 중 92.7%가 현재 시험적으로 시행되는 고교학점제에 대해 부정적인 의견입니다. 그 이유로는 한 교사가 여러 과목을 담당해야 하거나, 수업에 따라 과목당 학생 수가 너무 많다는 점을 들었습니다. 교사가 세 과목 이상을 담당한다는 응답은 91.3%에 달했고, 네 과목 이상은 27.7%, 다섯 과목 이상은 3.8%로 나타났습니다. 교사 한 명이 갑자기 여러 과목을 맡으면 수업 준비 시간이 충분히 확보되기 어려울 수밖에 없죠.

한국교육개발원이 진행한 '고교학점제 도입 시 수업 학급 및 시수 변화에 따른 필요 교원 규모 추산연구'를 보면 고교학점제를 도입할 경우 2040년까지 전체 고교에 필요한 교사 수는 연평균 5,959~7,203명에 이릅니다. 이는 고교학점제를 도입하지 않았을 때보다 연평균 951~2,195명 많은 수치죠. 연구진이 고교학점제 연구학교 상황을 살펴보았을 때 교사 1인당 담당 과목 수는 0.1과목 늘었고, 수업 학급 수도 행정학급에 견주어 1.15배나 많았습니다. 수업 준비 시간도 주당 평균 3.69시간이 늘었죠. 장기적으로 교원 수급 계획이 세워지지 않으면 고교학점제 실행에 차질이 불가피할 것으로 보입니다.

고교학점제의 안착을 위해서는 기존 교과 이외에 다양한 전문 교과 교사 투입이 요구됩니다. 하지만 교육부는 가장 기본 사안인 교원 수급 문제에 대해 중등교원 증원 대신 외부 전문가를 교원으로 활용하겠다는 방침을 내세우고 있어요. 또한 학교 내 과목 개설이 어려울 것을 대비해 학교 간 공동교육과정을 온라인과 오프라인으로 운영한다는 방침입니다. 희망 학생이 적거나 교사 수급이 어려운 소인수과목(13인 이하)이나 심화과목의 경우에는 하나의 학교 안에서 수업을 개설하기 어렵기 때문에 여러 학교가 공동으로 과목을 개설해 운영하는 '학교 간 공동운영과정'을 통해 다양한 수업을 개설한다는 목표입니다.

현재 시도교육청마다 다양한 방식으로 공동교육과정을 운영하고 있기 때문에, 시도교육청별 공동교육과정에 대한 자세한 내용은 각 교

| 학교 간 공동교육과정 유형 |

거점형	거점 학교에서 과목을 개설해 지역 내 고등학교에 개방
학교연합형	2~4개 인접 학교가 협의해 학교 내 미개설 과목을 상호 분배해 공공 개설하고 연합학교 학생에게만 개방
일반고 간 연계형	수요가 적어 단일 학교에서 개설하기 어려운 과목을 중심으로 인근 학교가 모여 공동교육과정을 운영
일반고-특성화고 연계형	직업 교육을 희망하는 일반고 학생을 대상으로 특성화고의 직업 교육 프로그램 수강 기회 제공 다양한 보통 교과 수업을 희망하는 특성화고 학생을 대상으로 일반고에 개설된 수업 수강 기회 제공
일반고-특목고 연계형	특목고에 개설되지 못한 보통교과 수업을 희망하는 특목고 학생을 대상으로 일반고에 개설된 수업 수강 기회 제공
오프라인 공동교육과정	수업을 수강하는 여러 학교 소속의 학생들이 한 장소로 이동해 대면 수업 진행
온라인 공동교육과정	수업을 수강하는 여러 학교 소속의 학생들이 온라인상에 모여 실시간, 쌍방향 온라인 수업 진행

(출처: 고교학점제 홈페이지)

육청 홈페이지를 참고해 확인해보시기 바랍니다. 학교별, 지역별 개설 과목 편차가 큰 점을 고려해 현재 네 개인 공립 온라인 학교를 2025년까지 17개로 확대하고 공동교육과정을 늘리는 한편, 지역 고교학점제 지원센터를 설치해 고교-대학-기업 협력도 강화할 예정이에요.

그럼에도 오프라인 현장에서는 애로 사항이 있을 수 있습니다. 대표적인 예로 지리적 여건이나 열악한 교통 환경, 이동 시 발생할 수 있는 안전 문제 등이 있죠. 이에 교육부와 한국교육개발원에서는 온라인 공동교육과정도 운영하고 있습니다. 실시간, 쌍방향 수업 플랫폼인 '교실온닷(edu.classon.kr)'이 그것이죠. 토론 수업이 가능한 그룹 지정 기능, 스티커 기능, 녹화 기능 등을 제공함으로써 온라인에서도 다양한 교수·학습 방법을 활용한 효과적인 수업이 가능하도록 지원하고 있습니다. 아직 고교학점제가 낯선 분이라면 앞으로 이 사이트를 즐겨찾기 해놓고 수시로 정보를 확인해보기를 권합니다.

학교의 부담도 큽니다. 학생이 자신의 진로에 적합한 과목을 체계적으로 이수할 수 있도록 다양한 선택과목을 개설하기 위해 노력하라고 교육부가 학교에 권고하고 있기 때문이죠. 일단 선택한 인원이 14명 이상인 경우, 해당 과목은 개설을 원칙으로 합니다. 학생 선택이

| 고교학점제 운영 시스템 |

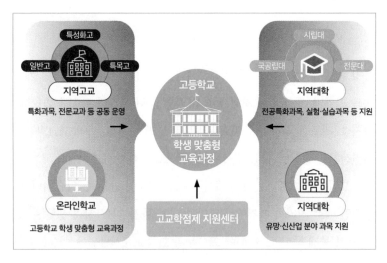

10~13명 이하일 경우에는 교과협의회 논의 후 학교교육과정위원회에서 결정하죠. 9명 이하는 폐강이며, 선택 인원이 해당 학년 학급당 평균 학생 수를 초과할 경우에는 해당 과목은 분반하게 돼있습니다.

하지만 이보다 더 근본적인 우려가 있습니다. 입시학원화된 고등학교 교실을 바꿀 수 있느냐는 것이죠. 지금 우리 교실도 과목 선택권이 있긴 합니다. 2015 개정 교육과정부터 과목 선택권이 확대되었어요. 하지만 선택과목이 있다고 해서 선택권이 늘었다고 말하기는 어렵습니다. 학생들이 이른바 점수 잘 받는 과목에 쏠리기 때문이죠. 수능에 반영되는 과목이거나 학생들이 많이 들어 1등급을 받는 숫자가 많은 과목, 또는 상대적으로 쉬운 과목에 많이 쏠렸습니다.

인기 없는 과목을 선택하면 1등급을 받는 숫자가 적어지니 성적 받기가 힘들기 때문이에요. 그래서 1차 수요 조사를 할 때 원하는 과목을 골랐다가 인원수가 적다 싶으면 2차에서 결국 많은 학생이 신청하는 과목으로 옮기는 경우가 부지기수였죠. 이런 상황에서 과목만 늘린다고 쏠림 현상이 나아지지는 않을 것입니다.

문제는 이런 변화를 받아들일 만한 준비가 이루어졌느냐는 것이죠. 학생들이 자유롭게 원하는 과목을 선택하려면 수능시험과 대학입시제도도 그에 맞게 바뀌어야 합니다. 그렇지 않다면 결국 수능에 유리한 과목, 입시에 유리한 과목을 선택할 수밖에 없는 현실이기 때문입니다. 고교학점제를 도입하려면 '수능을 폐지하거나 자격고사화해야 한다'는 말이 나오는 이유가 여기에 있습니다. 고교학점제는 입시 변화와 맞물릴 때 탄력을 받을 것이라는 사실은 명약관화합니다.

　현재의 대학입시에서는 내신 성적, 수능 성적이 절대적인 위치를 차지합니다. 그러나 학점제를 통해 학생들이 서로 다른 교과목을 서로 다른 수준으로 배우게 되면 이런 단순한 평가로 학생을 선발하기 어려워집니다. 따라서 고교학점제와 현행 입시는 충돌할 수밖에 없죠. 최근 발표된 2028 대입제도 개편안은 이러한 배경을 바탕으로 접근해야 합니다.

성적은 어떤 기준으로 매길 것인가

고교학점제는 과도한 경쟁과 입시에 대한 부담을 덜고 진로와 적성에 따라 수업을 듣도록 하는 제도입니다. 이때 학생이 진로와 관심사를 바탕으로 과목을 자유롭게 선택하게 하려면 선택에 따라 내신 성적에 유불리가 발생하지 않아야 하죠. 학생들이 어떤 과목을 선택하느냐가 내신 점수에 민감하게 영향을 준다면 원래의 취지를 제대로 살리기 어렵기 때문이에요. 조금이라도 점수 받기 유리한 과목에 학생들이 몰릴 것이니까요.

　따라서 고교학점제는 다른 친구들과의 상대적인 석차가 아닌 과목별 절대적인 성취 기준에 도달했는지 여부에 따라 점수를 받아야 합니다. 이를 성취평가제라고 해요. 현재 9등급 체제로 이뤄진 상대평가는 자신의 점수가 상대방의 점수와 비교해서 얼마나 잘했는지, 혹은 못

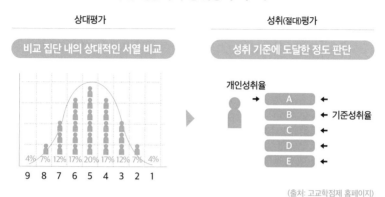

| 상대평가와 성취평가 비교 |

상대평가

비교 집단 내의 상대적인 서열 비교

4% 7% 12% 17% 20% 17% 12% 7% 4%
9 8 7 6 5 4 3 2 1

성취(절대)평가

성취 기준에 도달한 정도 판단

개인성취율

A
B ← 기준성취율
C
D
E

(출처: 고교학점제 홈페이지)

했는지를 평가하는 방식입니다. 반면 성취평가는 단계별 최소 성취 기준을 설정하고 그에 도달하는 경우에 성적을 받는 절대평가 제도입니다. 즉, 교육부가 마련한 평가기준(A~E)에 따라 학생들의 성장과 학업 성취 수준을 산출하는 것을 말합니다. 따라서 고교학점제 도입 단계부터 절대평가가 논의되었지만, 우리에게는 간과해서는 안 되는 현실이 있죠. 고교 교육과정이 대입과 직결된다는 사실입니다.

고교 내신의 절대평가는 이번에 처음 논의된 일이 아닙니다. 1996년에 도입되었고 이를 2004년까지 운영하다가 상대평가로 전환했죠. 바뀐 이유는 간명합니다. 수준 이상을 달성하면 다 좋은 점수를 주는 절대평가의 특징을 악용하는 일이 생겼기 때문입니다. 문제를 미리 알려주거나 쉽게 출제해 성적을 부풀리는 일이 심해졌죠. 당시 서울시교육청은 서초구 모 고교의 1학년 공통수학 평균 점수가 1년

전보다 두 배 가까이 높아진 것을 발견하는 등 많은 고교에서 만점 또는 고득점자를 양산한 사실을 확인한 바 있습니다.

이를 계기로 전국적으로 감사를 벌였더니 부산의 경우 62개 고교 중 8곳이 문제를 일부러 쉽게 출제한 사실이 드러나 크게 기사화되었습니다. 이어 1999년에는 서울의 286개 고교 가운데 26곳이 성적을 부풀린 사실이 감사에서 확인되어 재시험을 치렀습니다. 그런데 현재는 그때보다 대입에서 내신의 중요성이 훨씬 더 커진 상황이죠. 이런 우려 탓에 그동안 내신에 성취평가제를 도입하지 못한 것입니다.

현재의 내신 성적은 상대평가로 반영됩니다. 자신이 얻은 점수가 다른 학생의 점수에 비해 어떤지에 따라 등급이 결정됩니다. 상위 4%에 들면 1등급, 11%까지는 2등급, 23%까지는 3등급… 이런 식으로 9등급까지 있습니다. 좋은 등급을 받으려면 '다른 학생보다 높은 점수를 받는 것'이 가장 중요합니다.

내신 상대평가를 반대하는 사람들은 바로 이 부분을 비판합니다. 내가 잘하는 게 중요한 시험이 아니라, 다른 친구보다 잘해야 하는 시험이라 끝까지 안심할 수 없습니다. 수능은 1년에 한 번 40만 명의 또래가 치르는 시험이지만, 내신은 3년간 수십 개에서 수백 개의 과목시험을 바로 옆 친구와 경쟁하며 치러야 하는 것이죠. '바로 옆 친구와 경쟁하는 시험'이라니. 학생 간에 견제하는 분위기가 교실 분위기를 살벌하게 만들고, 나아가 협업과 의사소통 능력을 배우기 힘든 분위기가 되었습니다.

얼마 전, 영재발굴단에 출연해 유명세를 탔던 백강현 군이 만 열 살에 서울과학고에 입학했는데 약 1년도 안 되어 학교를 자퇴했다는 뉴스가 있었습니다. 그 과정에서 학교폭력 논란도 있었는데, 핵심은 빠듯한 수행평가와 경쟁이었죠. 현행 대학입시제도에서는 다섯 살 터울의 동급생을 막냇동생처럼 보살피고 서로 믿고 따르는 살가운 관계를 맺기가 사실상 불가능하기 때문이에요. 이와 관련해 SNS에 입장을 올린 서울과학고생에 따르면 "수행평가가 대입과 긴밀히 연결되어 있다. 어린 강현이를 품어주지 못한 것은 반성하고 있지만 저희 역시 어린 친구를 책임지고 과제를 해내기에는 버거운 고등학생 입시생이라는 점을 감안해주시길 간곡히 요청드린다"고 밝힌 바 있습니다.

교육부는 이런 현실을 개선하기 위해 고교학점제 도입을 계기로 절대평가 추진을 검토했죠. 다른 친구의 점수와 상관없이 A~E까지 다

| 내신 상대평가 vs 절대평가 |

상대평가		절대평가
·비율에 따라 1~9등급 구분 (상위 4%까지 1등급, 11%까지 2등급)	등급 구분	·점수(성취도)에 따라 A~E등급 구분 (90점 이상 A등급, 80점 이상 B등급)
·충분히 우수한 학생들도 상위 4% 안에 들기 위해 다른 학생보다 더 잘해야 하는 과잉 경쟁 발생 ·소수 학생이 선택하는 과목은 성적을 받기 어려워 기피	단점	·우수 학생이 많은 특목고, 자사고 등에 유리 ·A등급을 늘리기 위해 쉬운 문제를 출제하는 등의 내신 부풀리기 우려
·내신 부풀리기 어려움	장점	·지나친 경쟁 완화

섯 개 등급을 매기는 방법이죠. 90점 이상은 A, 80점 이상은 B, 70점 이상은 C를 받는 식입니다.

이를 두고 고등학교 전체에 절대평가를 도입할지, 아니면 학년 별로 다른 평가 방법을 활용할지 정부의 발표에 관심이 쏠렸습니다. 2023년 12월 23일 교육부는 '2028 대학입시제도 개편안'을 확정하고 발표하면서 2025년부터 고교 1, 2, 3학년 대부분의 과목에 5등급 성취 평가(절대평가)와 상대평가를 함께 적용하기로 했습니다. 조금 느슨해 지기는 했지만 사실상 상대평가로 입장을 굳힌 것이지요. 앞서 교육부 는 '공교육 경쟁력 제고 방안 중 고교학점제 보완 방안'에서 1학년 때는 9등급 상대평가, 2·3학년 때는 5등급 절대평가를 하기로 밝힌 바 있으 나 입장을 바꾼 것이죠. 교육부는 상위 4%만 1등급을 받을 수 있는 현 행 내신 평가제도가 학생 수 감소 속에서 과도한 경쟁을 부추긴다고 보

| 과목별 성적 산출 및 대학 제공 방식(확정) |

구분	절대평가		상대평가	통계 정보		
	원점수	성취도	석차 등급	성취도별 분포 비율	과목 평균	수강자 수
보통교과	O	A·B·C·D·E	5등급	O	O	O
사회·과학 융합선택	O	A·B·C·D·E	O	O	O	O
체육·예술/과학 탐구실험	-	A·B·C	-	-	-	-
교양	-	P	-	-	-	-
전문교과	O	A·B·C·D·E	5등급	O	O	O

고 이 또한 개편하기로 했습니다. 이에 따라 고교 내신 평가 체제는 전 과목 5등급 상대평가로 일원화하고, 1등급은 기존 4%에서 2025학년 부터 10%로 늘립니다.

고등학교 유형에 따른 지형도

현재 초등학생과 중학생이라면 고교학점제 이전에 고등학교 선택이 큰 고민일 것입니다. 가뜩이나 고교 선택이 어려운데, 고교학점제라는 변 수까지 생긴 것이죠. 그렇다면 앞으로 고등학교 유형에 따른 지형도는 어떻게 될까요?

고교학점제의 특성상 아무래도 다양한 선택과목이 개설된 학교 가 주목받을 것입니다. 성취평가제로 내신의 불리함이 극복될 테니 자 사고와 특목고가 관심을 더 받을 것으로 보입니다. 이런 부분이 충분히 예견되어 문재인 정부 때는 특목고와 자사고를 일반고로 전환하려 시 도했으나 윤석열 정부는 자사고와 외고, 국제고를 그대로 두기로 결정 했습니다.

이들이 그대로 유지될 경우 앞으로 외고의 인기는 더 높아질 것입 니다. 외고의 치명적인 약점이 내신 따기가 어렵다는 점인데, 9등급에서 5등급 상대평가로 이전보다 내신 경쟁 부담이 줄어들었기 때문이죠. 게 다가 다양한 과목이 이미 많이 개설되어 있는 데다가 교원까지 갖추고 있기 때문에 과목 선택의 폭도 넓습니다. 초중등생 학부모라면 앞으로

| 각 학교의 교육과정 편성표를 확인할 수 있는 사이트 |

외고의 인기가 높아질 것을 염두에 두고 준비하셔야 합니다.

일반고를 생각한다면 학교를 선택하기 전에 반드시 아이가 염두에
둔 과목이 개설되어 있는지 확인하는 노력이 필요합니다. 앞으로는 어
떤 과목을 선택해 들었는지가 대입에 굉장히 중요해지기 때문입니다.

이를 확인할 수 있는 사이트가 '학교알리미(www.schoolinfo.go.kr)'입
니다. 홈페이지 메인 중간의 '학교별 공시 정보'를 클릭한 다음 원하는
학교를 선택하고 검색 버튼을 클릭합니다. 관심 있는 학교 정보의 새
창이 뜨면 아래로 스크롤을 내려 공시 정보의 [교육활동]-[학교 교육
과정 편성·운영 및 평가에 관한 사항]' 파일을 클릭합니다. 이 파일에

는 입학 연도 기준으로 작성된 각 학교의 교육과정 편성표가 공개되어 있어 해당 학년이 3년간 배울 과목이 무엇인지 확인할 수 있습니다.

고교학점제를 대비하는 초중등생의 자세

그렇다면 초중등학교 때 고교학점제를 어떻게 준비할 수 있을까요? 일단 고교학점제의 취지가 자신의 적성과 흥미에 따라 과목을 선택해 교육받는 것인 만큼, 적어도 자신의 진로에 관심을 기울이는 노력을 일찍부터 해야 합니다. 그간 우리나라 교육은 개개인의 적성과는 거리가 멀었지만, 앞으로는 고교 교육과정이든 대입에서든 반드시 진로를 탐색하는 시도를 확인할 거예요.

물론 진로는 언제든 바뀔 수 있고, 고교학점제가 대입에 어느 정도 반영될지 현재로서는 정확히 가늠하기 어렵습니다. 대입 개편안 논의가 한창인데다 이를 각 대학이 어떻게 반영할지 구체적으로 나오지 않았기 때문이죠. 대학이 고교학점제를 어떻게 적용할지에 대해서는 2026년 4월 말 '2028학년도 대학 입학 전형 시행계획'이 발표되어야 정확히 알 수 있습니다.

따라서 현재로서는 고교학점제에 대한 낯섦을 불안감으로 여기기보다는 기존에 해오던 대로 주요 과목 교과과정을 열심히 따르되 아이의 진로와 적성에 대해 생각해보는 시간을 갖는 게 최선입니다. 아이가 자기의 진로에 관심을 기울이는 것은 대입을 떠나 분명 의미 있는 일입니다. 아직 시간적 여유가 많은 초등생의 경우 진로 탐색에 대해 충분히 시간을 가져보기를 권합니다.

우리 부모 세대는 제대로 된 진로 탐색 과정 없이 고등학교에 들어가고 성적에 맞춰 대학에 들어갔지만, 이제는 달라져야 합니다. 대학 졸업장이 취업과 연결되는 시대도 아닌데다 웬만한 기술은 AI가 대체할 수 있기 때문이죠. 따라서 일찍부터 무엇에 관심이 있고 무엇을 좋아하는지, 무엇을 배우고 싶은지 탐색하는 과정이 필요합니다.

이때 필요한 게 바로 '기록'입니다. 학부모도 아이도 기록하는 습관을 갖는 게 중요하다는 것을 강조하고 싶어요. 기록하지 않으면 휘발되거나 그 이후로 연결되지 못하기 때문이에요. 부모님이라면 자녀가 영유아기일 때 육아일기를 쓴 경험이 있을 거예요. 아이의 성장 과정을 기록해 아이의 발달을 파악한 것처럼, 아이가 좋아하는 것들을 기록하기 바랍니다. 다음의 표처럼 만들어 학년별로 틈틈이 채워가는 것도 좋습니다.

입시 전문가인 김병진 이투스 교육평가연구소장 역시 초중등학생이 고교학점제를 대비할 수 있는 가장 좋은 방법으로 기록을 꼽았습니다. 좋아하는 일과 잘하는 일을 틈틈이 기록해뒀다가 틈날 때마다 검색하거나 체험해보면서 발전시켜보라는 것이죠. 관심 주제는 더 깊게 들어가 알아보면서 점차 주제를 확장하는 것도 추천했습니다. 이것이 선행학습을 조금 더 하는 것보다 훨씬 유용하다고 강조했죠. '나는 어떤 일을 좋아하는지(흥미)' 혹은 '나는 무엇을 잘하는지(적성)'를 고려해 과목을 선택합니다.

이 중 잘하고 좋아하는 일에 관한 경험을 더 많이 살려주는 게 포인트입니다. 이 방향성으로 아이의 관심사를 응원하고 지원해주세요. 요즘은 자녀의 진로를 탐색하는 데에 도움이 되는 자료가 정말 많습니다. 할 수 있다면 되도록 다양한 경험을 시도하기를 추천합니다. 그리고 진로검사와 지능검사도 정기적으로 하기를 바랍니다. 비용이 부담된다면 유료가 아닌 무료로 할 수 있는 방법도 많기 때문에 찾아서 꼭 해보길 권합니다.

가장 좋은 방법은 고용노동부의 고용정보시스템인 '워크넷'과 교육부가 제공하는 진로 정보 시스템인 '커리어넷'을 활용하는 것입니다. 자료가 굉장히 유용해서 진로 컨설팅 전문가들도 이 사이트를 주로 활용합니다.

워크넷에 들어가면 우리나라 대표 학과인 인문 계열, 사회 계열, 교육 계열, 자연 계열, 공학 계열, 의약학 계열, 예체능 계열에 관한 정보를 자세히 얻을 수 있습니다. 특정 전공 학과에서는 무엇을 배우는지 알 수 있기에 대략적인 방향을 설정하는 데에 도움이 될 것입니다.

또한 커리어넷에는 진로활동, 직업 정보 등 챕터별로 유익한 정보가 많습니다. 직업적성검사, 진로성숙도검사, 직업흥미검사, 가치관검사 등 무료 적성검사를 활용할 수 있습니다. 다만 이때 중요한 것은 일회성으로 그치지 말고 매년 정기적으로 실행해 아이의 누적된 관심사를 확인해야 한다는 것입니다. 아이가 유아이거나 초등학교 저학년이라면 '주니어용 커리어넷'도 활용할 수 있습니다.

평소 직업에 관한 책을 통해 관심사를 찾는 것도 좋은 방법인데, 한국고용정보원에서 발간한 『4차 산업혁명 시대 내 직업 찾기』를 추천합니다. 이 책은 한국고용정보원 홈페이지에서 누구나 내려받을 수 있습니다.

진로 맞춤 미래의 학습시간표 짜기

아이가 결정한 진로를 향해 성공적으로 걸어가기 위해서는 어떤 선택 과목을 공부하면 좋을지 생각해보아야 합니다. 앞으로는 대입에서 학생이 어떤 과목을 선택해 이수했는지를 볼 것이기 때문에 관심을 두는 것이 중요합니다. 현재도 대입 수시 학생부종합 전형에서 이를 살펴보는 대학이 있습니다.

서울대는 전공 연계 교과 이수 과목을 공개하고 있죠. 전공 연계 교과 이수 과목(핵심 권장 과목 및 권장 과목)은 학생이 희망하는 학과에서 전공을 공부하는 데에 도움이 되는 과목을 제시한 것입니다. 여기서 핵심 권장 과목은 학과에서 공부하기 위해 필수적으로 이수를 권장하는 과목을 말하고, 권장 과목은 말 그대로 학과에서 공부하기 위해 이수를 권장하는 과목을 말합니다. 이처럼 고교학점제에서는 과목 선택이 입시까지 연결된다는 점을 기억하고 아이가 수강할 과목에도 관심을 기울여야 합니다(서울대 전공 연계 교과 이수 과목은 '2022 개정 교육과정' 키워드에서 소개).

다음은 서울특별시교육청교육연구정보원이 만든 '2023학년도 서울 고교학점제 기반 조성을 위한 2015 개정 교육과정 선택 과목 안내서'에 소개된 진로를 고려한 계열별 과목 선택 가이드를 살펴보겠습니다. 2022 개정 교육과정이 아닌 2015 개정 교육과정이지만 희망하는 계열별로 선택할 수 있는 예시를 이해하는 차원에서 참고하기를 추천합니다. 대학마다 전공 및 전공기초 과목이 조금씩 다르므로 관심 있는 대학의 홈페이지에서 지원하고자 하는 학과의 교육과정을 확인하는 것이 바람직합니다.

| 전공별 권장 선택과목 |

1) 인문계열

구분	1	2	3
기초	국어, 수학, 영어, 한국사	화법과 작문, 독서, 언어와 매체, 문학, 고전 읽기 수학 I, 수학 II, 확률과 통계 영어 회화, 영어 I, 영어 독해와 작문, 영어 II, 영미 문학 읽기	
탐구	통합사회	한국지리, 세계지리, 세계사, 동아시아사, 경제, 정치와 법, 사회·문화, 생활과 윤리, 윤리와 사상, 사회문제 탐구 중 택 4~6	
	통합과학, 과학탐구실험	물리학 I, 화학 I, 생명과학 I, 지구과학 I, 생활과 과학 중 택 1~2	
생활·교양	기술·가정, 정보, 제2외국어 I·II, 한문 I·II 등 일부 포함 택 4~5		

2) 상경계열

구분	1	2	3
기초	국어, 수학, 영어, 한국사	화법과 작문, 독서, 언어와 매체, 문학 수학 I, 수학 II, 확률과 통계, 경제 수학(미적분)* 영어 회화, 영어 I, 영어 독해와 작문, 영어 II	

탐구	통합사회	한국지리, 세계지리, 세계사, 동아시아사, 경제, 정치와 법, 회·문화, 생활과 윤리, 윤리와 사상, 사회문제 탐구 중 택 4~6
	통합과학, 과학탐구실험	물리학Ⅰ, 화학Ⅰ, 생명과학Ⅰ, 지구과학Ⅰ, 생활과 과학 중 택 1~2
생활·교양		기술·가정, 정보, 제2외국어Ⅰ·Ⅱ, 한문Ⅰ·Ⅱ 등 일부 포함 택 4~5

*경제 수학을 배울 수 없는 경우 미적분을 권장하는 것임.

3) 간호·보건계열

구분		1	2	3
기초		국어, 수학, 영어, 한국사	화법과 작문, 독서, 언어와 매체, 문학 수학Ⅰ, 수학Ⅱ, 확률과 통계, (미적분)* 영어 회화, 영어Ⅰ, 영어 독해와 작문, 영어Ⅱ	
탐구	통합사회		정치와 법, 사회·문화, 생활과 윤리 중 택 2~3	
	통합과학, 과학탐구실험		화학Ⅰ, 생명과학Ⅰ	화학Ⅱ, 생명과학Ⅱ
생활·교양			기술·가정, 정보, 제2외국어Ⅰ·Ⅱ, 한문Ⅰ·Ⅱ 등 일부 포함 택 4~5	

*상위권 학생이라면 미적분을 선택하는 경향도 보일 것임을 고려한 안내임.

4) 예술·체육계열

구분		1	2	3
기초		국어, 수학, 영어, 한국사	화법과 작문, 독서, 언어와 매체, 문학 수학Ⅰ, 수학Ⅱ, 확률과 통계 영어 회화, 영어Ⅰ, 영어 독해와 작문, 영어Ⅱ	
탐구	통합사회		세계사, 경제, 사회·문화, 생활과 윤리, 여행지리 중 택 3~4	
	통합과학, 과학탐구실험		물리학Ⅰ, 화학Ⅰ, 생명과학Ⅰ, 지구과학Ⅰ, 생활과 과학 중 택 1~3	
체육·예술			음악: 음악 이론, 음악 연주, 시창·청음, 음악 전공 실기 미술: 미술 창작, 평면 도형, 미술 전공 실기 예술: 연기, 시나리오, 연극의 이해, 연극 감상과 비평 체육: 체육 탐구, 스포츠 개론, 체육 전공 실기 기초	
생활·교양			기술·가정, 정보, 제2외국어Ⅰ·Ⅱ, 한문Ⅰ·Ⅱ 등 일부 포함 택 4~5	

5) 공학계열

구분	1	2	3
기초	국어, 수학, 영어, 한국사	화법과 작문, 독서, 언어와 매체, 문학 수학Ⅰ, 수학Ⅱ, 미적분, 확률과 통계, 기하, 인공지능 수학 영어Ⅰ, 영어 독해와 작문, 영어Ⅱ	
탐구	통합사회	한국지리, 경제, 정치와 법, 사회·문화, 생활과 윤리 중 택 1~2	
	통합과학, 과학탐구실험	물리학Ⅰ, 화학Ⅰ, 생명과학Ⅰ, 지구과학Ⅰ 중 택 3~4	물리학Ⅱ, 화학Ⅱ, 생명과학Ⅱ, 지구과학Ⅱ 중 택 2~3
생활·교양	기술·가정, 정보, 인공지능 기초, 제2외국어Ⅰ·Ⅱ, 한문Ⅰ·Ⅱ 등 일부 포함 택 4~5		

6) 자연계열

구분	1	2	3
기초	국어, 수학, 영어, 한국사	화법과 작문, 독서, 언어와 매체, 문학 수학Ⅰ, 수학Ⅱ, 미적분, 확률과 통계, 기하 영어 회화, 영어Ⅰ, 영어 독해와 작문, 영어Ⅱ	
탐구	통합사회	한국지리, 경제, 정치와 법, 사회·문화, 생활과 윤리 중 택 1~2	
	통합과학, 과학탐구실험	물리학Ⅰ, 화학Ⅰ, 생명과학Ⅰ, 지구과학Ⅰ 중 택 3~4	물리학Ⅱ, 화학Ⅱ, 생명과학Ⅱ, 지구과학Ⅱ 중 택 2~3
생활·교양	기술·가정, 정보, 인공지능 기초, 제2외국어Ⅰ·Ⅱ, 한문Ⅰ·Ⅱ 등 일부 포함 택 4~5		

다음 페이지의 이미지는 중학생을 대상으로 고등학교 때 선택과목을 좀 더 현명하게 결정할 수 있도록 돕고자 서울시교육청에서 만든 진로 로드맵 워크시트입니다. 아직 초등학생이라면 이것을 참고해 앞으로 무엇을 배우고 싶은지 선택과목을 검색해 알아보고, 대학에 있는 학과들이 어떤 것이 있는지 살펴보는 시간을 갖기 바랍니다.

* '키워드02 · 고교학점제' 내용에 도움받은 책
이로울쌤, 『고교학점제와 진로 코칭』, 사람in, 2023.

|진로 로드맵|

진로 심리 검사·
직업 학과 검색 사이트

1. 커리어넷

- 교육부가 지원하고 한국직업능력개발원 국가 진로교육센터에서 운영
- 진로심리검사, 진로상담, 직업·학과정보, 진로 동영상, 진로교육자료 등의 정
  보 제공
- 청소년용 직업적성검사, 직업가치관검사, 진로성숙도검사, 직업흥미검사를 통
  해 직업과 관련한 나의 심리 상태를 확인하고, 진로 탐색 프로그램을 통해 나
  에게 적합한 진로 정보 제공
- 무료 검사(검사 전 회원가입 및 로그인, 비회원 검사도 가능)

2. 워크넷

- 고용노동부 제공
- 청소년 대상 심리검사 8종 제공: 청소년 직업흥미검사, 고등학생 적성검사, 청
  소년 적성검사(중학생용), 직업가치관검사, 청소년 진로발달검사, 대학 전공(학
  과) 흥미검사, 초등학생 진로인식검사, 청소년 인성검사
- 특히 '대학 전공(학과) 흥미검사'를 통해 관심 직업과 관련한 대학 전공에 대한
  정보를 얻을 수 있음
- 무료 검사(검사 전 회원 가입 및 로그인, 비회원 검사도 가능)

3. 창의인성교육넷

- 한국과학창의재단 운영

- 창의적 체험활동 프로그램, 현장체험학습 자료, 지역별 창의적 진로 체험 가이드 제공
- 다양한 체험활동을 진행할 수 있는 주변 자원(체험시설, 전시·공연시설, 연구 시설 등) 소개
- 창의적 체험활동 실천 교사연구회, 연구회 공개 자료방 등 운영

4. 꿈길
- 교육부 운영
- 초중고등학교 및 특수학교 학생들의 진로 체험활동 지원을 위해 다양한 체험처 및 체험 프로그램 정보 제공
- 지역사회의 다양한 진로 체험처 검색 서비스 및 체험 프로그램 관리
- 체험처-학교 매칭을 통한 맞춤형 진로 체험활동 지원

5. 중소기업 탐방프로그램
- 고용노동부, 한국고용정보원 운영
- 만 15세 이상, 34세 이하 미취업 청년을 대상으로 다양한 직업 세계와 산업현장의 체험 기회 제공
- 상시 신청할 수 있으며 체험 후 수료증 발급
- 다양한 기업 탐방 체험 후기 제공

6. 한국잡월드
- 어린이, 청소년의 직업 체험을 위한 유료 서비스 기관
- 청소년 직업체험관, 직업세계관 및 진로설계관 프로그램 예약 서비스(유료)
- 워크넷과 연계한 고용노동부 직업심리검사, 직업 검색 및 학과 검색 서비스 제공

2022 개정 교육과정

●

**"2009년생부터 적용되는
교육과정의 핵심"**

무엇을 배울지 큰 기둥을 세우는 일

'아이에게 물고기를 잡아주기보다는 물고기 잡는 법을 가르쳐야 한다'
는 말이 있습니다. 하지만 이제는 다 옛말입니다. 물고기 잡는 법을 가
르쳐주는 동안 다른 사람들이 더 좋은 기술로 다 잡아갈 수 있기 때문
이죠. 이제는 스스로 잡는 법을 계속 개발할 수 있는 역량을 길러야 하
는 시대가 온 것입니다. 교육 역시 변화에 발맞춰 물고기 잡는 법을 가
르치는 게 아니라 물고기 잡는 법을 개발할 수 있는 역량을 키울 수 있
도록 토대를 만들어주어야 합니다. 예전 그대로 가르치다가는 변화에
능동적으로 대응할 수 없기 때문이죠. 이런 흐름에 발맞춰 교과서를 만

들고 수업을 운영하는 핵심이 바로 교육과정입니다.

　따라서 교육과정의 큰 흐름을 제대로 안다면 교육의 방향성을 가늠할 수 있고 새로 도입되는 정책들도 이해할 수 있습니다. 이에 이번 장에서는 내년부터 적용될 새로운 교육과정인 2022 개정 교육과정에 대해 자세히 소개해드리고자 합니다.

　2022 개정 교육과정은 2022년 12월 22일 '교육부 고시 제2022-33호'로 확정되어 시행을 앞두고 있습니다. 초중등교육법 제23조 제2항, 제48조 및 국가교육위원회법 부칙 제4조에 의거해 초중등학교 교육과정을 고시한다는 교육부 장관의 발표에 따라 시작된 것이죠. 즉, 정부가 모든 초중고에 예외 없이 단계적으로 적용하겠다고 밝힌 교육과정입니다. 2019년 미래형 교육과정 개발을 위한 기초 연구를 시작으로 2021년에 '2022년 교과 교육과정 및 총론 시안 개발 연구', '2022년 교과별 교수·학습 및 평가 방법'이 개발되면서 완성되었습니다. 교육과정은 교육 목표를 달성하기 위한 다양한 교육활동의 기준이라고 생각하시면 됩니다. 앞으로 학교에서 일어나는 일련의 교육과정은 '2022 개정 교육과정'에 의거해 이루어지게 됩니다.

'2022 개정 교육과정' 톺아보기

그렇다면 왜 이 시기에 2022 개정 교육과정이 나왔을까요? 그 배경을 알아보겠습니다. 그 전에 근본적인 질문 두 가지가 있습니다.

첫째, 교육과정의 명칭이 왜 2022일까요? 개정되는 교육과정 앞에 연도가 붙는 것은 교육과정이 일정한 주기로 개정되기 때문입니다. 교육과정은 사회의 변화와 학습자의 필요에 맞게 적절하게 조정해야 하기 때문에 교육부는 대략 10년마다 교육과정을 개편하고 있습니다. 예를 들어 '2015 개정 교육과정'은 2015년에 고시된 교육과정이고, '2022 개정 교육과정'은 2022년에 고시된 교육과정입니다. 각 교육과정이 공표된 후에는 연도를 정해 연차적으로 적용됩니다.

그런데 7차 교육과정까지는 그런 개념이 없습니다. 7차 교육과정은 1997년에 고시된 교육과정이고, 8차 교육과정은 2007년에 고시된 교육과정입니다. 7차 교육과정은 현재 일곱 번째 부분 개정이 적용되고 있으며, 8차 교육과정은 수시 개정을 통해 교육과정을 개정하기로 한 것입니다. 따라서 7차 교육과정은 연도가 붙지 않았지만, 8차 교육과정부터는 연도가 붙습니다. 그 이전까지는 0차 교육과정으로 불렀죠. '2007 개정 교육과정'이 차수로는 8차인 것입니다. 이는 교육과정의 개편 주기를 더 짧게 하고 현장의 자율성을 높이기 위한 방안으로 볼 수 있습니다.

둘째, 교육과정이란 무엇일까요? 교육과정教育課程은 커리큘럼curriculum이라고도 부릅니다. 'curriculum'의 어원은 라틴어 동사 'currere'로 경주에서 달린다는 의미입니다. 더 나아가 출발과 도착이 있는 달려가는 길course을 포함합니다. 즉, 일정한 교육의 목적에 맞추고, 교육 내용과 정해진 수업의 교육 및 학습을 종합적으로 계획한 것을 말하죠. 교육과정은 보다 넓은 의미로 교육의 목적과 교육 내용, 교수 활동 및 자세까지 확장하는 개념이라고 말할 수 있습니다. 쉽게 정리하면, 교육과정이란 교육기관에서 학생들 또는 학습자들이 배워야 한다고 생각하는 것을 정한 교육 내용입니다.

전통적으로 교육과정의 의미는 다음과 같이 네 가지로 정리할 수 있어요. 첫째는 좁은 의미의 교육과정으로 문서화된 교육과정을 의미하고, 둘째는 학교와 같은 기관에서 교육 계획에 따라 일정한 교과목을 가르치는 것을 말합니다. 셋째는 학습 경험으로 보는 것을 말하며, 넷째는 교육과정을 의도된 학습 결과로 보기도 합니다.

| 교육과정의 변천 |

- 교수요목기: 1945~1946
- 제1차 교육과정기: 1954~1963
- 제2차 교육과정기: 1963~1973
- 제3차 교육과정기: 1973~1981
- 제4차 교육과정기: 1981~1987
- 제5차 교육과정기: 1987~1992
- 제6차 교육과정기: 1992~1997
- 제7차 교육과정기: 1997~2007
- 2007 개정 교육과정
- 2009 개정 교육과정
- 2015 개정 교육과정
- 2022 개정 교육과정

그래서 각 교육과정은 시대적 요구에 부응하는 특징이 있습니다. 사회적인 분위기에 따라 우리나라 교육과정의 변천사를 잠깐 살펴보면, 전체적으로 21세기 미래상을 위한 교육으로 이루어졌습니다. 1994학년도에 대학입시가 기존 학력고사에서 대학수학능력시험으로 바뀌었습니다. 7차 교육과정은 학생 중심 교육으로 이루어졌는데, 2004학년도부터는 부분적으로 주 5일 수업제가 정식으로 도입되었습니다. '2009 개정 교육과정'은 학기당 이수 과목을 최대 다섯 과목으로 줄이고 교과이수제를 도입해 예체능 등의 과목을 특정 학기에 몰아 수업했습니다.

'2015 개정 교육과정'의 특징은 '문과·이과 통합교육과정'이었습니다. 학생들에게 '공통과목'을 통해 문과, 이과 구분 없이 기초 소양을 함양하게 하고 수능에서도 문과, 이과 통합형 체제가 적용되었습니다. 또한 SW(소프트웨어)와 관련된 수업도 강화했죠. '2022 개정 교육과정'은 2022년에 총론이 고시되고, 초등 교육과정은 2024년, 중등 교육과정은 2025년부터 단계적으로 적용될 예정입니다. 교육과정의 명칭은 고시한 해의 연도를 가져오는 것입니다.

2022 개정 교육과정의 적용 연도를 보면 ▲ 2024년에 초등학교 1학년과 2학년이 ▲ 2025년에는 초등학교 3학년과 4학년, 중학교 1학년, 고등학교 1학년이 ▲ 2026년에는 초등학교 5학년과 6학년, 중학교 2학년, 고등학교 2학년이 ▲ 2027년에는 중학교 3학년과 고등학교 3학년이 적용됩니다.

| 2022 개정 교육과정 적용 연도 |

- 2024년 3월 1일 : 초등학교 1~2학년
- 2025년 3월 1일: 초등학교 3~4학년, 중학교 1학년, 고등학교 1학년
- 2026년 3월 1일: 초등학교 5~6학년, 중학교 2학년, 고등학교 2학년
- 2027년 3월 1일: 중학교 3학년, 고등학교 3학년

교육과정 개편 주기는 교육부가 정하는 것이 아니라 교육과정 편성 및 운영에 관한 지침에 따라 결정됩니다. 이 지침은 교육부가 제정하고, 국가 교육과정 개정추진위원회와 사회 각계의 의견을 수렴해 개선하고 있습니다. 지침에 따르면, 교과과정은 5년 주기로 개편하는 것을 원칙으로 합니다. 그러나 사회의 변화와 학습자의 필요에 따라 교육과정의 개편 주기를 조정할 수 있죠. 예를 들어 '2022 개정 교육과정'은 '2015 개정 교육과정' 이후 7년 만에 개편되었습니다.

왜 지금 2022 개정 교육과정인가

앞서 교육과정은 사회의 변화와 학습자의 필요에 따라 개정된다고 말씀드렸습니다. '2022 개정 교육과정'의 추진 배경을 이해하기 위해서는 '2015 개정 교육과정' 고시 이후에 나타난 사회적 변화의 주요 양상을 살펴볼 필요가 있습니다.

우리 사회는 인공지능의 발전에 따른 디지털 대전환과 감염병 대

유행, 기후환경 변화와 인구구조 변화 등에 의한 불확실성이 계속 증가하고 있습니다. 또 학습자 개개인의 특성과 진로에 적합한 개별화된 학습 경험을 선택할 수 있도록 지원하는 맞춤형 교육 체제 구축에 대한 요구의 증가가 있었습니다. 교육과정 의사결정에서 다양한 교육 주체들의 참여 확대와 교육과정 분권화, 자율화에 대한 요구 증가 등은 교육과정의 변화를 요청하고 있었습니다. 이에 학습자의 교육적 성장을 지원하기 위한 그동안의 교육과정 개정의 발전 방향을 계승하면서 미래 사회를 살아갈 학습자들이 새로운 도전에 대응할 수 있도록 지원하고자 교육과정을 개정한 것입니다.

이런 사회 변화에 따라 예측할 수 없는 미래에 대응할 수 있는 교육 혁신이 필요했죠. 변동성, 불확실성, 복잡성 등 미래 사회에 대응하며 새로운 인간상과 교육 체제를 모색하는 것입니다. 또한 이전보다 학령인구가 급속도로 줄고 있기 때문에 이전과 달라진 환경에서 학습자 성향에 따른 맞춤형 교육 기반도 필요해졌습니다. 즉, 저출생과 디지털 전환에 대응하는 교육환경 구축이 필요했던 것이죠. 그래야 학습자의 삶과 연계한 학교 교육의 혁신이 이루어질 수 있으니까요. 새로운 교육환경 변화에 적합한 역량을 함양하는 교육이 필요했던 것입니다. 이렇게 탄생한 것이 '2022 개정 교육과정'입니다.

박형주 전 아주대 총장이자 2022 국가 교육과정 개정추진위원장은 칼럼을 통해 '2022 개정 교육과정의 시대적 의미'를 다음과 같이 소개합니다.

2022 교육과정 개정은 인공지능 시대 교육 선언이고 '고교학점제'로 대표되는 개별화된 학습 경험의 구현이라는 의미를 가진다. 학생이 원한다고 마냥 놀게 하자는 건 물론 학습자 주도성이 아니다. 학생이 다양한 분야에 관심을 두되 자신의 꿈이나 관심사에 대해서는 깊이 있는 내용까지 학습해서 '배움의 즐거움'을 경험하는 게 중요하다. 매일 책 5조 권 분량의 정보가 세상에 쏟아지는 시대에 곧 낡은 지식이 될 내용을 전달하는 게 교육의 중심이 될 순 없진 않은가. '교과 지식', '역량 함양', '이론 지식'을 넘어 '수행 능력'을 강조하는 흐름은 이미 대세가 됐다.

– 전자신문 2022년 10월 31일 기고

'2015 개정 교육과정'이 문과, 이과 칸막이 없이 인문, 사회, 과학기술에 관한 기본 소양을 토대로 미래 사회가 요구하는 인문학적 상상력과 과학기술 창조력을 두루 갖춘 창의 융합형 인재를 양성하는 것이 목표였다면, '2022 개정 교육과정'은 미래에 필요한 역량을 갖춘 자기주도적인 사람을 키우는 것을 비전으로 합니다.

'2022 개정 교육과정'에 자주 등장하는 용어가 바로 '역량'이에요. 역량力量을 사전적 의미로 풀어보면 '어떤 일을 해낼 수 있는 힘'입니다. '어떤 일을 감당해낼 수 있는 힘'을 뜻하는 능력이라고 하지 않고 역량을 강조한다는 것은 '주어진 일에 머무는 것이 아니라 스스로 주도적으로 더 많이 찾고 생각하고 도전하는 인재'를 추구하기 때문입니다.

따라서 '2022 개정 교육과정'에 대비하기 위해서는 주어진 학습에 머물기보다 더 많이 생각하고 스스로 계획을 세워 도전해야 한다는 점을 잊지 말아야 합니다.

어떤 방향으로 나아갈 것인가

이번 개정은 미래 사회 변화에 대응할 수 있는 힘을 기를 수 있도록 학습자 주도성, 창의력 등 역량을 체계화하고 지역과 학교의 유연한 교육과정 운영, 학생 맞춤형 교육, 디지털과 인공지능 기반의 교실 수업 개선 등을 주요 방향으로 합니다. 정리하면 미래 변화에 대응하는 역량과 기초 소양 함양을 강화하고, 지속 가능한 사회를 위한 생태 전환 교육과 민주 시민 교육을 전 교과에 반영하며, 미래 세대 핵심 역량으로 디지털 기초 소양 강화 및 정보 교육 확대가 핵심 내용입니다.

미래 사회 변화에 대비한 학교 교육은 전 학년에 걸쳐 강조되는 공통 주제이고, 초중학교인 경우는 기초 능력에 바탕을 둔 학생의 성장과 발달을 주제로 삼았습니다. 고등학교는 학생의 진로와 적성에 따른 맞춤형 교육이 목표라고 할 수 있어요. 즉, 학습자의 성장을 지원하는 고교학점제 등 학생 맞춤형 교육을 강화합니다. 학생들의 탐구 역량 강화를 위해 교과 재구조화와 과목 선택권을 확대하고, 학교급 전환 시기의 진로 연계와 학교생활 적응을 위해 진로 연계 학기를 도입합니다.

현장의 자율적인 혁신을 지원하고 촉진하는 학교 교육과정의 자율성도 강화합니다. 학교 자율시간을 도입하고, 시도별 지역 교육과정 근거를 마련하며, 초등학교 놀이와 신체활동을 강화하고, 중학교 자유학기 운영 방안을 개선합니다. 더불어 학생의 삶과 연계한 깊이 있는 학습을 위한 교과 교육과정 개발 방향을 제시합니다. 학습량 적정화, 비판적 사고 함양과 탐구 중심으로 교수·학습과 평가를 개선합니다. 교육부가 소개하는 '2022 개정 교육과정'의 추진 방향은 다음 표와 같습니다.

| 2022 개정 교육과정의 추진 방향 |

첫째	**학생 개별 성장 역량 함양** 학생 개개인이 자신의 진로와 적성, 학습 수준에 맞는 교육을 받을 수 있게 지원하고, 삶에 필요한 역량을 키워주고자 합니다.
둘째	**지역과 학교의 자율성 강화** 지역과 학교의 교육과정에 대한 자율성 강화합니다. 또한 국민들도 교육과정 개발에 적극적으로 참여할 수 있도록 합니다.
셋째	**기초학력 및 배려 대상 교육** 다양한 배경의 학생들이 모두 함께 잘 배울 수 있도록 교육과정을 개선합니다. 그와 함께 불확실한 미래의 변화에 대응하고, 지속 가능한 미래를 만들어가기 위한 교육을 강조합니다.
넷째	**디지털 기반 교육 체제** 디지털 기반 교육을 활용해 미래지향적인 교수·학습·평가 체계를 만들고, 그에 따라 삶과 학습을 연계한 교육환경을 구성합니다.

(출처: 교육부 홈페이지)

고등학교의 예를 하나만 들어보겠습니다. 고등학교는 학점 기반 선택 교육과정으로 명시하고, 한 학기에 과목 이수와 학점 취득을 완결할 수 있도록 재구조화했어요. 학기 단위 과목 운영에 따라 과목의 기본 학점을 4학점(체육, 예술, 교양은 3학점)으로 정하고, 증감 범위도 ±1로 개선해 학생이 진로에 적합한 과목을 이수할 수 있도록 개선했습니다. 학습자의 진로와 적성을 중심으로 비판적 질문, 실생활 문제 해결, 주요 문제 탐구 등을 위한 글쓰기, 주제 융합 수업 등 실제적 역량을 기를 수 있도록 진로 선택과 융합 선택과목을 신설하고 재구조화한 것이죠.

개정 후 바뀔 초중고 교실의 모습

'2022 개정 교육과정'은 우리 아이들이 디지털 전환, 학령인구 감소 등 미래 사회 변화에 대응할 수 있는 포용성과 창의력을 갖춘 주도적인 사람으로 성장하는 것을 지원하기 위해 만들어진 교육과정입니다. 이를 구체적으로 구현하고자 학생의 주도성, 책임감, 적극적 태도 등을 강조하며, 이를 위해 현행 교육과정의 '자주적인 사람'을 '자기주도적인 사람'으로 개선했습니다. 또한 우리 교육이 지향해야 할 가치와 교과교육 방향, 성격을 바탕으로 미래 사회 변화에 대응할 수 있는 '협력적 소통 역량'을 강조해 제시했습니다. 큰 틀에서 학교급별로 어떻게 변화하는지 구체적으로 설명해보겠습니다.

| 학교급별 과제의 주요 내용 |

초등학교	중학교	고등학교
·학년군별로 연계될 수 있도록 교과 재구조화 ·학생의 발달 수준을 고려한 놀이 학습 연계 강조, 풍부한 놀이 기회 제공 ·학생 맞춤형 교육 제공을 위한 선택 활동 수업 지원	·자유학기(년) 활동과 학교 스포츠클럽활동 개선 ·학교급 전환에 따른 학습과 진로 설계활동 지원 ·학생 참여 수업활동에 대한 서술과 논술형 평가 등 과정중심 평가 강화	·학생의 개별 성장 및 진로 연계 교육 지원을 위해 고교 학점제에 적합한 교과목 재구조화 ·학교 밖 교육 경험 및 공동 교육과정 운영 등 지역사회와 연계한 교육과정 다양화

초등학교의 맞춤형 교육으로는 초등 저학년 한글 해득 지원, 안전교육 개선, 신체활동 강화를 걸고 입학 초기(초1~)에는 학생의 발달적 특성을 고려한 한글 깨치기, 익힘 학습 등 기초학습 토대 마련과 학교 생활 이해를 위한 심리·정서적 도움을 제공합니다.

요즘 아이들의 문해력이 저하된 것을 우려해 기초 문해력 강화와 한글 해득 교육을 위해 국어를 34시간으로 늘렸습니다. 안전교육 개선을 위해 기존의 '안전한 생활' 내용을 통합교과(바른생활, 슬기로운 생활, 즐거운 생활)로 재구조화해 교과와 연계한 생활 중심의 체계적인 안전교육을 운영합니다. 초등학교 1~2학년의 안전교육은 64시간을 유지하되, 통합교과와 연계해 재구조화하고 교과와 창의적 체험활동을 통해 학생 발달 수준에 맞는 체험·실습형 안전교육이 이루어지도록 개선했습니다. 진로 연계 교육(초6-2)을 위해 자유학기 프로그램 맛보기, 중학교 생활 이해, 교과별 진로 교육 강화 등이 이뤄지고 놀이와 체험형으로 컴퓨터 사고력을 키우기도 합니다.

　중학교 시기에는 적성과 미래에 대한 탐색 및 즐거운 학습 경험을 제공하는 것을 목표로 자유학기(년)제(중1)를 운영합니다. 자유학기(1학년) 편성 영역과 운영 시간을 적정화해 기존 네 개 영역(주제 선택, 진로 선택, 예술과 체육, 동아리활동) 170시간을 두 개 영역(주제 선택, 진로 탐색)으로 통합해 102시간으로 운영합니다. 현재 교육과정 아래에서 강원특별자치도 교육청의 경우는 자유학년제가 아닌 자유학기제를 1-2, 3-2학기에 나누어 실시하기도 합니다.

| 2022 개정 교육과정 주요 개선(안) |

구분	현행	개선안	
		자유학기	진로연계학기
시기	• 1학년 자율적으로 자유학기(학년)제 운영	• 1학년 중 적용학기 자율적 선택	• 3학년 2학기
운영	• 주제 선택, 진로 탐색, 예술·체육, 동아리 활동(4개 영역 필수) • 자유학기 170시간 • 자유학년 221시간	• 주제 선택 및 진로 탐색 활동(2개) ※ 학생 참여 중심 수업 및 과정 중심 평가 등 수업 혁신 강화 • 102시간 운영	• 교과별 진로 단원 신설 + 창의적 체험활동 진로 활동 • 학교자율시간을 활용하여 진로 관련 선택 과목 운영 가능

　학교 스포츠클럽활동의 의무 편성 시간도 적정화했습니다. 기존 3년간 총 136시간, 연간 34~63시간을 개선해 3년간 총 102시간, 연간 34시간으로 운영합니다. 그리고 지역과 학교 여건을 고려해 학생

참여 중심 주제 선택활동과 진로 선택활동을 운영하고, 또한 모든 학생의 학습 기회를 보장합니다.

소규모 학교, 농산어촌 등 학교 여건에 따른 학습 결손 예방을 위해 온라인을 활용하고 지역 내 교육 자원 공유와 협력을 활성화합니다. 진로 연계 교육(중3)이 중요시되는데 고등학교 생활, 학습과 진학 준비, 진로 탐색 등을 위해 교과와 창의적 체험활동 시간을 활용해 진로 연계 교육을 실시합니다. 고등학교로 진학하기 전, 중학교 3학년 2학기를 중심으로 고등학교에서 교과별로 자유학기와 연계해 운영합니다. '정보 교과'를 통해 실생활 문제 해결을 위한 재미있는 프로그래밍 수업도 진행합니다.

고등학교에서는 학점 기반 선택 교육과정으로 명시하고, 한 학기에 과목 이수와 학점 취득을 완결할 수 있도록 재구조화해 고교학점제를 통한 개별 맞춤형 교육과정을 구현합니다. 학습자의 진로와 적성을 중심으로 비판적 질문, 실생활 문제 해결, 주요 문제 탐구 등을 위한 글쓰기, 주제 융합 수업 등 실제적인 역량을 기를 수 있도록 다양한 진로 선택과 융합 선택과목을 신설하고 재구조화했죠. 선택과목 이수 기회를 확대해 학교에 개설되어 있지 않은 선택과목을 다른 학교에서 이수하거나 지역사회 기관 등에서 이루어지는 학교 밖 교육도 이수로 인정합니다.

직업계 고등학교의 자율성도 확대합니다. 다양한 전공과목을 개설하는 것도 '2022 개정 교육과정'의 일환이죠. 진로 연계 교육을 강화해 선택과목 안내를 위한 교과는 물론, 창의적 체험활동 시간을 활용해 학

| 공통과목 및 유형별 선택과목 |

공통과목	일반 선택과목	진로 선택과목	융합 선택과목
기초 소양 및 기본 학력 함양, 학문의 기본 이해 내용 과목	교과별 학문 영역 내의 주요 학습 내용 이해 및 탐구를 위한 과목	교과별 심화 학습 및 진로 관련 과목	교과 내·교과 간 주제 융합 과목, 실생활 체험 및 응용을 위한 과목

생들이 학업 계획을 세우고 진로를 탐색할 수 있는 기회도 제공합니다. 물론 초중학교와 마찬가지로 정보 교과를 강조해 고등학교 정보 교과를 신설하고 진로와 적성에 따른 다양한 선택과목 편성이 가능하도록 합니다.

그간의 교육과정이 개별 학교의 상황을 반영하지 못했다는 아쉬움을 보완하고자 '2022 개정 교육과정'은 학교별 자율화도 시행합니다. 고등학교에서 지역과 연계된 다양한 교육과정을 운영할 수 있게 되었죠. 학교 여건과 학생의 필요에 맞춘 선택과목(또는 활동) 신설, 운영이 가능합니다. 학년별 선택과목은 두 개 이내 운영이 가능하며(3~6학년, 총 세 개 과목), 교육의 효과를 높이기 위해 학년별, 학기별 교과 집중 이수도 가능합니다.

중학교도 시수 증감, 영역 확대를 통한 학교의 자율적인 교육과정 운영을 강화합니다. 20% 범위 내에서 교과(군)별, 창의적 체험활동 시수 증감과 편성 운영도 가능합니다. 물론 지역과 학교의 여건, 학생의 필요에 따라 다양한 선택과목도 운영이 가능합니다.

2022 개정 교육과정의 핵심은 고교학점제를 기반으로 교육과정이 운영되는 고등학교에 있습니다. 수업량 기준을 '단위'에서 '학점'으로 전환하는 게 핵심이죠. 고교학점제는 굉장히 중요해서 키워드로 정리해 책에 실었습니다.

국영수사과 교과 영역은 어떻게 바뀌었을까

국어는 초등 저학년(1~2학년)의 국어 34시간 증배를 통해 한글 해독과 기초 문해력 교육을 강화합니다. 초중등학교에서 '매체' 영역을, 고등학교 선택 교육과정에서 '문학과 영상', '매체 의사소통' 등의 선택과목을 신설해 매체 관련 교육 내용을 초등학교 단계부터 체계적으로 구성합니다.

이때 신설된 매체 교육을 눈여겨볼 필요가 있습니다. 기술 발달로 인해 예전과는 달리 우리 아이들은 새로운 매체를 활용해 정보를 탐색하고 획득하기 위한 역량 함양이 필요하죠. 새로운 매체에서는 어떤 의사소통 방식이 필요한지, 올바른 정보를 탐색하고 나에게 맞는 자료를 찾는 방법은 무엇인지, 나는 해당 매체에 따라 어떤 말하기(글쓰기) 기법을 제시할 수 있는지에 대한 학습을 시작하는 것이죠. 또한 고등학교에서는 비판적 사고 역량과 서술·논술 능력을 갖출 수 있도록 '주제 탐구 독서', '독서 토론과 글쓰기' 등 독서와 작문 연계 활동을 강화하는 과목을 신설했습니다.

| 국어 교과 변화 내용 |

학교급	2015 개정 교육과정	2022 개정 교육과정	비고
초등학교	■ 한글 교육 - 1학년 1학기에 최소 45차시 이상 ■ 연극 교육 - 대단원으로 구성 - 체험 중심의 연극 활동 ■ 핵심 내용 선별 - 성취 기준 82개 - (중학교 이동)면담, 다양한 관점 등 - (삭제)절의 연결, 문학언어와 일상언어의 차이, 갈래 변환 등 - (신설)글자, 낱말, 문장 관찰 등	■ 한글 교육 - 초등 저학년 34시간 증배 - '읽기의 기초', '쓰기의 기초', '한글의 기초와 국어 규범' 하위 범주 설정 ■ 심화, 확장 방식의 내용 설계 및 선별 - 성취 기준 87개 - (이동)[읽기]읽기 경험 공유/[문법]단어 확장법 - (삭제)[듣말]상황에 어울리는 인사말/[문학]느낌과 분위기 살린 작품 등 - (추가)[듣말]면담의 절차에 따라 면담하기/[읽기]글이나 자료의 출처 신뢰성 평가/[쓰기]인용의 출처를 밝혀 쓰기/[매체] 영역 신설 및 11개 성취 기준 제시	■ 공통 사항 - 디지털 다매체 시대로 변화한 언어 환경을 고려, 기존 '자료·정보 활용 역량'을 '디지털·미디어 역량'으로 개선 - 공통 교육과정에 '매체' 영역 신설, 초등부터 체계적이고 종합적인 매체 관련 교육 내용 구성 - 누적 학습 경험이 요구되는 국어과 특성을 살펴 주요한 기본적인 지식과 기능을 심화, 확장하는 방식으로 내용 체계 구성 국어과 학습에 대한 자기 주도성 및 공동체적 문제 해결 및 소통 윤리 강화 - 국어과 학습 결과를 실제 삶의 맥락에 적용하는 역량 평가 및 최소 성취 수준 미도달 예방을 위한 평가 - '한 학기 한 권 읽기'의 취지를 살려 적어도 '한 권 이상'의 도서를 읽는 통합적 독서활동 강조
중학교	■ 독서교육 - 1학기 1권 수업 시간에 읽기, 통합적인 독서활동에 관한 성취 기준, 학습 요소, 교수·학습 방법 및 유의사항 제시 ■ 핵심 내용 선별 - 성취 기준 51개 - (고등학교 이동)음운의 변동, 문법 요소, 협상 등	■ 심화, 확장 방식의 내용 설계 및 선별 - 성취 기준 51개 - (이동)[듣말]청중 분석하기(고등으로 이동)/[문법]단어의 정확한 발음과 표기(초등으로 이동), 통일 시대의 국어에 대한 관심(고등으로 이동) 등 - (삭제)문제 해결 과정으로서의 읽기/[문학]과거의 삶이 반영된 작품을 오늘날에 비추어 감상하기 등	

중학교	- (삭제)로마자/외래 어 표기법, 전통적 인 말하기 문화 비 교, 독자의 정체성, 작가의 태도 등 - (신설)말하기 불안 대처, 고전 재해석 등 ■ 연극 교육 - 소단원 구성. 체험 중심 연극활동	- (추가)복합 양식적 글이나 자 료 비판적 읽기/[쓰기]필자로 서 성찰/[문법]피동과 인용 표현, 다양한 국어 실천의 비 판/[문학]공동체 문제에 참여 하는 태도/[매체]영역 신설 및 6개 성취 기준 제시
고등학교	■ 독서교육 - 모든 선택과목에 1학기 1권 통합적인 독서활동 제시 ■ 핵심 내용 선별 - (국어) 성취 기준 26개 - (선택 과목 이동)사 동, 작가의 개성 등 (삭제)반모음 첨가, 고대- 중세 - 근대의 음운 변화 등 - (신설)문제 해결을 위한 독서/작문 등	■ 진로와 성장을 중시하는 선 택과목 신설 - (일반)화법과 언어, 독서와 작문, 문학/(진로)주제 탐구 독서, 문학과 영상, 직무 의 사소통/(융합)독서 토론과 글 쓰기, 매체 의사소통, 언어생 활 탐구 ■ 심화, 확장 방식의 내용 설계 및 선별 - 공통국어1, 2 성취기준 29개 - (이동)한글 맞춤법의 원리(중 으로 이동) 등 - (삭제)[쓰기]사회적 상호작용 으로서의 쓰기 등 - (추가)[읽기] 진로나 관심 분 야에 대한 주제 통합적 읽기/ [쓰기]공동 보고서 쓰기[문 법]한글 맞춤법의 적용과 문 제 해결/[매체]영역 신설 및 '공통국어1, 2'에 2개 성취 기 준 제시 등

(출처: 교육부 자료)

수학 교과는 디지털 대전환 시대를 대비한 수학적 역량 함양을 위해 학교급(학년별) 학습량을 적정하게 해 필수 내용 요소와 과목 체계를 재구조화했습니다. 초중학교에서는 교과 영역을 통합해 학교급 간 연계를 강화하고, 고등학교는 학생의 적성과 진로 등에 따른 '실용 통계', '수학과 문화', '직무 수학' 등 다양한 선택과목을 신설했죠. 아울러 수학에 대한 흥미와 자신감을 높일 수 있도록 수학적 모델링, 놀이와 게임학습 등에 대한 교수·학습과 평가 모형을 구체화하고, 디지털 기반 학습을 통한 공학도구의 활용을 강조했습니다.

| 수학 교과 변화 내용 |

학교급	2015 개정	2022 개정 교육과정	비고
초등학교	·(영역)수와 연산, 도형, 측정, 규칙성, 자료와 가능성	■ (초중 연계 강화)초중학교의 핵심 아이디어, 내용 영역, 내용 체계 등 통합 제시 ·수와 연산, 변화와 관계, 도형과 측정, 자료와 가능성	·학교급 간 연계 강화
		■ (학습 내용 재구조화) 수학 개념을 지나치게 활용하는 복잡한 활동 제한, 성취 기준 내용 삭제 등을 통한 적정화 및 디지털 소양 강화	
	·초등학교 1~2학년군	·오각형, 육각형 구별 내용 삭제 및 저학년 학생들의 한글 학습 정도를 고려해 '여덟', '첫째' 등 한글로 쓰게 하는 활동 지양 등	·학습자 발달 수준 고려 및 학습 부담 완화
	·초등학교 3~4학년군	·주어진 각도와 같은 크기의 각을 그리는 내용 삭제, 평면도형의 복잡한 지양, 등호와 동치관계 및 점의 이동 편성 등	·학습 부담 완화 및 타 교과 연계 강화
	·초등학교 5~6학년군	·분수의 성질 이용 및 그림그래프 나타내기 내용 삭제, 가능성 예상 편성 등	·학습 부담 완화 및 디지털 소양 강화

중 학 교	·(영역) 수와 연산, 문자와 식, 함수, 기하, 확률과 통계	■(초중 연계 강화)초중학교의 핵심 아이디어, 내용 영역, 내용 체계 등 통합 제시 ·수와 연산, 변화와 관계, 도형과 측정, 자료와 가능성	·학교급 간 연계 강화
		■(학습 내용 재구조화)학교급 간 연계 강화를 위한 내용 요소 이동 및 학습량 적정화 - 실생활 중심의 통계 내용 재구조화 및 디지털 소양 강화를 위한 핵심 개념 반영	
	·중학교 1학년	·최대공약수, 최소공배수의 성질 이해 및 활용 삭제, 대푯값(중앙값, 최빈값) 편성 등	·학습 부담 완화 및 학교급 간 연계 강화
	·중학교 2학년	·'연역적 논증'을 '증명'으로 표현 수정	·추가 학습 제한 명시
	·중학교 3학년	·초중, 중고 학습 내용 간 연계 강화를 위한 내용 요소 이동 및 공학도구를 이용한 상자 그림 편성	·학교급 간 연계 강화 및 디지털 소양 강화
고 등 학 교	■(공통과목) ·수학	■(공통과목)학기 단위 운영을 위한 과목 분리 및 기초학력 보장을 위해 기본수학1,2를 공통과목에 편성 ·공통수학1,2, 기본수학1,2	·기초학력 보장 고려
	·(선택과목)일반선택 4과목, 진로선택 6과목, 전문교과 I 4과목으로 구성 ·과목 신설	■(선택과목)학습자의 다양한 진로와 적성을 고려해 이수할 수 있도록 선택과목 다양화(일반 3과목, 진로 10과목, 융합 3과목) ·직무 수학, 수학과 문화, 실용 통계, 전문 수학, 이산 수학, 고급 기하, 고급 대수, 고급 미적분	·학습자 진로와 적성에 따른 과목 선택 기회 제고
		■(학습 내용 재구조화)디지털 역량 함양 등을 위해 필수 학습 요소를 중심으로 학습량 적정성 등을 고려해 내용 재구조화	
	·수학, 확률과 통계	·(공통수학)외분, 직선의 방정식 삭제, 행렬과 연산(덧셈, 뺄셈, 곱셈) 편성 등, (확률과 통계)원순열 삭제, 공학도구를 이용한 모비율 추정 편성 등	·학습 부담 완화 및 디지털 소양 강화

(출처: 교육부 자료)

영어는 흔히 말하는 언어의 네 가지 영역, 즉 '듣기', '말하기', '읽기', '쓰기'의 언어 기능별 영역 분류 방식을 탈피하고, 영어 지식 정보의 '이해', '표현' 두 개 영역으로 개선했습니다. 또한 학생 발달 수준과 학교급 간 연계 등을 고려해 성취 기준을 설계하고, 학생의 삶과 연계된 실생활 중심의 영어 의사소통 역량 교육을 강화했습니다. 고등학교의 경우 '공통 영어'를 통해 영어의 기초적인 소양을 함양한 다음, 학생의 진로를 고려한 '직무영어', '영어 발표와 토론' 등 진로 선택과목과 '실생활에서 영어를 응용할 수 있는 실생활 영어회화', '미디어 영어', '세계 문화와 영어'의 융합 선택과목을 신설했습니다. 이를 바탕으로 다양한 수행평가가 이루어질 것으로 예상됩니다.

| 영어 교과 변화 내용 |

학교급	2015 개정	2022 개정 교육과정	비고
초등학교	■영역 설정 - 언어 4기능별(듣기, 말하기, 읽기, 쓰기)로 영역 구성 ■언어 기능별 성취 기준 제시 - 초 3-4학년군: 듣기 7개, 말하기 7개, 읽기 5개, 쓰기 3개 총 22개 - 초 5-6학년군: 듣기 7개, 말하기 7개, 읽기 4개, 쓰기 5개 총 23개	■영역 변경 - 언어사용의 사회적 목적 관점으로 영역 구성 - 이해reception, 표현production ■성취 기준 조정 - 언어 4기능의 균형적 학습 및 학교급 연계 강화 · 초 3-4학년군: 이해 10개, 표현 10개 총 20개 · 초 5-6학년군: 이해 10개, 표현 10개 총 20개 · 중 1-3학년군: 이해 10개, 표현 11개 총 21개	■새 영역 설정으로 교육 내용 및 성취 기준 통합 및 조정 ■학생 발달 단계 및 수업 시수를 고려한 성취 기준 양적·질적 적정화 ■언어 기능별 일부 성취 기준이 통합 제시되어 성취 기준 수 감축

중학교	- 중1~3학년군: 듣기 9개, 말하기 10개, 읽기 9개, 쓰기 6개 총34개	- (초등) 영어 기초 문해력 강화를 위해 소리와 철자관계 이해 관련 성취 기준 보강 및 추가 ■ 내용 요소 및 성취 기준 추가 - (신설)내용 체계표에 언어 지식인 담화와 글의 유형 제시 - (신설)가치와 태도 관련 내용 및 성취 기준 추가 - (신설)전략 및 매체 활용 관련 내용 및 성취 기준 추가	■ 가치·태도 관련 성취 기준 신설로 언어 사용의 정의적 요소에 대한 교수·학습 및 평가 도모 ■ 전략 및 매체 활용 관련 성취 기준 신설로 지식정보처리 역량 함양 및 디지털과 AI 교육환경을 고려한 교수·학습 및 평가 구현
고등학교	■ 과목 편성 - 공통 1개, 일반 선택 4개, 진로 선택 5개, 전문교과 I 8개 - '기본영어'는 진로 선택에 편성 - 공통과목: 영어 - 선택과목 ·일반 선택: 영어회화, 영어 I, 영어 독해와 작문, 영어 II ·진로 선택: 기본영어, 실용영어, 영어권 문화, 진로영어, 영미 문학 읽기 ·전문 교과 I: 심화영어 I, 심화영어 II, 심화영어 회화 I, 심화영어 회화 II, 심화영어 독해 I, 심화영어 독해 II, 심화영어 작문 I, 심화영어 작문 II ■ 영역 설정 및 성취 기준 - 언어 기능별(듣기, 말하기, 읽기, 쓰기)로 영역 구성 - 공통영어 성취 기준 수는 21개	■ 과목 통합 및 신설 - (조정)전문교과 I을 보통교과로 통합, 융합 선택과목 신설 - (이동)'기본영어'를 공통과목으로 편성 - 공통 4개, 일반 선택 3개, 진로 선택 5개, 융합 선택 3개 - 공통과목: 공통영어 1,2, 기본영어 1,2 - 선택과목 ·일반 선택: 영어 I·II, 영어 독해와 작문 ·진로 선택: 영미 문학 읽기, 영어 발표와 토론, 직무영어, 심화영어, 심화영어 독해와 작문 ·융합 선택: 실생활 영어회화, 미디어 영어, 세계 문화와 영어 ■ 영역 변경 - (개선)과목 특성을 고려해 과목별 2개 영역 또는 새로운 영역으로 구성 - 성취 기준 수는 공통영어1 16개, 공통영어2 17개 ■ 내용 요소 및 성취 기준 추가 - (신설)내용 체계표에 언어 지식인 담화와 글의 유형 제시 - (신설)가치와 태도 관련 내용 및 성취 기준 추가 - (신설)전략과 매체 활용 관련 내용 및 성취 기준 추가	■ 학생의 진로·적성을 고려해 과목선택권 확대 - 학기별 과목 운영을 위해 공통과목을 1, 2로 분리 ■ 학생 수준에 따른 대체 이수 과목으로 '기본영어'를 공통과목으로 편성 ■ 가치·태도 관련 성취 기준 신설로 언어 사용의 정의적 요소에 대한 교수학습 및 평가 도모 ■ 전략 및 매체 활용 관련 성취 기준 신설로 지식정보처리 역량 함양 및 디지털과 AI 교육환경을 고려한 교수·학습 및 평가 구현

(출처: 교육부 자료)

사회는 역량 함양을 위한 탐구형 수업이 가능하도록 초중고의 계열성을 고려해 핵심 아이디어 중심으로 학습량을 적정화했습니다. '이해한다, 탐구한다' 등으로 편중된 성취 기준 술어를 다양한 탐구 기능과 실천 중심의 수행 동사로 개선해 하나의 정답을 찾기보다는 '다양한 답을 찾아가는 수업'을 할 수 있도록 구성한 것이죠. 특히 고등학교에서는 학생의 진로와 적성에 따른 교육이 가능하도록 '정치와 법'을 '정치', '법과 사회'로 분리하고, '세계시민과 지리', '도시의 미래 탐구', '금융과 경제생활', '기후변화와 지속 가능한 세계' 등의 선택과목을 다양하게 배울 수 있도록 신설했습니다.

| 사회 교과 변화 내용 |

학교급	2015 개정 교육과정	2022 개정 교육과정	비고
초등학교	■ (지리 영역)환경확대법에 따른 3학년 기초지자체, 4학년 광역지자체로 구분해 학습 ■ (일반사회 영역)가족의 모습과 역할의 변화, 지역의 공공 기관과 주민 참여 등 내용 ■ (역사 영역)3학년 고장 이야기, 4학년 지역의 역사로 학습, 통사 위주의 정치(인물)와 문화사 중심의 내용 구성, 초중 내용 체계에서 중학교 내용은 미제시	■ (지리 영역)학생의 생활 경험 범위로 탄력적인 환경 확대법 적용, 지리적 기능 수행 강조 ■ (일반사회 영역)통합교과와 중복적인 가족 내용 삭제, 학교생활 속 민주주의 강조, 미디어 리터러시 등 시민성 교육 내용 강화 ■ (역사 영역)3~4학년 역사적 시간 개념, 역사 증거 등의 기초 개념 추가, 탐구 중심의 역사 수업을 위해 내용 구성 방식을 생활사 중심으로 변경, 초중 내용 체계에서 중학교 내용 요소 제시로 계열성 확인 가능	■ 학생의 발달 단계 고려 ■ 역량 함양 교육을 위한 탐구 학습 강조 ■ 민주시민 교육, 생태 전환 교육 내용 요소 강화 ■ 내용 중복 요소 삭제, 성취 기준 통합 제시 등을 통한 학습량 적정화

초등학교	■[3~4학년군]성취 기준 (24개), [5~6학년군]성취 기준 (48개), 총 72개	■[3~4학년군]성취 기준 (22개), [5~6학년군]성취 기준 (27개), 총 49개	
중학교	《중-지리 영역》 ■(내용 구성 방식)주제 중심인 계통 지리 방식으로 구성 ■지리 영역 지식 중심의 내용 요소 《중-일반사회 영역》 ■사회현상의 이해 및 탐구 중심의 내용 구성 ■학문 기반으로 지식 중심의 성취 기준 서술이 많음	《중-지리 영역》 ■(내용 구성 방식)지역성을 바탕으로 한 지리 학습 체계화를 위해 지역지리 방식으로 내용 구성 방식 변경 ■학생의 흥미와 관심을 고려한 여러 지역에 대한 탐구 강조, 가치와 태도 관련 성취 기준 비중 증대 《중-일반사회 영역》 ■사회문제 및 공공 쟁점에 대한 토의 강조, 사회적 탐구를 통한 역량 함양 지향 ■성취 기준 서술 시 '일상생활', '실제 사례'와 연계한 지식과 이해 학습으로 삶과 연계한 맥락적 학습 강조	■중학교 내용과 고등학교 과목의 내용 간의 계열성, 중학생 발달 단계를 고려해 지역지리 방식으로 변경 ■사회적 탐구 학습, 공공 쟁점에 대한 토의를 강조해 역량 함양 교육 견인
고등학교	■공통과목-통합사회, 일반 선택-9개, 진로 선택-3개, 국제 계열(전문교과Ⅰ)-11개 ■(과목 신설)통합사회, 여행지리, 사회문제 탐구 ■[정치와 법]단일 과목으로 구성 ■[세계지리, 한국지리]계통지리와 지역지리 내용이 함께 구성 ■[사회·문화]지위, 역할, 현재 사회의 변동 양상 등 내용 요소 존재	■공통과목-통합사회1, 2, 일반 선택- 4개, 진로 선택- 9개, 융합 선택- 6개 ■(과목 신설)도시의 미래 탐구, 기후변화와 지속 가능한 세계, 금융과 경제생활, 국제관계의 이해 ■(과목 성격 변경)세계지리 → 세계시민과 지리, 한국지리 → 한국지리 탐구 ■(과목 분리)정치와 법에서 정치, 법과 사회로 과목 분리 ■[세계시민과 지리, 한국지리 탐구] 지역지리 관련 내용은 사례로 활용, 체계적인 지역지리 내용은 중학교로 이동	■다양한 진로 선택, 융합 선택과목 신설 ■세계시민성, 생태전환, 지속 가능 발전 등을 반영한 과목명 변경 및 신설 ■실생활 금융 교육을 강조해 과목 신설, 정치와 법은 과목 분리

고등학교	■사회과 선택과목(기본 학점 5학점)은 5~8개 단원으로 성취 기준 수는 18~28개로 개발	■[사회와 문화]과목명 변경, 지위, 역할, 현재 사회의 변동 양상 등은 중학교 사회와 중복으로 삭제, 대중문화, 미디어, 다문화 이론 등 최근 사회 변화 반영 ■기본 학점 5 → 4학점으로 조정됨에 따라 4개 단원, 성취 기준 수는 12~16개로 조정	■고교학점제 학기 단위 과목 이수로 통합사회 과목 분리 및 기본 학점 하향으로 학습량 적정화

(출처: 교육부 자료)

과학은 미래 융복합적 문제에 유연하게 대응할 수 있는 과학적 소양과 창의성 함양을 위해 일상의 자연현상과 삶의 경험을 토대로 탐구 및 추론, 통합적 사고, 문제 해결력 등 과학적 역량을 강조하는 방향으로 변화했습니다.

초중학교에서는 물리학, 화학, 생명과학, 지구과학 분야별 분절적 학습을 지양하며, 학생의 발달 단계에 따라 핵심 아이디어를 중심으로 학교급별 내용 요소를 기후변화, 감염병, 진로 등과 연계해 재구성하고, 학년군별 통합단원을 확대(1→2개)했습니다. 특히 고등학교에서는 '통합사회'에서 과학적 기초 역량과 통합적 이해를 강조하고, 과학분야와 진로, 융합 영역에서의 다양한 과목 개설을 통해 과학적 역량 함양을 강화했습니다.

| 과학 교과 변화 내용 |

학교급	2015 개정 교육과정	2022 개정 교육과정	비고
초등학교	■ (영역) ·운동과 에너지, 물질, 생명, 지구	■ (영역신설)'과학과 사회' 신설, 5개 영역 ·운동과 에너지, 물질, 생명, 지구, 과학과 사회 ■ (강화)디지털 소양 및 생태전환 교육	·영역 신설 ·과학의 유용성 강조
	■ (통합단원)학년군별 구성 ·물의 여행, 에너지와 생활	■ (통합단원 확대)학년당 1개로 확대 ·건강과 우리 생활, 기후변화와 우리 생활, 자원과 에너지, 과학과 나의 진로	·융·통합 고려
	■ (단원 구성)물리, 화학, 생명, 지구 영역 간 단원 균등 배분	■ (단원 구성 조정)3~4학년군 생명, 5~6학년군 물리, 화학 등 학년군 영역별 비중 조정	·발달 단계 고려
	■ (내용 구성) ·그림자와 거울, 빛과 렌즈	■ (내용 재구조화)학습량 경감 및 발달 단계 고려 ·(통합)빛의 성질로 통합	·학습량 경감
	·동물의 한살이, 식물의 한살이	·(통합)생물의 한살이로 통합	
	·지표의 변화, 화산과 지진	·(통합)땅의 변화로 통합	
	·물질의 상태 변화	·(삭제)내용 축소 후 타 단원들로 분산	
	·전구의 연결 방법에 따른 밝기	·(이동)중학교로 이동	·발달 단계 고려
중학교	■ (영역) ·운동과 에너지, 물질, 생명, 지구	■ (영역신설)'과학과 사회' 신설, 5개 영역 ·운동과 에너지, 물질, 생명, 지구, 과학과 사회 ■ (강화)디지털 소양 및 생태 전환 교육	·영역 신설 ·과학의 유용성 강조
	■ (단원 구성) ·과학과 인류 문명	■ (단원구성)학습량 경감, 단원간 연계성 등 고려 ·(변경)과학과 인류의 지속 가능한 삶으로 개편	·초중고 및 단원 간 연계성 강화

중학교	·과학과 나의 미래	·(이동·강화)3학년으로 이동, 진로연계 강조	·초중고 및 단원 간 연계성 강화
	·에너지 전환과 보존	·(통합)유사 단원과 통합	·학습량 경감
	■(내용 구성) ·지구의 크기 측정, 전자기 유도, 크로마토그래피를 이용한 혼합물 분리, 조석 현상	■(내용구성)학습량 경감, 개념 위계 등 고려 ·(이동/삭제)학습 부담 경감을 위해 일부 내용 고등학교 이동 또는 삭제	·학습량 경감
		■(보완)세포, 주기율표 등 내용 요소	·개념 위계 고려
고등학교	■(공통과목) ·'통합과학' ·'과학탐구실험'	■(공통과목)학기별 편성 고려 및 과학 소양 강조 ·'통합과학1,2' 구성, 과학의 기초 및 과학과 미래 사회 단원 신설 ·'과학탐구실험1,2' 구성, 첨단과학기술 활용 강조	·공통 과학 소양
	■(선택과목) ·일반 선택 4개/진로 선택 7개 ·물리, 화학, 생명과학, 지구과학 각 영역별 일반 및 진로 선택 1개 과목과 융복합 과목 3개로 편성	■(선택과목)진로연계 과목 재구조화 및 신설 ·일반 선택 4개/진로 선택 8개/융합 선택 3개 ·물리, 화학, 생명과학, 지구과학 각 영역별 일반 선택 1개 과목을 토대로 진로 선택 각 2개 과목으로 재구조화 ·실생활 연계 등의 융복합 3개 과목으로 편성	·영역별 주요 학습 이해 ·진로 맞춤형 교육 강화 ·융합 과학 소양
	■(전문교과Ⅰ) ·(과학 계열) 10개	■특수목적고 진로 및 융합 선택과목(과학 계열) ·과학 계열 선택과목(진로 5개, 융합 4개)	·보통 교과와의 연계성 및 전공 심화 강화

(출처: 교육부 자료)

그 외 정보교육은 현행의 소프트웨어 교육을 바탕으로 인공지능, 빅데이터 등 첨단 디지털 혁신 기술을 이해하고 활용할 수 있도록 초중학교 정보 수업 시수를 확대하는 등 정보 교과 교육과정을 재구조화했습니다.

2015 개정 교육과정 vs 2022 개정 교육과정

'2022 개정 교육과정'을 더 잘 이해하기 위해서는 '2015 개정 교육과정'과 무엇이 달라졌는지 차이를 확인해볼 필요가 있습니다. '2015 개정 교육과정'과 '2022 개정 교육과정'의 큰 차이는 다음과 같습니다.

먼저, '2015 개정 교육과정'은 지식 정보 사회가 요구하는 창의융합 인재 양성을 위한 교육 기반을 마련하는 것이었습니다. '2022 개정 교육과정'은 미래 사회의 불확실성에 대응할 수 있는 기본 역량과 변화 대응력을 키워주는 교육 체제를 구현하는 것이 목표입니다.

| 2015 개정 교육과정의 편제 |

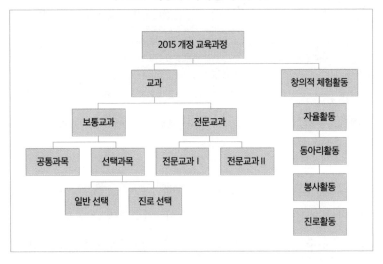

'2015 개정 교육과정'은 범교과 학습 주제를 총론에 별도로 제시하고 교과와 창의적 체험활동 등을 통합적으로 다루도록 했습니다. 반면 '2022 개정 교육과정'은 범교과 학습 주제를 관련 주제와 연계해 반영하고 법령 개정 등을 정비해 학교 교육과정 편성 운영의 어려움을 해소했습니다. '2015 개정 교육과정'을 이해하기 위해서는 2015 개정 교육과정 편제를 반드시 알아야 합니다.

　'2015 개정 교육과정'의 편제는 크게 교과와 창의적 체험활동으로 나뉩니다. 창의적 체험활동에는 자율활동, 동아리활동, 봉사활동, 진로활동이 포함됩니다. 교과는 '보통교과'와 '전문교과'로 나뉘는데, 전문교과Ⅰ은 과학고, 외국어고, 국제고, 체육고, 예술고 등의 특수목적고에서 배우고, 전문교과Ⅱ는 특성화고 등에서 배웁니다.

　일반고에서도 학생의 적성과 진로에 따라 전문교과Ⅰ과 Ⅱ 교과목을 진로 선택과목으로 개설할 수 있습니다. 일반고에서 배우는 '보통교과'는 모든 학생이 이수하는 '공통과목'과 '선택과목'이 있으며, '선택과목'은 '일반 선택'과 '진로 선택'으로 구분합니다.

　'2022 개정 교육과정'은 창의적 체험활동을 자율자치활동, 동아리활동, 진로활동으로 재구조화하고, 봉사활동은 동아리 및 진로활동으로 통합했습니다. '2015 개정 교육과정'은 안전한 생활을 창의적 체험활동으로 구성했습니다. '2022 개정 교육과정'은 초등학교 저학년에서는 바른생활, 슬기로운 생활, 즐거운 생활로 재구조화하고, 과학, 체육, 실과, 보건 등 관련 교과의 '안전' 대단원을 통해 전 학교급에 걸쳐 안

전교육을 실시합니다. 고교학점제로 크게 구별되는 '2015 개정 교육과정'과 '2022 개정 교육과정'의 차이를 표로 살펴보면 다음과 같습니다.

| 2015 개정 교육과정 vs 2022 개정 교육과정 |

구분			주요 내용	
			2015 개정	2022 개정
교육과정 개정 방향			• 창의융합형 인재 양성 • 모든 학생이 인문, 사회, 과학기술에 대한 기초 소양 함양 • 학습량 적정화, 교수·학습 및 평가 방법 개선을 통한 핵심 역량 함양 교육 • 교육과정과 수능, 대입제도 연계, 교원 연수 등 교육 전반 개선	• 포용성·창의성을 갖춘 주도적 사람 • 모든 학생이 언어, 수리, 디지털 소양에 대한 기초 소양 함양 • 학습량 적정화, 교수·학습 및 평가 방법 개선을 통한 역량 함양 교육 • 교육과정과 수능, 대입제도 연계, 교원 연수 등 교육 전반 개선
총론	공통사항	핵심 역량 반영	• 총론 '추구하는 인간상' 부문에 6개 핵심 역량 제시 • 교과별 교과 역량을 제시하고 역량 함양을 위한 성취 기준 개발 ※ 일반화된 지식, 핵심 개념, 내용 요소, 기능	• 총론 6개 핵심 역량 개선: 의사소통 역량→협력적 소통 역량 • 교과 역량을 목표로 구체화하고 역량 함양을 위한 내용 체계 개선, 핵심 아이디어 중심으로 적정화 ※ (개선)지식과 이해, 과정과 기능, 가치와 태도
		역량 함양 강화	• 연극 교육 활성화 - (초중)국어 연극 단원 신설 - (고)'연극' 과목 일반 선택으로 개설 • 독서 교육 활성화	• 디지털 기초 소양, 자기주도성, 지속가능성, 포용성과 시민성, 창의와 혁신 등 미래 사회 요구 역량 지향
		소프트웨어 교육 강화	·(초)교과(실과) 내용을 SW 기초 소양 교육으로 개편 ·(중)과학, 기술과 가정, 정보 교과 신설 ·(고)'정보' 과목을 심화 선택에서 일반 선택으로 전환, SW 중심 개편	■ 모든 교과교육을 통한 디지털 기초 소양 함양 ·(초)실과+학교 자율시간 등을 활용해 34시간 이상 편성 ·(중)정보+학교 자율시간 등을 활용해 68시간 이상 편성 ·(고)교과 신설, 다양한 진로 및 융합 선택과목 신설(데이터과학, 소프트웨어와 생활 등)

총론	공통사항	안전교육강화	·안전 교과 또는 단원 신설 - (초1~2)'안전한 생활' 신설(64시간) - (초3~고3)관련 교과에 단원 신설	·체험·실습형 안전교육으로 개선 - (초1~2)통합교과 주제와 연계(64시간) - (초3~고3)다중밀집도 안전을 포함해 체험, 실습형 교육 요소 강화
		범교과학습주제개선	·10개 범교과 학습 주제로 재구조화	·10개 범교과 학습 주제로 유지 ※(초·중등교육법 개정) 교육과정 영향 사전 협의하도록 관련 법 개정
		창의적체험활동	·창의적 체험활동 내실화 - 자율활동, 동아리활동, 봉사활동, 진로활동(4개)	·창의적 체험활동 영역 개선(3개) - 자율활동, 자치활동, 동아리활동, 진로활동 ※봉사활동은 동아리활동 영역에 편성되어 있으며, 모든 활동과 연계 가능
	고등학교	공통과목 신설 및 이수 단위	·공통과목 및 선택과목으로 구성 ·(선택과목) 일반 선택과 진로 선택 - 진로 선택 및 전문교과를 통한 맞춤형 교육, 수월성 교육 실시	·공통과목 및 선택과목으로 구성 ·선택과목은 일반 선택과 진로 선택, 융합 선택으로 구분 - 다양한 진로 선택 및 융합 선택과목 재구조화를 통한 맞춤형 교육
		특목고과목	·보통교과에서 분리해 전문교과로 제시	·전문교과I 보통교과로 통합(학생 선택권 확대), 진로 선택과 융합 선택으로 구분, 수월성 교육 실시
		편성운영기준	·필수 이수 단위 94단위, 자율 편성 단위 86학점, 총 204단위 ·선택과목의 기본 단위 5단위 (일반 선택 2단위 증감, 진로 선택 3단위 증감 가능)	·필수 이수 학점 84학점, 자율 이수 학점 90학점, 총 192학점 ·선택과목의 기본 학점 4학점 (1학점 내 증감 가능)
		특성화고교육과정	·총론(보통교과)과 NCS 교과의 연계	·국가직무능력표준 기반 교육과정 분류 체계 유지 ·신산업 및 융합기술 분야 인력 양성 수요 반영

총론	중학교	·중학교 '교육과정 편성·운영의 중점'에 자유학기제 교육과정 운영 지침 제시	·자유학기제 영역, 시수 적정화 ※(시수)170시간 → 102시간 ※(영역)4개 → 2개(주제 선택, 진로 탐색) ·학교 스포츠클럽활동 시수 적정화 ※(시수)136시간 → 102시간
	초등학교	·주당 1시간 증배, '안전한 생활' 신설 - 창의적 체험활동에서 체험 중심 교육으로 실시 ·초등학교 교육과정과 누리과정의 연계 강화(한글 교육 강화)	·입학초기 적응활동 개선 - 창의적 체험활동 중심으로 실시 ·기초 문해력 강화, 한글 해득 강화를 위한 국어 34시간 증배 ·누리과정의 연계 강화(즐거운 생활 내 신체활동 강화)
교과 교육과정 개정 방향		·총론과 교과 교육과정의 유기적 연계 강화	·총론과 교과 교육과정의 유기적 연계 강화
		·교과 교육과정 개정 기본 방향 제시 - 핵심 개념 중심의 학습량 적정화 - 핵심 역량을 반영 - 학생 참여 중심 교수·학습 방법 개선 - 과정 중심 평가 확대	·교과 교육과정 개정 기본 방향 제시 - 핵심 아이디어 중심의 학습량 적정화 - 교과 역량 교과 목표로 구체화 - 학생 참여 중심, 학생주도형 교수·학습 방법 개선(비판적 질문, 글쓰기 등) - 학습의 과정을 중시하는 평가, 개별 맞춤형 피드백 강화

(출처: 교육부 자료)

언어, 수리, 디지털 소양 부각

'2022 개정 교육과정 총론'에서는 기초 소양의 범주를 확장해 언어, 수리, 디지털 소양을 강조합니다. 여러 교과를 학습하는 데에 기반이 되는 기초 소양으로 세 가지를 강조한 것이죠. 초중등학교 전 과정의 교과 학습과 실생활 문제를 다루는 과정에서 언어, 수리, 디지털 소양에 대한 지식과 기능을 적용하고 활용하도록 구성해 개선했습니다.

구분	언어 소양	수리 소양	디지털 소양
개념	언어를 중심으로 다양한 기호, 양식, 매체 등을 활용한 텍스트를 대상, 목적, 맥락에 맞게 이해하고 생산한 후 공유하고 사용해 문제를 해결하고 공동체 구성원과 소통하고 참여하는 능력	다양한 상황에서 수리적 정보와 표현 및 사고 방법을 이해하고, 해석하고, 사용해 문제 해결, 추론, 의사소통하는 능력	디지털 지식과 기술에 대한 이해와 윤리 의식을 바탕으로 정보를 수집하고 분석하며, 비판적으로 이해하고 평가해 새로운 정보와 지식을 생산하고 활용하는 능력
교과 반영 예시	· 교과별로 관련 텍스트를 해석하고 분석, 논증적 글쓰기 · 교과별 문자, 시각적 텍스트 구상, 학습을 위한 글쓰기 등 · 교과별로 자신의 생각과 감정을 효과적으로 표현하고 소통하기 등	· 통화 정책, 재정 분석하고 이해하기 (화폐, 시간, 달력 등) · 교과별로 관련 수 어림하고 계산하기 등	· 지리 정보 및 빅데이터 등을 활용, 뉴미디어 등 정보 수집 및 비판적 분석 등 · 교과 관련 정보 탐색, 데이터 수집과 검증, 자료 관리 등 · 교과별로 정보 윤리, 개인 정보 보안 준수하기 등

　　디지털 소양을 함양하기 위해 '2022 개정 교육과정'은 정보 교육에도 힘씁니다. 학생의 디지털 역량 함양이 충실히 이루어지도록 정보 수업 시간 배당 기준을 현행 대비 두 배 확대했죠. 이에 추가 확보된 시수를 통해 인공지능, 빅데이터 등 디지털 혁신 기술을 이해하고 활용할 수 있도록 정보과 교육과정을 개편했습니다. 고등학교에서는 학생의 진로와 적성에 따른 정보 역량을 함양할 수 있도록 다양한 선택과목을 개설해 진로 연계 디지털 교육을 강화했습니다. 일반 선택의 '정보', 진로 선택의 '인공지능 기초'와 '데이터 과학', 융합 선택의 '소프트웨어와 생활' 등이 개설되었습니다.

또한 모든 교과를 통해 미래 세대 핵심 역량으로 디지털 기초 소양을 함양하고 교실 수업 개선, 평가 혁신과 연계할 수 있도록 내용을 구성했습니다. 디지털 문해력과 논리력, 절차적 문제 해결력 등의 함양을 위해 국어, 과학, 사회, 기술과 가정, 예술 등 다양한 교과 특성에 맞게 디지털 기초 소양 관련 내용을 반영하고 선택과목을 신설했죠.

국어 등 주요 교과를 예로 들면 국어에서는 디지털, 미디어 역량과 매체 영역을 신설하고, 사회에서는 정보와 매체 활용, 미디어 메시지 분석과 생산, 디지털 금융서비스를 다뤘으며, 과학에서는 디지털 탐구 도구의 이해와 활용을 중시했습니다. 기술과 가정에서는 디지털 생활 환경과 자원 관리, 미술에서는 디지털 매체를 포함한 다양한 재료와 방법 등을 활용한 이미지 구현 등을 다루고 있습니다. 그리고 부족한 부분의 과목도 신설했는데, 문학과 영상, 미디어 영어, 음악과 미디어, 미술과 매체, 문학과 매체와 같은 과목들입니다.

선택과목 어떻게 달라졌나

고등학교 교과목이 어떻게 달라졌는지를 보면 흐름을 알 수 있습니다. '2022 개정 교육과정'의 보통교과 과목 편제는 다음과 같습니다. 참고로 고등학교는 학점제로 운영되므로 선택과목의 기본 학점은 4학점이고 체육, 예술, 교양 교과(군)의 기본 학점은 3학점입니다.

그런데 '2022 개정 교육과정'은 자사고와 특목고를 일반고로 전환

| 2022 개정 교육과정 고등학교 교과목 구성 |

교과 (군)	공통과목	선택과목		
		일반 선택	진로 선택	융합 선택
국어	공통국어1 공통국어2	화법과 언어, 독서와 작문, 문학	주제 탐구 독서, 문학과 영상, 직무 의 사소통	독서 토론과 글 쓰기, 매체 의사 소통, 언어생활 탐구
수학	공통수학1 공통수학2 기본수학1 기본수학2	대수, 미적분Ⅰ, 확률과 통계	기하, 미적분Ⅱ, 경제 수학, 인공지능 수학, 직무 수학	수학과 문화, 실 용 통계, 수학과 제 탐구
영어	공통영어1 공통영어2 기본영어1 기본영어2	영어Ⅰ, 영어Ⅱ, 영어 독해와 작문	영미 문학 읽기, 영어 발표와 토론, 심화 영어, 심화영어 독해와 작문, 직무영어	실생활 영어회화, 미디어 영어, 세 계 문화와 영어
사회 (역사/ 도덕 포함)	한국사1 한국사2 통합사회1 통합사회2	세계시민과 지리, 세계사, 사회와 문화, 현대사회와 윤리	한국지리 탐구, 도시의 미래 탐구, 동아 시아 역사 기행, 정치, 법과 사회, 경제, 윤리와 사상, 인문학과 윤리, 국제 관계 의 이해	여행지리, 역사 로 탐구하는 현 대 세계, 사회문 제 탐구, 금융과 경제생활, 윤리 문제 탐구, 기후 변화와 지속 가 능한 세계
과학	통합과학1 통합과학2 과학 탐구 실 험1 과학 탐구 실 험2	물리학, 화학, 생명과학, 지구과학	역학과 에너지, 전자기와 양자, 물질과 에너지, 화학반응의 세계, 세포와 물질 대사, 생물의 유전, 지구시스템과학, 행 성우주과학	과학의 역사와 문화, 기후변화 와 환경생태, 융 합과학 탐구
체육		체육1, 체육2	운동과 건강, 스포츠 문화, 스포츠 과학	스포츠 생활1, 스포츠 생활2
예술		음악, 미술, 연극	음악 연주와 창작, 음악 감상과 비평, 미술 창작, 미술 감상과 비평	음악과 미디어, 미술과 매체

160 × 161

기술·가정/정보		기술·가정	로봇과 공학 세계, 생활과학 탐구	창의 공학 설계, 지식 재산 일반, 생애 설계와 자립, 아동 발달과 부모
		정보	인공지능 기초, 데이터 과학	소프트웨어와 생활
제2 외국어/한문		독일어, 프랑스어, 스페인어, 중국어, 일본어, 러시아어, 아랍어, 베트남어	독일어 회화, 프랑스어 회화, 스페인어 회화, 중국어 회화, 일본어 회화, 러시아어 회화, 아랍어 회화, 베트남어 회화, 심화 독일어, 심화 프랑스어, 심화 스페인어, 심화 중국어, 심화 일본어, 심화 러시아어, 심화 아랍어, 심화 베트남어	독일어권 문화, 프랑스어권 문화, 스페인어권 문화, 중국 문화, 일본 문화, 러시아 문화, 아랍 문화, 베트남 문화
		한문	한문 고전 읽기	언어생활과 한자
교양		진로와 직업, 생태와 환경	인간과 철학, 논리와 사고, 인간과 심리, 교육의 이해, 삶과 종교, 보건	인간과 경제활동, 논술

한다는 전제 아래 만들어진 것입니다. 그래서 종래 전문교과에 있던 과목들이 보통교과에 포함되어 있습니다. 과거 '2015 개정 교육과정' 시 보통교과에서 분리해 전문교과로 제시했던 것을 보통교과로 통합(학생 선택권 확대)하고, 진로 선택과 융합 선택으로 구분해 수월성 교육을 실시하죠. 아시다시피 '2022 개정 교육과정'은 공통과목 및 선택과목으로 구성되어 있으며 선택과목을 일반 선택과 진로 선택, 융합 선택으로 구분해 다양한 진로 선택과 융합 선택과목의 재구조화를 통한 맞춤형 교육을 추구합니다.

교육 당국은 지난 2023년 6월 공교육 경쟁력 강화방안을 발표하면서 고교 유형의 다양화를 다시 강조했습니다. 이는 지난 대통령 선거 당시 윤석열 후보의 공약 사항이기도 했죠. 강화 방안에서 교육부는 2025년 일반고 전환 예정인 자사고·외고·국제고를 존치해 공교육 내에서 학생과 학부모 모두가 원하는 다양한 교육을 제공하겠다며 2023년 12월까지 초중등교육법 시행령을 개정하고 국가교육위원회와의 검토와 협의를 통해 2024년까지 자사고·외고·국제고 관련 교육과정 필요 사항을 마련하도록 추진하겠다고 했습니다.

그러면서 기존 외고와 국제고가 원래부터의 특목고 지위를 유지하되, 희망하는 경우 '(가칭)국제외국어고' 유형으로 전환할 수 있도록 허용하기로 했습니다. 다시 말하면 기존 외고와 국제고는 그대로 유지하면서 법령상 학교 구분은 국제외국어고로 통일하고, 희망하는 경우에는 기존 외고와 국제고의 전문교과를 통합 운영하는 것도 가능하게 한다는 것입니다.

이미 교육 당국은 공교육 내에서 학생·학부모가 원하는 다양한 교육을 제공하기 위해 자사고, 외고 및 국제고를 존치하고, 외국어에 능숙한 국제 인재 양성을 위한 외국어·국제계열의 고등학교 유형을 도입(안 제76조의3 개정, 제90조 제1항 제6호 및 제91조의3 신설)하는 초중등교육법 시행령을 입법 예고한 바 있죠. 물론 교명 변경도 가능합니다. 그렇게 되면 위에서 제시한 보통교과 편제는 다시 변경될 수밖에 없습니다.

전공 연계 교과 이수 과목의 선정

한편 우리 아이들이 미래 사회가 요구하는 '포용성과 창의성을 갖춘 주도적인 사람'으로 성장할 수 있도록 '2022 개정 교육과정'을 확정, 발표했다는 것은 주지의 사실입니다. 그리고 그 교육과정의 핵심은 전공하려는 학과(부)에 맞는 과목을 선택해 수업을 듣는, 즉 선택 중심의 교육과정인 것도 분명합니다. 이와 관련해 서울대를 비롯한 주요 대학들은 공동연구를 통해 특정 모집 단위는 특정 과목을 이수해야 한다는 조건을 달고 있습니다.

서울대를 예로 들어보겠습니다. 서울대의 전공 연계 교과 이수 과목은 지원 자격과 무관하지만 모집 단위가 권장하는 과목의 이수 여부는 수시 모집 서류평가와 정시 모집 교과평가에 반영하기로 되어 있습니다. 각 전공 분야의 학문적 특성을 고려해 학생의 진로 목표에 따른 전공 연계 교과 이수 과목을 구체적으로 안내합니다. 권장과목을 제시하지 않은 모집 단위는 학생의 진로와 적성에 따른 적극적인 선택과목 이수를 권장합니다.

서울대의 설명은 좀 더 구체적입니다. 학생이 처한 교육환경을 바탕으로 국어, 영어, 수학, 사회, 과학, 음악, 미술, 체육 등의 고등학교 교육과정을 통해 이수한 공통과목과, 자신의 진로와 적성에 따른 선택과목 이수 내용을 포함해 모든 과목에서 나타나는 학생의 학업 충실도를 중요하게 평가합니다.

전공 연계 교과 이수 과목(핵심 권장과목 및 권장과목)은 학생이 희망하는 학과(부)에서 전공을 공부하는 데에 도움이 되는 과목을 제시한 것입니다. 모집 단위별 핵심 권장과목은 학생이 희망하는 전공 분야의 학문적 기초 소양을 쌓을 수 있는 필수 연계 과목이며, 권장과목은 모집 단위 수학을 위해 교육과정을 배우기를 추천하는 과목입니다. 아울러 권장과목을 제시하지 않은 학과(부)에 지원하고자 하는 학생은 자신의 적성과 진로 등을 고려해 자율적으로 과목을 선택해 학습하기를 바랍니다.

　　다음의 표는 서울대가 제시한 내용입니다. 아마 거의 모든 대학의 기준점이 될 것입니다. 권장과목이 없는 모집 단위는 제외했습니다. 이 표에서 과목은 '2015 개정 교육과정'에 의해 만들어진 것이지만 '2022 개정 교육과정' 과목과 연결 지으면 충분히 예상 가능합니다. 예를 들어 생명과학Ⅱ는 '세포와 물질대사', 물리학Ⅱ는 '역학과 에너지'와 '전자기와 양자', 화학Ⅱ는 '화학반응의 세계' 등과 연결됩니다. 아마 곧 서울대가 '2022 개정 교육과정'에 맞춰 표를 제시하리라 봅니다.

| 서울대 전공 연계 교과 이수 과목 안내 |

모집 단위		핵심 권장과목	권장과목
사회과학대학	경제학부	-	미적분, 확률과 통계
자연과학대학	수리과학부	미적분, 확률과 통계, 기하	-

대학	학부/학과			
자연과학대학	통계학과		미적분, 확률과 통계, 기하	-
	물리·천문학부	물리학전공	물리학Ⅱ, 미적분, 기하	확률과 통계
		천문학전공	지구과학Ⅰ, 미적분, 기하	지구과학Ⅱ, 물리학Ⅱ, 확률과 통계
	화학부		화학Ⅱ, 미적분	확률과 통계, 기하
	생명과학부		생명과학Ⅱ, 미적분	화학Ⅱ, 확률과 통계, 기하
	지구환경과학부		물리학Ⅱ 또는 화학Ⅱ 또는 지구과학Ⅱ, 미적분	확률과 통계, 기하
간호대학			-	생명과학Ⅰ, 생명과학Ⅱ
공과대학	광역		미적분, 확률과 통계	기하
	건설환경공학부		미적분, 기하	확률과 통계
	기계공학부		물리학Ⅱ, 미적분, 기하	확률과 통계
	재료공학부		미적분, 기하	물리학Ⅱ, 화학Ⅱ, 확률과 통계
	전기·정보공학부		물리학Ⅱ, 미적분	확률과 통계, 기하
	컴퓨터공학부		미적분, 확률과 통계	-
	화학생물공학부		물리학Ⅱ, 미적분, 기하	화학Ⅱ 또는 생명과학Ⅱ
	건축학과		-	미적분
	산업공학과		미적분	확률과 통계
	에너지자원공학과		물리학Ⅱ, 미적분, 기하	확률과 통계
	원자핵공학과		물리학Ⅱ, 미적분	-
	조선해양공학과		물리학Ⅰ, 미적분, 기하	확률과 통계
	항공우주공학과		물리학Ⅱ, 미적분, 기하	지구과학Ⅱ, 확률과 통계
농업생명과학대학	농경제사회학부		-	미적분, 확률과 통계
	식물생산과학부		생명과학Ⅱ	화학Ⅱ, 미적분, 확률과 통계, 기하
	산림과학부		-	-
	식품·동물생명공학부		화학Ⅱ, 생명과학Ⅱ	-

농업생명 과학대학	응용생물화학부	화학II, 생명과학II	미적분, 확률과 통계, 기하
	조경·지역시스템공학부	미적분, 기하	물리학II, 확률과 통계
	바이오시스템·소재학부	미적분, 기하	물리학II 또는 화학II
사범대학	수학교육과	미적분, 확률과 통계, 기하	-
	물리교육과	물리학II	미적분, 확률과 통계, 기하
	화학교육과	화학II	미적분, 확률과 통계, 기하
	생물교육과	생명과학II	화학II, 미적분, 확률과 통계
	지구과학교육과	지구과학I	지구과학II, 미적분, 확률과 통계, 기하
생활과학 대학	식품영양학과	화학II, 생명과학II	-
	의류학과	-	화학II, 생명과학II 또는 확률과 통계
수의과대학	수의예과	생명과학II	미적분, 확률과 통계
약학대학	약학 계열	화학I, 생명과학I	미적분, 화학II 또는 생명과학II
의과대학	의예과	생명과학I	생명과학II, 미적분, 확률과 통계, 기하
자유전공학부		-	미적분, 확률과 통계

그런데 서울 주요 대학에서 이와 비슷한 목록을 제시한 게 있습니다. 목록은 이와 비슷하지만 약간 다른 부분도 있습니다. 경희대, 고려대, 성균관대, 연세대, 중앙대 다섯 개 대학이 2022년 공동연구를 통해 학생선택형 교육과정의 환경 변화에 맞춰 대학의 자연 계열 전공과 연계해 학생이 고교 교육과정에서 선택하고 이수해야 할 권장과목을 안내했습니다.

이번 연구에서는 실제 학생부종합 전형 지원자의 과목 이수 현황 분석이라는 방대한 조사를 바탕으로 결론을 도출하고 다섯 개 대학 자연 계열 전공 모집 단위를 14개 학문 분야별로 범주화해 고교에서 학생의 과목 선택이 가능하도록 수학, 과학 교과과목을 중심으로 핵심과목과 권장과목을 제시했습니다. 다음 표에서 '핵심과목'은 학과(부)에서 수학修學하기 위해 '필수'로 이수해야 하는 과목이며, '권장과목'은 학과(부)에서 수학修學하기 위해 '가급적' 이수를 권장하는 과목으로 서울대와 같습니다. 과목 역시 앞서 서울대와 마찬가지로 2015 개정 교육과정에 의한 것입니다. 원래 보고서에서 학문 분야별 구체적인 학과명은 생략했습니다.

| 5개 대학 공동연구 중 전공 연계 이수 교과목 |

학문 분야	핵심과목		권장과목	
	수학교과	과학교과	수학교과	과학교과
수학	수학Ⅰ, 수학Ⅱ, 미적분, 기하		확률과 통계	
컴퓨터	수학Ⅰ, 수학Ⅱ, 미적분, 기하		확률과 통계, 인공지능수학	
산업	수학Ⅰ, 수학Ⅱ, 미적분, 확률과 통계			
물리	수학Ⅰ, 수학Ⅱ, 미적분, 기하	물리학Ⅰ, 물리학Ⅱ	확률과 통계	화학Ⅰ
기계	수학Ⅰ, 수학Ⅱ, 미적분, 기하	물리학Ⅰ, 물리학Ⅱ, 화학Ⅰ	확률과 통계	화학Ⅱ

전기 전자	수학Ⅰ, 수학Ⅱ, 미적분, 기하,	물리학Ⅰ, 물리학Ⅱ, 화학Ⅰ	확률과 통계	
건설/건축	수학Ⅰ, 수학Ⅱ, 미적분		확률과 통계, 기하	물리학Ⅰ
화학	수학Ⅰ, 수학Ⅱ, 미적분, 확률과 통계	화학Ⅰ, 화학Ⅱ	기하	물리학Ⅰ, 물리학Ⅱ, 생명과학Ⅰ
재료/화공 ·고분자 ·에너지	수학Ⅰ 수학Ⅱ, 미적분	물리학Ⅰ, 화학Ⅰ, 화학Ⅱ	확률과 통계, 기하	물리학Ⅱ
생명과학환경/생활과학/농림	수학Ⅰ, 수학Ⅱ	화학Ⅰ, 생명과학Ⅰ, 생명과학Ⅱ	미적분, 확률과 통계	화학Ⅱ
천문, 지구	수학Ⅰ, 수학Ⅱ, 미적분	물리학Ⅰ, 화학Ⅰ, 지구과학Ⅰ, 지구과학Ⅱ	확률과 통계, 기하	물리학Ⅱ
의학	수학Ⅰ, 수학Ⅱ, 미적분	화학Ⅰ, 생명과학Ⅰ, 생명과학Ⅱ	확률과 통계	물리학Ⅰ, 화학Ⅱ
약학	수학Ⅰ, 수학Ⅱ, 미적분,	화학Ⅰ, 화학Ⅱ, 생명과학Ⅰ, 생명과학Ⅱ	확률과 통계, 기하	물리학Ⅰ
간호/보건	수학Ⅰ, 수학Ⅱ, 확률과 통계	생명과학Ⅰ, 생명과학Ⅱ	미적분	화학Ⅰ, 화학Ⅱ

그런데 이 보고서에는 아주 중요한 진술이 들어 있어요. 이는 '2022 개정 교육과정'의 취지와 아주 부합하는 것으로 그 안에서 우리 학생들이 어떤 마음으로 임해야 하는지를 잘 보여줍니다. 보고서는 대학이 제시한 핵심과목과 권장과목 중 우리 학교에서 개설하지 않은 과목이 있을 때, 만약 이수하지 않으면 평가에 불이익이 많은가 하는 문

제에 대해 이렇게 설명합니다. 보다 적극적인 과목의 선택을 권장하는 것입니다.

> 대학 설문조사에서 이수 권장과목 중 일부 과목을 듣지 않는 경우 평가에 크게 영향이 없다는 의견이 많았습니다. 이수 권장과목이 없더라도 지원 자격처럼 결격 처리되지는 않습니다. 대학은 학교가 개설하지 않아 이수하지 못한 학생과 학교가 개설했음에도 이수하지 않은 학생을 다르게 평가합니다. 학생이 처한 상황도 고려하겠지만, 추가적인 노력도 기대합니다. 학교가 개설하지 않았다면 외부 공동교육과정으로 이수하길 추천합니다. 동일 과목이 없으면 유사 명칭의 과목을 이수하세요.

고등학교 체제 유지가 주는 문제는 무엇일까

사실 2022 개정 교육과정의 문제는 고등학교 체제와 연관이 있습니다. 문재인 정부가 폐지를 공언했던 자사고와 특목고(외국어고와 국제고)가 윤석열 정부에 의해 존치가 결정되었죠. 사실 문재인 정부가 공언했던 세 가지 중요한 정책은 2022 개정 교육과정 시행, 고교학점제 시행, 특목고 폐지라고 할 수 있습니다. 문재인 정부는 2020년 자사고, 외고, 국제고의 일괄 일반고 전환을 결정하고 '초중등교육법 시행령'을 개정했습니다. 특목고와 자사고를 일반고로 전환해 평준화시킨 다음 내신을 절대평가해 고교 간 유불리를 없게 하고 '2022 개정 교육과정'을 운영하면서 고교학점제를 시행하려 했죠.

특목고와 자사고가 있는 고교 체제를 그냥 둔 상태에서 내신을 절대평가하면 내신의 불리함이 사라질 것이기에 자사고와 특목고로의 쏠림 현상이 벌어질 것은 자명한 일입니다. 그래서 고교평준화와 고교학점제의 시행은 분리되기 힘든 조치였습니다. 거기에 입시에서 학생부종합 전형까지 합쳐지면 정책이 완성되는 것입니다. 그런데 윤석열 정부가 들어서면서 이 같은 방침에 제동이 걸렸죠.

윤석열 정부의 공식적인 특목고와 자사고 존치 이유는 이렇습니다. '직업사회 다변화와 학령인구 감소에 대비하기 위해 모든 학생 한 명 한 명이 소질과 적성에 따라 다양한 교육 기회를 보장받아야 하나, 고교 유형 단순화는 공교육의 다양성과 학생과 학부모의 교육 선택권을 제한하며 소모적 서열화 논쟁으로 고교 교육의 혁신을 저해한다. 그러므로 모든 학생이 각자의 소질과 적성에 맞는 교육을 받을 수 있도록 고교학점제 보완과 함께 학생의 학교 선택권 보장이 필요하다'고 밝혔죠. 고교학점제 개선 및 안정적 도입을 통해 학생은 자기주도적으로 진로와 학업을 선택하고, 학교는 학생 중심 교육과정을 안정적으로 운영해 보다 다양한 교육을 받을 수 있도록 지원하는 정책을 편다고 합니다. 그 결과 2025년 일반고 전환 예정인 자사고, 외고, 국제고를 존치해 공교육 내에서 학생과 학부모가 원하는 다양한 교육을 제공하기로 했습니다.

고등학교 체제가 현재의 상태로 유지되면 남는 것은 고등학교 선택에 대한 학부모와 학생들의 생각입니다. 앞으로 내신 성적이 2025학년도부터 상대평가 5등급과 성취평가제로 바뀌면 다시금 특목고와 자사고에 대한 붐이 일 것이 분명합니다(이에 대한 논의는 '2028 대입 개편에서 하겠습니다). 왜냐하면 내신의 상대평가 5등급, 그리고 절대평가인 성취평가제로 변하면 그동안 특목고와 자사고의 내신 성적에 대한 불리함이 많이 줄어들 것이기 때문이죠. 물론 이것은 등급대 관점에 따라 달라지기는 합니다. 9등급에서 5등급으로 간격이 좁아지게 되면 그만큼 상위 등급자들이 많이 나온다는 뜻이기 때문에 과거처럼 수능 최저만 충족을 하면 합격이 되던 시절과는 다른 양상이 전개될 것입니다.

2028 대입 개편

●

"아이의 공부 방향성을
어떻게 잡아줄 것인가"

34년 만에 확 달라지는 수능

2023년 10월 10일, 2028학년도에 새롭게 시행될 대입제도 개편 시안이 발표되었습니다. 2023년 2월 발표 예정과 달리 7개월이 늦어졌죠. 이번 발표된 시안을 두고 국가교육위원회의(위원장 이배용) 논의를 거쳐 2023년 12월 27일에 개편안을 확정하고 2024년 2월 말 최종 확정 공표하게 됩니다. 이것은 고등교육법 제34조 제5항에 의한 조치로 교육부장관은 대입 정책의 전반적인 사항을 해당 입학 연도의 4년 전 학년도가 개시되는 날 전까지 공표해야 한다는 규정을 반영한 것입니다.

2028학년도 대입에 대비해 새롭게 개편된 대입제도는 주로 수능

시험 개편과 내신 평가제도 개편에 초점이 맞춰져 있습니다. 우선 수능에 대해 개략적으로 이야기하면 이번에 개편되는 2028학년도 수능은 균형과 통합적 학습 유도, 수능 안정성을 위해 수능 과목 체계를 재구조화합니다. 그래서 수능은 1994학년도에 처음 실시된 이래 34년 만에 큰 변화를 맞이하게 되는 것입니다. 그것은 선택과목제 폐지와 그에 따른 계열 구분 폐지인데 사회와 과학은 개별 과목이 아닌 통합교과로 시험을 치릅니다. 이는 문과, 이과 공통으로 치러졌던 1994학년도 수능 이래 34년 만에 선택과목과 계열 구분 없이 공통으로 치르는 것입니다.

수능 첫해인 1994학년도에는 문과, 이과 계열 구분 없이 공통으로 출제되어 모든 수험생이 같은 시험 문제를 풀었으며, 본고사를 치르는 몇몇 대학을 제외하고 교차 지원이 자유로웠습니다. 그래서 수학과 과학의 학습량이 많은 이과 학생들이 유리하다는 평가가 있었습니다. 그리고 계열 구분은 1995학년도 수능부터 인문, 자연, 예체능 세 가지 계열로 나눠 실시했는데 예체능이 1994학년도와 동일한 출제 범위였으며, 인문 계열은 사회문화와 세계지리가, 자연 계열은 수학Ⅱ와 물리, 화학이 추가되었습니다.

사회탐구와 과학탐구 영역에서의 선택과목은 6차 교육과정이 적용된 1999학년도 수능부터 처음으로 도입되었고, 이에 따라 그해 표준점수 제도가 수능에 도입되었습니다. 문과생은 공통사회(57점)+선택사회(15점)+공통과학(48점), 이과생은 공통사회(48점)+공통과학(48점)+선택과목(24점)으로 시험을 치렀죠. 선택과목의 경우 인문계생은 정치, 경제, 사회·문화, 세계사, 세계지리 중 하나를 선택하고, 자연계생은 물리Ⅱ, 화학Ⅱ, 생물Ⅱ, 지구과학Ⅱ 중 하나를 선택하도록 했습니다.

한편 2028학년도 수능은 제2외국어와 한문은 현행대로 한 과목을 선택하게 되고, 7차 교육과정에 의해 2005학년부터 22년간 치러진 직업탐구는 '성공적인 직업생활' 한 과목으로만 치르게 됩니다. 이 수능 체제는 표면적으로는 문과도 통합과학을, 이과도 통합사회를 치르게 되면서 융합형 인간을 기르는 데에 집중할 것으로 예상합니다. 하지만 그동안 도입 여부를 두고 의견이 분분했던 논술·서술형 수능은 이번에는 도입하지 않습니다. 도입 취지에는 공감하나 아직 여건상 출제보다도 채점 부분에서 애로사항이 있어 시기상조라는 판단이 선 듯합니다. 아마도 논서술형 수능은 2026년에 발표할지도 모르는 2031 대입 개편안에서 다루어질지도 모르겠습니다.

대입제도 개편의 역사

우리 아이에게 해당하는 입시제도만 정확히 꿰뚫고 있으면 된다고 생각할 수 있지만 현실적으로는 그렇지 않습니다. 전반적인 흐름을 파악하고 있어야 좀 더 효율적인 대비가 가능합니다. 그래서 이번 키워드에서는 간단하게 그간의 우리나라 대입제도의 흐름을 살펴보고자 합니다.

우리나라 대입제도는 그동안 10여 차례 넘는 변화가 있었습니다.

대학 입학시험이 국가고시에서 예비고사로, 다시 학력고사를 거쳐 수능으로 바뀌었죠. 본고사도 실시와 미실시를 오갔으며, 고등학교 내신 반영 방법도 10등급, 15등급, 9등급을 왔다 갔다 하며 변화했습니다.

1945학년도부터 1968학년도까지 대학은 대학별고사를 실시하고, 정부는 대입자격고사 등 일부 대입 전형 요소를 시행하거나 또는 폐지하며 대입을 치렀습니다. 아직은 정제된 대입제도가 실시되지 못했고 대학별고사 위주로 입시를 진행했죠. 이후 1969학년도부터 1980학년도까지 대학은 대학별고사를 실시하고, 정부는 고교 교육 정상화를 위해 고교 교과목 중심으로 대입 예비고사를 신설해 시행했습니다. 예비고사는 국가 주관의 일제고사 형식의 대학 입학시험이었고 '예비고사+대학별 본고사' 형태로 입시가 진행되었습니다. 초기에는 일종의 자격고사 형식이었으나 1974년부터 예비고사와 본고사 점수를 합산해 뽑는 방식으로 바뀌면서 예비고사가 본고사보다 입시에서 차지하는 비중이 높아졌죠.

1981학년도에는 정부 주도로 대학 본고사 폐지와 과외 금지 조치가 내려졌습니다. 예비고사와 내신 성적만을 반영하는 이른바 '7.30 교육개혁 조치'가 내려진 것이죠. 그 후 1982학년도부터 정부는 대입 예비고사를 대입 학력고사로 개편하고, 대학입시 자율화와 사고능력 제고를 위해 논술(대학별고사)을 신설하게 됩니다. 여기서 말하는 학력고사는 1982학년도부터 1993학년도까지 시행했던 전국 규모의 대입 선발시험입니다. 1982학년도부터 1987학년도까지는 선 시험 후 지원

방식으로, 먼저 학력고사를 본 뒤 그 점수를 가지고 대학에 지원했으며, 1988학년도부터 1993학년도까지는 선 지원 후 시험 방식이었습니다. 즉, 먼저 원하는 대학에 지원한 다음 시험 결과를 봤는데, 이때 대학 지원을 위한 소위 사설 배치고사라는 것도 있었습니다.

1994학년도부터 정부는 학력고사를 폐지하고 대학수학능력시험을 도입했습니다. 1987년부터 미국의 SAT를 모범 삼아 학력고사를 대체하기 위한 대학 입학 적성검사를 연구하기 시작한 것의 결실입니다. 1990년부터 1992년까지 일곱 차례에 걸친 실험 평가를 통해 1993년에 1994학년도 수능이 시행되었고, 이어 본격적으로 수능의 시대가 열리게 되었습니다.

대학은 수능 성적, 논술, 학생부 내신 등을 활용해 학생을 선발하게 되었지요. 정부는 시험의 개념을 '사고력을 측정하는 발전된 학력고사'라고 규정했습니다. 대학 교육의 수학에 기초가 될 보편적 능력을 측정하고, 고교 교육과정의 내용과 수준에 맞춰 출제한다고 밝혔습니다. 단순 암기보다는 사고력을 측정하는 데에 주안점을 두었습니다. 학력고사 아홉 개 과목을 언어, 수리, 외국어 세 개 영역으로 축소하고, 통합교과적으로 출제의 소재를 활용하도록 정했죠. 예를 들어 국어라고 하지 않고 언어 영역이라고 했는데, 언어 영역은 국어, 사회, 과학 등 다양한 교과 영역의 소재를 활용해 언어와 관련된 능력을 평가했습니다. 단어의 의미를 정확히 이해하고 그 용도를 적절히 구분하는 능력과 비교적 긴 문장에 대한 사실적, 추론적, 비판적 이해력을 측정했죠. 단어

간의 관계를 유추하고 귀납적 또는 연역적으로 추리할 수 있는 능력 등 대학 교육을 이수하는 데에 필요한 언어 능력을 측정했습니다. 이후 수능은 교육과정에 따라 문항 수라든가 시험 과목 등이 조금씩 바뀌며 쭉 이어져왔습니다.

1994학년도에는 5차 교육과정이 실시되던 시기였기 때문에 해당 교육과정에 의해서 문제가 출제되었습니다. 1999학년도부터는 6차 교육과정을 적용해 수능 사상 처음으로 선택과목 제도를 도입했죠. 이에 따른 조치로 표준점수제도를 수능에 도입했습니다. 그리고 2005학년도부터는 7차 교육과정을 적용하면서 과목과 규정이 대폭 바뀌었습니다. 가장 큰 변화는 탐구 영역으로, 직업계 학생들을 위한 직업탐구를 신설했습니다.

이렇게 진행되던 수능은 2008학년도에 노무현 정부의 등급제 정책에 따라 표준점수를 주지 않고 등급만 표시하는 등급제 수능으로 바뀌었습니다. 수능의 위력을 떨어뜨리겠다는 의도가 컸죠. 그러다가 변별력 논란이 벌어졌고, 이명박 정부가 들어서자 등급제는 폐지되며 다시 점수제로 돌아가게 되었습니다.

2008학년도부터는 2004년에 발표한 '2008 대입제도 개선안'이 적용되었는데, 내신 부풀리기 방지를 위해 '원점수+평균+표준편차+9등급제'를 실시했습니다. 대입 전형도 개편해 입학사정관 전형을 도입하고, 사회배려자 전형을 활성화했습니다. 이미 2007학년도에 입학사정관 지원사업을 통해 학생부와 각종 외부 경험을 종합적으로 정성평가

하는 입학사정관제 도입을 유도한 바는 있었습니다. 또 이 시기에 대입 전형 기본 사항 수립 권한이 한국대학교육협의회로 이관되었습니다.

2014학년도 수능은 표면적으로 비교적 큰 변화를 맞이했습니다. 언어, 수리, 외국어 영역의 명칭을 교과 중심의 국어, 수학, 영어 영역으로 변경했죠. 명칭의 변화는 수능의 개념 변화를 가져와야 하지만 실제 큰 변화는 없었습니다. 다만 수준별 시험이 도입되면서 쉬운 A형과 보통 수준의 B형으로 나뉘어 응시하게 되었습니다. 그러나 다음 해인 2015학년도에 영어 수준별 시험이 폐지되면서 수준별 시험은 점차 사라졌습니다.

2014학년도에는 대입 전형 간소화라는 게 등장했습니다. 대입 전형 간소화 중 수시는 학생부종합, 학생부교과, 논술, 실기 위주의 네 개 전형으로, 정시는 수능, 실기 위주의 두 개 전형으로 개편하는 것을 중심으로 공인어학성적, 교외수상 등 학교 외부 실적은 평가에서 배제하고, 학생부 중심의 평가로 전환했습니다. 이미 말한 바와 같이 수준별 수능(A/B형)은 폐지되었습니다.

지금까지 이야기한 연도별 중요한 변화를 정리하면 이렇습니다. 2002학년도 대입 전형부터는 수시가 수능과 더불어 양대 입시제도로 자리 잡았습니다. 2005학년부터는 수능 원점수를 폐지하고 영역과 과목별 표준점수, 백분위를 도입했습니다. 2007학년도 입시부터는 입학사정관제 전형제도를 시행했고, 2012학년도부터는 사회탐구와 과학탐구 선택과목의 수를 세 과목으로 축소했습니다. 2014학년도부터는 수

준별 수능 도입으로 국어, 영어, 수학을 A/B로 나뉘어 출제했고, 사회
탐구와 과학탐구 선택과목의 수를 두 과목으로 축소했습니다. 2017학
년도부터는 국어와 수학 수준별 시험을 완전히 폐지했으며, 한국사를
필수과목으로 지정하는 동시에 절대평가로 전환했습니다. 2018학년
도부터는 사교육을 억제한다는 이유로 영어를 절대평가로 전환했고,
2022학년도부터는 제2외국어와 한문을 절대평가로 전환했습니다.

| 대입제도 변천사 |

학년도	주요 내용
1945~1953	• 대학별 단독시험제 - (정부)시험 기일, 시험 과목 일부 결정/(출제, 선발)대학 자율
1954	• 대학 입학 국가연합고사 및 대학별고사 - 연합고사를 거쳐 대입 정원의 1.3배수까지 대학별고사 응시 자격 부여 - 커닝 등 공정성 논란으로 폐지
1955~1961	• 대학별 단독시험제
1962	• 대학 입학 자격 국가고사제 - 국가고사 성적+대학별고사+면접 등 총점으로 합격 결정 - 국가고사 탈락으로 인한 대량 미달 사태 발생, 일률적 시험으로 대학 자율성 저해 비판으로 도입 1년 만에 제도 변경
1963	• 대학 입학 자격 국가고사제 - 국가고사(통과 시 입학 자격 부여) → 대학별고사 실시 - 자격고사가 학생에게 이중 부담, 고등학교가 자격고사 준비 기관으로 전락, 대학 자율성 무시 등 비판으로 폐지
1964~1968	• 대학별 단독시험제
1969~1980	• 대학입학예비고사와 대학별 본고사제 - (~72)예비고사→대학별고사 실시 - (~80)예비고사+대학별고사 총점으로 합격 결정, 일부 대학은 예비고사만으로 선 발 또는 고교 내신 반영

1981	• 본고사 폐지, 과외 금지, 내신 성적과 예비고사로 선발 • 졸업정원제로 대학 입학 정원 증대, 대량 미달 사태 발생
1982~1985	• 대학입학학력고사, 고교내신제 - 학력고사 50% 이상, 내신 30% 이상으로 선발 - 학력고사 점수로 대학 서열화, 고교 간 내신 형평성, 객관식 문제로 인한 창의력 저하 및 대학 자율성 저해 비판
1986~1993	• 대학입학학력고사, 고교내신제 및 논술고사 - 학생들의 사고력 제고를 위해 논술고사 신설(10% 이내 반영) - 눈치작전 예방을 위해 선지원 후시험으로 변경
1994~1996	• 대학수학능력시험, 고교 내신, 대학별고사 - 대학별로 대입 전형 요소 반영 비율, 방법 자율 결정
1997~2001	• 대학수학능력시험, 학교생활기록부, 대학별고사 - 본고사 금지, 학교생활기록부 도입, 대학별 다양한 전형 실시
2002~2007	• 대학수학능력시험, 학교생활기록부, 대학별고사 - 선택형 수능 도입(2004~), 직업탐구 영역 신설
2008	• 대학수학능력시험, 학교생활기록부, 대학별고사 - 수능 성적은 9등급만 제공(표준점수, 백분위 미제공) - 학생부 신뢰도 제고를 위해 내신 부풀리기 방지차 원점수+평균+표준편차+9등급제 제공 - 2008 대입제도 개선안(2004. 10. 28.) 적용
2009	• 대학수학능력시험, 학교생활기록부, 대학별고사 - 수능에 다시 표준점수, 백분위 등 제공
2014~2021	• 대학수학능력시험, 학생부, 대학별고사 - 수시는 학생부교과 전형, 학생부종합 전형, 논술 전형, 실기 전형(특기자 전형 포함) - 정시는 수능 전형, 실기 전형 • 수능시험 변화 - 국·영·수 A/B형(2014), 영어 A/B형 폐지(2015), 국·수 A/B형 폐지 및 한국사(절대평가) 필수(2017), 영어 절대평가(2018)
2022~2027	• 대학수학능력시험, 학생부, 대학별고사 - 개정 교육과정에 의해 수능에서 공통과목과 선택과목으로 나누어짐 - 교사 추천서와 자기소개서가 점차 폐지됨

(출처: 대입제도 개편 공론화 숙의자료집)

2027학년도까지는 현행 수능 유지

2028학년도 새 대입제도의 개편 전인 2027학년도까지 시행될 수능은 다음과 같은 내용으로 치러집니다. 시험 영역은 국어, 수학, 영어, 한국사, 탐구(사회·과학·직업), 제2외국어/한문 영역으로 구분됩니다. 한국사는 모든 수험생이 반드시 응시해야 하는 필수 영역이고 나머지 영역은 수험생 자신의 선택에 따라 전부 또는 일부 영역에 응시할 수 있습니다. 국어, 수학 영역은 '공통과목+선택과목' 구조에 따라 공통과목은 공통 응시하고, 영역별 선택과목 중 한 개 과목을 선택해 응시합니다. 국어 영역의 선택과목은 화법과 작문, 언어와 매체이고 수학 영역의 선택과목은 확률과 통계, 미적분, 기하입니다. EBS 수능교재, 강의와 연계해 출제하되 교육과정에서 중요하게 다루는 개념과 원리 중심으로 연계 체감도를 높여 출제합니다.

국어 영역은 교육과정에 제시된 국어 교과의 독서, 문학, 화법과 작문, 언어와 매체 과목을 바탕으로 다양한 소재의 지문과 자료를 활용해 출제하고, 탐구 영역은 사회, 과학, 직업탐구로 이루어지며, 사회탐구와 과학탐구는 누구나 선택할 수 있으나 직업탐구는 산업 수요 맞춤형 및 특성화 고등학교 전문교과Ⅱ 교육과정을 36단위 이상 이수한 사람만 응시할 수 있습니다.

사회탐구와 과학탐구 영역은 17개 과목(생활과 윤리, 윤리와 사상, 한국지리, 세계지리, 동아시아사, 세계사, 경제, 정치와 법, 사회·문화, 물리학Ⅰ, 화학Ⅰ, 생명과학Ⅰ, 지구과학Ⅰ, 물리학Ⅱ, 화학Ⅱ, 생명과학Ⅱ, 지구과학Ⅱ)으로 구성되며, 과목당 20문항씩 출제됩니다. 이 중 최대 두 개 과목을 선택할 수 있습니다.

직업탐구 영역은 여섯 개 과목 중 최대 두 개 과목을 선택할 수 있으며, 두 개 과목 선택 시에는 전문 공통과목인 '성공적인 직업생활'을 응시해야 합니다. 제2외국어와 한문 영역은 아홉 개 과목 중 한 개 과목을 선택할 수 있습니다. 다음은 2027학년도까지의 영역별 출제 범위와 시험 시간표입니다.

| 수능 영역별 출제 범위 |

구분 영역		문항 수	출제 범위(선택과목)
국어		45	· 공통과목: 독서, 문학 · 선택과목(택 1): 화법과 작문, 언어와 매체 · 공통 75%, 선택 25% 내외
수학		30	· 공통과목: 수학Ⅰ, 수학Ⅱ · 선택과목(택 1): 확률과 통계, 미적분, 기하 · 공통 75%, 선택 25% 내외
영어		45	영어Ⅰ, 영어Ⅱ를 바탕으로 다양한 소재의 지문과 자료를 활용해 출제
한국사(필수)		20	한국사를 바탕으로 우리 역사에 대한 기본 소양을 평가하기 위한 핵심 내용 위주로 출제
탐구	사회탐구 과학탐구	과목당 20	생활과 윤리, 윤리와 사상, 한국지리, 세계지리, 동아시아사, 세계사, 경제, 정치와 법, 사회·문화, 물리학Ⅰ, 화학Ⅰ, 생명과학Ⅰ, 지구과학Ⅰ, 물리학Ⅱ, 화학Ⅱ, 생명과학Ⅱ, 지구과학Ⅱ 17개 과목 중 최대 택 2
	직업탐구	과목당 20	1과목 선택: 농업 기초 기술, 공업 일반, 상업 경제, 수산·해운 산업 기초, 인간 발달 중 택 1 2과목 선택: 성공적인 직업생활+위 5개 과목 중 택1
제2외국어/한문		과목당 30	독일어Ⅰ, 프랑스어Ⅰ, 스페인어Ⅰ, 중국어Ⅰ, 일본어Ⅰ, 러시아어Ⅰ, 아랍어Ⅰ, 베트남어Ⅰ, 한문Ⅰ 9개 과목 중 택 1

수험생 입실 완료 시간은 1교시가 오전 8시 10분까지(1교시를 선택하지 않은 수험생도 포함)이며 2, 3, 4, 5교시는 매 교시 시험 시작 10분 전까지입니다. 문항의 형태는 5지선다형으로 하며, 수학 영역에서는 단답형 문항을 30% 포함하되 정답은 답안지에 표기합니다. 문항당 배점은 국어, 영어, 한국사, 탐구(사회·과학·직업)영역이 2, 3점, 수학 영역은 2, 3, 4점이며, 제2외국어/한문 영역은 1, 2점으로 차등 배점합니다.

| 시험 시간표 |

교시	시험 영역	시험시간	배점	문항수	비고
1	국어	08:40~10:00(80분)	100	45	
2	수학	10:30~12:10(100분)	100	30	· 단답형 30% 포함
3	영어	13:10~14:20(70분)	100	45	· 듣기평가 문항 17개 포함(13:10부터 25분 이내)
4	한국사, 탐구(사회·과학·직업)	14:50~16:37(107분)			
	한국사	14:50~15:20(30분)	50	20	· 필수 영역
	한국사 영역 문·답지 회수 탐구 영역 문·답지 배부	15:20~15:35(15분)			· 문·답지 회수와 배부 및 탐구 영역 미선택자 대기실 이동
	탐구(사회·과학·직업) 시험: 2과목 선택자	15:35~16:05(30분)	50	20	· 선택과목 응시 순서는 응시원서에 명기된 탐구영역별 과목의 순서에 따라야 함
4	시험 본 과목 문제지 회수	16:05~16:07(2분)			
	탐구(사회·과학·직업) 시험: 1~2과목 선택자	16:07~16:37(30분)	50	20	· 문제지 회수 시간은 2분
5	제2외국어/한문	17:05~17:45(40분)	50	30	

어떤 전형을 공략할지 결정하고 대비하라

2013년 9월 23일 확정 발표된 '대입 전형 간소화 및 대입제도 발전 방안'에 의해 2015년부터 대학입시 전형은 학교별 여섯 개로 제한된 대입 전형 체계로 치러집니다. 입학사정관 전형을 학생부 전형으로 포함하고, 특기자 전형 규모는 축소했죠. 대입 전형을 쉽게 이해할 수 있도록 핵심 전형 요소 위주로 표준화한 대입 전형을 치러야 합니다.

좀 더 구체적으로 살펴보면, 수시 모집은 학생부교과 전형, 학생부종합 전형, 논술 위주 전형, 실기 위주 전형 이렇게 네 가지 유형으로 표준화하며, 정시 모집은 수능 위주 전형과 실기 위주 전형 두 가지 유형으로 표준화했습니다. 몇 년에 걸쳐 표준화한 대입제도를 표로 나타내면 다음과 같습니다.

| 표준 대입 전형 체계 |

모집 시기	전형 유형 및 주요 전형 요소		핵심 전형 요소
수시 (6회)	학생부 위주*	(학생부교과)교과 중심	내신 성적+(최저등급/면접) 내신 성적+서류 정성평가
		(학생부종합)교과, 비교과	내신 성적+교과 연계 활동, 면접+(최저등급)
	논술 위주	논술 등	논술+최저등급/논술 성적
	실기/실적 위주**	실기 등	어학, 수학, 과학, 예체능, SW특기자(특기 등 증빙자료 활용 가능)

184 × 185

정시 (3회)	수능 위주	수능 등	수능 성적
	실기/실적 위주	실기 등	예체능 특기자(특기 등 증빙자료 활용 가능)

* 학생부 위주 전형 유형은 학생부를 주된 전형 요소로 하는 전형으로 다음과 같이 구분됨
학생부교과 전형: 학생부 교과 성적을 중심으로 평가하는 전형
학생부종합 전형: 입학사정관 등이 참여해 학생부를 중심으로 학생을 종합평가하는 전형
** 실기/실적 위주 전형 유형에는 '특기자 전형'이 포함되나, 특기자 전형은 모집 단위별 특성 등 특별한 사유가 있는 경우에 한해 제한적으로 운영해 모집 규모를 축소할 것을 권장하며, 외부 실적보다 학생부 중심의 평가를 권장

다음으로는 학생부교과 전형, 학생부종합 전형, 수능 위주 전형의 전형별 특징에 대해 알아보겠습니다. 이 유형 분류는 당분간 변함이 없을 듯합니다.

① 학생부교과 전형

학생부교과 전형은 학생부교과 성적을 중심으로 평가하는 전형으로 대입 전형 방법 중 모집인원 규모가 가장 큰 전형입니다. 대부분의 대학에서는 학생부교과 100, 학생부교과+면접, 학생부교과+서류(비교과) 등의 전형 요소를 활용해 일괄 또는 단계별 전형을 실시합니다. 정성평가를 하는 곳도 늘어났죠. 학생부교과 성적은 대학별로 학생부 반영 교과목 수, 학년별 반영 비율, 교과 성적 산출지표, 이수 단위 반영 여부 등을 각각 다르게 산출합니다. 교과 100으로 선발하는 경우, 수능 최저 학력 기준을 적용하기도 하고, 적용하지 않기도 합니다. 면접도 마찬가지입니다. 수능 최저 학력 기준의 적용이 있는 대학은 수능 최저

학력 기준 충족이 당락의 가장 기본이므로 모의평가 등을 통해 가능 여부를 살펴 지원해야 합니다.

학생부교과 전형은 전형 요소, 수능 최저 학력 기준, 모집 인원, 전년도 경쟁률 등의 여러 가지 변수에 따라 경쟁률과 합격선이 많이 달라집니다. 지역균형 전형의 실시로 여기에 추천 인원의 제한 여부, 졸업생 추천 가능 여부 등도 고려해야 할 요소입니다. 지난해의 결과뿐만 아니라 전형 요소, 추첨 여부, 수능 최저 학력 기준의 신설, 폐지, 완화, 강화 등의 변화를 고려해 지원에 대한 유불리를 판단해야 합니다.

최근에는 진로 선택과목의 중요도가 높아졌습니다. 학생 선택 중심 교육과정인 '2015 개정 교육과정'의 특성에 맞게 다양한 과목 이수 경력을 가진 학생이 지원하는 점을 고려해 대학은 진로 선택과목을 반영하거나 반영 범위를 확대하는 경향입니다. 기존의 학생부교과 전형은 학생부종합 전형이나 논술 전형 등 다른 전형에 비해 상대적으로 경쟁률이 낮은 편이었습니다. 학생부교과 등급을 정량적으로 반영하는 학생부교과 전형은 어느 정도 합격 가능성을 예측할 수 있어 안정 지원하는 사례가 많습니다. 따라서 교과 성적이 높은 한 명의 지원자가 여러 대학에 중복으로 합격하는 경우가 많아 추가 합격의 기회가 많습니다. 더욱이 지역균형 전형의 경우, 학교장 추천을 받아야 하기에 중복 추천에 의한 중복 합격자가 많아지고 충원 합격률도 높아지는 양상을 보입니다.

학생부교과 전형의 준비는 학생부교과 성적이 기본이며 수능 최저 학력 기준을 충족하기 위한 수능 준비도 병행해야 합니다. 그리고 내가 알고 있는 나의 등급보다는 대학별 환산 점수에 따른 지원을 고려해야 합니다. 학생부교과 성적을 반영하는 방법은 대학에 따라 반영 교과 범위, 반영 과목의 수, 교과 성적 산출지표(등급, 원점수 등), 학년별 반영 비율, 교과별 반영 비율, 진로 선택과목 반영 방법 등이 다릅니다. 대체로 인문계 모집 단위에서는 국어, 수학, 영어, 사회 영역의 교과를, 자연계 모집 단위에서는 국어, 수학, 영어, 과학 영역의 교과를 반영하지만 '2015 개정 교육과정'의 취지를 살려 계열 구분 없이 국어, 수학, 영어, 사회, 과학 영역의 교과를 반영하는 대학도 상당수 있습니다. 따라서 학생에게 가장 유리하게 적용하는 조합을 확인할 필요가 있죠. 전형 방법에 따르는 면접, 서류에 대한 준비를 철저히 해야 합니다.

② 학생부종합 전형

학생부종합 전형은 입학사정관 등이 참여해 학생부를 중심으로 면접 등을 통해 학생을 종합평가하는 전형으로 수도권 지역 등 중상위권 대학에서 가장 많은 인원을 선발하는 전형입니다. 서류와 면접 등을 통해 일괄 선발하는 대학도 있지만 대부분의 대학에서는 단계별 전형을 실시합니다. 1단계에서 서류평가를 실시해 일정 배수를 선발한 다음 2단계에서 1단계 성적과 면접점수를 합산하거나 면접평가 100%를 반영해 최종적으로 선발합니다. 2단계 면접에서는 서류의 진위 확인과 전공 소양, 인성 등을 평가합니다.

2024학년도부터 학교생활기록부의 수상경력, 자율동아리, 개인봉사활동, 독서활동 등이 대입에 반영되지 않습니다. 이에 따라 내신 성적, 즉 교과 성취도와 교과활동이 더욱 중요해졌습니다. 또한 정규동아리, 교내봉사활동이 반영되므로 교내활동에서의 학교생활 충실도 역시 더욱 중요해졌습니다. 독서활동 상황은 대입에 반영되지 않지만 학교생활기록부 기재 요령에 따라 교과 수업이나 창의적 체험활동을 통해 이루어진 독서활동을 정성적으로 기재할 수 있습니다.

자기소개서 폐지, 학교생활기록부 대입 미반영 항목의 증가 등의 이유로 과목 선택, 세부능력 및 특기사항, 창의적 체험활동 등을 중심으로 평가하려는 노력이 커질 것으로 보입니다. 학생부는 고등학교 3년 동안 학생이 어떻게 생활했는지 보여주는 공식 자료이므로 교과 성적뿐 아니라 창의적 체험활동(자율활동, 봉사활동, 동아리활동, 진로활동), 세부능력과 특기사항, 행동 특성과 종합의견 등 학생부에 기재된 일부 항목을 통해 기초 학업 역량이나 전공 적합성, 발전 가능성, 인성 등을 종합적으로 평가합니다. 최근에는 이 네 가지 역량이 학업 역량, 진로 역량, 공동체 역량으로 변경된 대학이 많습니다. 대부분 수능 최저 학력 기준을 적용하지 않지만 서울 주요 대학의 경우에는 적용합니다.

학생부종합 전형은 교과과정에 따른 학생의 자기주도적 과목 선택을 중요하게 평가합니다. 각 대학에서 제시한 이수 권장과목 및 각 시도교육청에서 발행한 선택과목 안내서 등을 참고해 자신의 진로 분야에 맞는 과목을 이수하는 게 중요합니다.

| 학생부종합 전형 공통 평가 요소 및 항목 |

순번	평가 요소	평가 항목	평가 내용	주요 확인 영역
1	학업 역량	학업성취도	고교 교육과정에서 이수한 교과의 성취 수준이나 학업 발전의 정도	- 교과 학습 발달 상황 - '세부능력 및 특기사항'
		학업태도	학업을 수행하고 학습해 나가려는 의지와 노력	
		탐구력	지적 호기심을 바탕으로 사물과 현상에 대해 탐구하고, 문제를 해결하려는 노력	
2	진로 역량	전공(계열) 관련 교과 이수 노력	고교 교육과정에서 전공(계열)에 필요한 과목을 선택해 이수한 정도	- 창의적 체험활동 상황 - 교과 학습 발달 상황 - '세부능력 및 특기사항' - 행동 특성 및 종합의견
		전공(계열) 관련 교과 성취도	고교 교육과정에서 전공(계열)에 필요한 과목을 수강하고 취득한 학업 성취 수준	
		진로 탐색 활동과 경험	자신의 진로를 탐색하는 과정에서 이루어진 활동이나 경험 및 노력 정도	
3	공동체 역량	협업과 소통 능력	공동체 목표를 달성하기 위해 협력하며, 구성원들과 합리적인 의사소통을 할 수 있는 능력	- 창의적 체험활동 상황 - '세부능력 및 특기사항' - 행동 특성 및 종합의견
		나눔과 배려	상대방을 존중하고 이해하며, 타인을 위해 기꺼이 나누어주고자 하는 태도와 행동	
		성실성과 규칙 준수	책임감을 바탕으로 자신의 의무를 다하고, 공동체의 기본 윤리와 원칙을 준수하는 태도	
		리더십	공동체의 목표 달성을 위해 구성원들의 상호작용을 이끌어가는 능력	

학생부종합 전형을 준비하려면 교과 수업에 적극적으로 참여해 교과 내용을 의미 있는 지식으로 만들어야 합니다. 학교생활기록부를 중심으로 학생의 역량을 파악하므로 교과 수업에 적극적으로 참여해 자신의 학업 역량을 드러내야 합니다. 교과에서 배운 내용을 창의적 체험활동과 독서로 연계하고 심화와 확정 단계로 나아가야 하며, 창의적 체험활동을 통해 자신의 진로에 대한 관심사를 적극적으로 탐색해야 합니다. 또한 창의적 체험활동은 교과와의 연계를 통해 교과 기반 심화탐구 역량을 드러내야 합니다. 독서활동을 통해 지식을 깊이 있게 탐구하고 자기주도적인 탐구 능력을 보여야 합니다.

③ 수능 위주 전형

정시 모집의 대표적 전형인 수능 위주 전형은 수능 성적이 핵심 전형 요소입니다. 정시 전형은 대부분의 대학이 수능 100%로 선발합니다. 그러나 주요 대학의 경우에는 수능 100%를 반영하지만 일부 대학에서는 학생부 성적을 부분적으로 반영하기도 합니다. 많은 전문가들은 2028 대입 개편안에 의해 정시모집에도 내신을 반영하는 대학이 늘어날 가능성도 이야기합니다. 대학교별로 활용하는 수능 성적지표(표준점수, 백분위, 등급)와 반영 영역, 비율 등은 모두 다릅니다.

많은 상위권 대학에서는 수능 성적통지표의 표준점수나 백분위에 따른 대학별 변환표준점수를 사용하고, 중위권 이하 대학에서는 백분위 점수를 더 많이 활용합니다. 영어와 한국사는 등급에 따른 가산점을 부여하기도 하고 감점하거나 등급별 점수를 배정하기도 합니다. 보통 주요 대학의 수능 반영 지표는 국어와 수학 영역은 표준점수를, 탐구 영역은 백분위에 따른 대학변환표준점수를 활용하며, 영어 영역은 대학에서 정한 등급에 따른 점수를 반영합니다.

④ 대학별고사

주로 논술고사를 가리킵니다. 교육부는 대학별고사(논술고사 등)는 가급적 시행하지 않도록 하고, 대학별고사보다는 학교생활기록부, 수능 등 대다수의 학생이 준비하는 전형 요소 중심으로 시행하도록 권장합니다. 그럼에도 불구하고 수시 모집에서 대학별고사를 실시하는 경우에는 제약이 있죠.

대학별고사는 학생과 학부모의 불안, 사교육비 증가 등의 우려를 감안해 과거 국영수 중심의 본고사 형태의 지필고사가 되지 않도록 해야 합니다. 논술고사를 고교 교육과정 범위와 수준 내에서 출제해 학생 스스로 논술을 준비할 수 있도록 해야 하고, 고교 교육과정 범위와 수준 내에서 논술고사 문제를 출제하기 위해 고교 교사를 논술고사 자문위원으로 위촉할 것을 권장하죠.

교과 중심의 문제풀이식 구술형 면접은 가급적 지양하고 적성고사는 실시할 수 없습니다. '공교육 정상화 촉진 및 선행교육 규제에 관한 특별법' 제10조에 따라 대학별고사를 실시하는 대학의 장은 고교 교육과정의 범위와 수준을 벗어난 내용을 출제하거나 평가해서는 안 됨니다. 대학별고사를 실시하는 경우에는 선행학습을 유발하는지에 대한 영향평가를 실시하고, 그 결과를 다음 연도 입학 전형에 반영해야 하죠. 각 대학별로 '선행학습 영향평가 결과보고서'를 입학처 홈페이지에 발표하는데 전년도 출제 문항의 의도와 제시문, 해석 및 해설, 모범답안 등의 내용이 담겨 있어 대학별고사 대비를 위한 필수 안내서와 다름 없으니 반드시 확인해야 합니다.

　대학별고사를 실시하는 대학의 경우에는 원서 접수 전에 시험 일자와 시간을 고지해 수험생이 정확한 정보를 확인하고 지원할 수 있도록 해야 합니다. 그런데 논술 전형은 추가 합격의 기회가 많지 않습니다. 수시 모집 결과를 분석해보면 대부분 학생부교과 전형 〉 학생부종합 전형 〉 논술 전형 순으로 충원율이 높습니다.

왜 바꾸는지 알면 중요한 게 무엇인지 보인다

수능이 30년이 넘어가면서 기존의 대입제도에 대한 개편 필요성이 대두되었습니다. 수능은 한날한시에 실시하는 시험으로 객관적이고 단순하다는 장점에도 불구하고 5지선다형 문제풀이식의 공부가 다음 세대에는 적당하지 않다는 평가가 주를 이루었죠. 더군다나 4차 산업혁명이 주를 이루고, '2022 개정 교육과정'의 적용과 고교학점제의 본격적인 실시로 새로운 대입제도의 개편이 불가피해졌습니다.

　새로운 대입제도를 연구한 학자들은 여기에서 근본적인 질문을 던집니다. 대입제도의 본질적인 기능은 무엇인지, 2028학년도 대입제도 개편에서 어떤 기능의 회복이 가장 시급한지 말이죠. 대입제도의 교육적 기능으로 전문가들은 고교 교육에서 달성해야 할 교육의 수준과 성취 수준을 제시하고 고등학교 이하 학교 교육의 방향, 내용, 방법이 갖는 영향력을 고려해 고등학교 교육의 정상화 방향을 제시하거나 유도하는 것을 언급합니다.

그리고 무엇보다도 대학에서 수학할 적격자를 선발하는 역할을 가져야 한다고 합니다. 좋은 제도는 수치로 대변되는 성적 중심의 우수학생만을 선발하는 게 아니라 대학별, 학과(계열)별로 다양한 능력과 재능을 가진 우수학생을 선발하는 것입니다. 그리고 우리나라가 당면하고 있는 학령인구 감소에 따른 대학 미충원 문제를 해결해야 할 당위성도 가지고 있죠. 물론 그 이면에는 사회적 약자에 대한 고등교육 기회를 확충하는 기능도 한자리 차지하고 있을 것입니다.

그리고 대학 입학제도가 추구해야 할 가치도 있습니다. 그것은 타당성과 공정성입니다. 타당성이란 대학 적격자 선발의 적절성을 말합니다. 공정성이란 대학입시를 치름에 있어서 부모 배경 등 외부 요인 없이 공평하고 올바르게 치러지는 것을 의미합니다. 특히 우리나라에서는 공정성이 중요하게 작용합니다. 능력주의 사회에서 가정환경이나 기타 외적인 요인 없이 모두가 노력하면 원하는 것을 얻을 수 있다는 것을 전제로 합니다.

이런 사회에서 개개인의 능력을 가장 공정하게 측정할 수 있는 방법이 시험입니다. 다른 영향력을 최소화하고 개인의 능력과 노력을 측정하는 데는 객관화된 시험이 가장 적합하다는 생각이 깔려 있습니다. 그래서 절차의 객관성과 투명성을 통한 공정성 확보가 강조됩니다. 그런데 이런 공정성을 실현하려면 교육 기회의 형평성과 대학의 자율성도 고려해야 하기에 지혜가 필요합니다. 여기에 전형 운영의 투명성과 신뢰성까지 고려해야 하는 부담이 있습니다.

그래서 2028학년도 새로운 대입제도를 구현하기 위해 전문가들이 많은 내용을 고민했습니다. KEDI의 김주아 박사가 열거한 고민이 대표적입니다. 우선 대입 전형의 구조 면에서 보면 수시와 정시가 고민스럽습니다. 대학생활 성과(학업성취도, 학교생활만족도, 학교생활적응도), 적용(학업적 적용, 사회적 적용-교우관계와 교수와의 관계), 대학 환경 적용(수업만족도, 대학생활만족도), 취업 성과 등을 볼 때 다음과 같은 의문이 듭니다.

> 수시(학생부 중심) 전형과 정시(수능 중심) 전형 중 어떤 것이 더 타당한가?
> 수시(학생부 중심) 전형과 정시(수능 중심) 전형 중 어떤 것이 더 공정한가?
> 수시(학생부 중심) 전형과 정시(수능 중심) 비율은 어느 정도가 적절한가?
> 수시와 정시 통합은 전형의 타당성을 제고할 수 있는가?

여기에 수능시험에 대한 고민도 더해집니다.

표준화된 시험을 통한 선발의 공정성, 효율성 강화를 위한 수능의 역할은 무엇인가?
고등학교 교육과정 연계를 기반으로 고교 교육을 정상화하는 데에 수능의 역할은 무엇인가?

현재 수능에 대해 사회적으로 개선을 요구하는 영역들이 있는데 이 또한 해결해야 할 과제입니다. 수능과 교육과정에 괴리가 있습니다. 수능을 위해 문제풀이식 수업이 진행되는 등 고교 교육과정의 파행적 운영도 해결해야 합니다. 현재의 수능은 고차원적 사고 능력을 측정하는 데에 한계가 있기에 서술형 평가를 도입하자는 목소리가 있습니다. 이는 IB(국제 바칼로레아) 교육과정을 도입하자는 사람들이 주장하는 바와도 같습니다. 수능의 영향력 축소가 필요하고, 절대평가 자격고사화가 필요하다는 의견도 있습니다. 이런 문제들도 해결해야 할 과제입니다.

새로운 대입제도의 구안에는 수능만이 아니라 내신 평가제도 과제도 산적해 있습니다. 우선 '성취평가제의 신뢰성을 어떻게 확보할 것인가?' 하는 문제입니다. 학교마다 다른 고정분할점수와 단위학교산출분할점수의 적용도 문제점이 있습니다. 이를 두고 대학에서 해석을 어떻게 하는지도 고민입니다. 공통과목에서 절대평가와 상대평가(석차 등급 병기)의 공존은 가능한지, 학생부 정보는 학생들의 전공적합성과 학업 성취 수준을 평가하는 데에 필요한 정보를 제공하고 있는지 의문입니다. 학생부 기재 사항에서 학생들을 평가할 수 있는 적절한 맥락 정보를 제공하고 있는지, 블라인드 전형, 고교프로파일 폐지로 학교 교육과정 개설 현황과 여건 파악의 어려움 등도 해결해야 할 과제입니다.

이런 모든 문제를 해결하면서도 교육과정과 무리 없이 어울리는 대입제도를 만들기란 쉬운 일이 아닙니다. 대입의 공정성 문제만 해도 그렇죠. 2019년 11월 28일, 교육부는 대입제도 공정성 강화 방안을 발표했습니다. 당시 입시 경쟁이 집중되고 있는 서울 소재 대학은 학종과 논술 위주 전형을 선호해 수능 등 타 전형에 비해 운영 비중이 높은 상황이었습니다. 학생과 학부모는 학생부종합 전형을 불공정한 전형으로 인식하고 있었고, 학생 본인의 역량이나 노력보다는 고교 유형과 부모 능력 등 외부 환경의 영향력이 크다는 인식이 확산되어 평가 결과에 대한 불신이 발생했죠.

교육부의 실태 조사 결과 학생부종합 전형의 불공정 요소가 확인되었습니다. 예를 들어 학종 운영 과정에서 고교프로파일 등을 통해 출신 고교의 영향력이 발생할 수 있고, 전형 자료가 10분 내외로 평가되는 등 부실 운영 정황이 발견된 거죠. 학종 운영 기반에서 평가 요소, 배점 기준 등 평가 정보가 투명하게 공개되지 않고 입학사정관의 전문성이 확보되지 않는 등 미흡한 점이 있었다는 겁니다. 학종 선발 결과를 보면 과학고 〉 외고·국제고 〉 자사고 〉 일반고 순의 서열화된 고교 체제가 나타났으며 소득별, 지역별 격차도 확인되었습니다.

이에 교육부는 이 문제점을 해결하기 위해 애를 썼습니다. 고교 유형에 따른 유불리가 발생하지 않도록 고교의 후광효과를 차단하고, 어학 등 특기자 전형을 점진적으로 폐지하며, 고교서열화를 해소하고 일반고의 역량을 강화했습니다. 일부 대학에서 서류평가 시간이 5분 미만인 경우가 전체의 35%라는 점을 파악해 적정한 사정관을 확보하고 세부 평가 단계에서도 다수 평가를 실시하는 방침을 정했습니다. 평가 기준 등 정보 공개 확대, 면접관 동일 학과 연임 금지, 회피 배제 강화 등의 조치도 취했습니다. 지역균형 전형을 점진적으로 확대해 지역 간 불균형을 해소하고 기회균형 전형을 확대해 저소득층의 실질적 입학 기회를 보장하기로 했습니다.

이런 노력을 좀 더 구체적으로 살펴보면 다음과 같습니다. 대입 전형 자료의 공정성 강화를 위해 부모 배경 등 외부 요인을 차단합니다. 학생 개인의 능력이나 성취가 아닌 부모 배경, 사교육 등 외부 요인이 대입에 미치는 영향을 차단하도록 학생부 자기소개서, 교사추천서를 개선합니다(궁극적으로 이 둘은 폐지되었습니다). 정규 교육과정 외의 비교과활동을 대입에 반영하는 것을 폐지하고 학생부 기재 항목을 축소했죠. 자율동아리활동, 독서활동과 수상 경력을 대입에 반영하지 않는 게 대표적입니다. 부모나 사교육의 영향력이 학생부 생성 단계에서부터 개입되어 학종의 공정성을 해친다는 지적이 있어왔기 때문입니다.

자기소개서를 단계적으로 폐지했는데 처음에는 문항 및 글자 수를 축소(2022학년도)하고, 2024학년도에는 완전히 폐지하는 절차를 밟습니다. 교사추천서도 2022학년도에 폐지했습니다. 또 교육부는 학교와 교사의 책무성을 강화해 학생부 등 대입 전형 자료가 공정하게 기록 될 수 있도록 교원들의 평가 기록 역량을 강화하고 비위 교원과 학교는 엄정하게 조치합니다. 이를 위해 '수업-평가-기록' 역량 강화를 위한 교원 연수 모듈을 개발하고 연수를 확대하며 고교 교사-입학사정관 간 연계 프로그램을 추진했습니다. 학생부 '교과 세부능력 및 특기사항' 기재를 단계적으로 필수화하고, 기재 표준안을 현장에 보급했습니다.

학생부 비교과 영역의 대입 반영을 축소하면, 학종이 무력화되는 게 아닌가 하는 비판이 있었습니다. 하지만 교육부는 각 대학은 여전히 '정규 교육과정 내 비교과 영역' 및 '교과세특', '행동특성 및 종합의견'을 종합적으로 검토해 학생 선발에 활용할 수 있다고 주장합니다. 특히 교과세특은 3년간 총 40여 명의 교과 담당 교사가 해당 학생의 수업 참여도와 성취도를 관찰하고 평가한 '360° 다면 평가 결과'이므로, 전형 자료로 충분히 의미 있게 활용할 수 있을 것이라고 설명했습니다.

무엇보다 중요한 조치는 정시 모집 확대 권고입니다. 교육부는 학종과 논술 위주 전형으로 쏠림이 있는 서울 소재 16개 대학을 대상으로 2023학년도까지 수능 위주 전형 40% 이상 완성을 권고합니다. 그러면서 미래 사회에 필요한 역량 평가 방식 및 고교학점제 등 교육정책을 종합적으로 반영한 새로운 수능 체계 마련을 예고합니다. 현행 객관식 평가 방식으로는 미래 인재 양성에 한계가 있으며, 4차 산업혁명과 인구절벽 등의 사회구조 변화에 적극적으로 대응할 수 있는 교육 비전과 이를 담아낼 새로운 수능 체계가 필요하다는 논리였습니다.

고교학점제가 대입에 적용되는 2028학년도 도입을 목표로, 공정성에 대한 국민들의 눈높이를 충족시키고 미래 사회에 필요한 역량을 평가할 수 있는 새로운 수능 체계를 마련하고자 노력했는데, 이번 2028학년도 대입제도가 그 노력의 결실입니다.

현 정부의 대입 공약에 힌트가 있다

2022년 대통령 선거 당시 윤석열 후보는 부모 찬스 없는 공정한 대입제도를 만들겠다고 천명했습니다. 2020학년도 대학입시에서 수시 모집이 전체 모집 비율의 77.3%나 되었고, 수시의 큰 비중을 차지하고 있는 학생부종합 전형은 일명 '깜깜이 전형'으로 불릴 정도로 공정성과 투명성 문제가 제기되었음을 지적했습니다. 교육부가 2019년 11월 말 대입제도 공정성 강화 방안을 발표했지만 복잡한 대입제도로 학생과 학부모들의 불안감이 크다고 주장했죠. 그러면서 대입제도의 투명성과 공정성 강화로 부모 찬스를 차단하고 사교육 등 외부 요인을 최소화하겠다고 약속했습니다.

입시 비리 암행어사제, 원스트라이크 아웃제, 대학 정원 축소 벌칙 강화, 부모 찬스 없는 공정한 대입제도 마련, 대입제도의 투명성과 공정성을 강화해 사교육 등의 외부 요인 최소화, 수능으로 선발하는 정시 모집 인원 비율 확대(지역대학 예외 적용), 대입 전형도 단순화, 메타버스 기반 대입 진로 진학 컨설팅 제공, 미래 교육 수요와 사회 변화를 반영하는 새 대입제도 마련 등을 공약으로 발표했습니다.

공약집에는 없지만 무조건적인 쉬운 수능 반대, 킬러문항(초고난도 문항) 출제 지양, 교육과정 개정을 통한 AI 교육의 확대와 대입 반영, 자사고·외고·국제고의 일반고 일괄 전환 반대, 고교학점제의 여건과 상황 파악 후 재검토, 내신 절대평가 유보, 수능 자격고사화에 대한 신중론, 고등 사고력을 평가하는 논술 전형의 유지, 학생부종합 전형의 유지 등도 선거 캠프에서 제시했던 의견입니다.

2028학년도 수능, 어떻게 바뀔까

이번 개편에는 가장 큰 관심사였던 논술·서술형 문항은 포함되지 않았습니다. 이는 4차 산업혁명 시대의 창의융합형 인재 양성에 부합하고 선진국 입시 방향과 일치하며 국내 시도교육청의 IB 교육과정 도입과 대입의 연계를 강화하는 차원에서 일부 학자들이 주장했던 것입니다. 채점의 어려움, 새로운 사교육의 유발을 우려한 결정으로 짐작됩니다. 대신 미래 사회에 대비하기 위해 지식 암기를 확인하는 시험에서 학생 역량과 사고력을 측정할 수 있도록 내신 논술·서술형 평가를 확대합니다.

가장 중요한 사실은 개편되는 통합형 수능에서 선택과목을 폐지한다는 점입니다. 2028학년도 수능부터 수험생들은 융합적이고 통합적인 역량을 평가하고 과목 선택의 유불리를 해소하기 위해 국어, 수학,

영어, 사회·과학·직업탐구 영역에서 모든 학생이 같은 문제로 시험을 보게 됩니다.

　다음은 2028학년도 수능의 시험 범위와 평가 방식과, 이를 현행 수능과 비교한 표입니다. 추가로 첨단 분야의 인재 양성을 위해 심화수학 영역을 국가교육위원회에서 여러 차례 논의하고 검토(신설 시 절대평가)했으나 채택하지 않기로 하고 교육부에 이를 권고했습니다. 그 결과 심화수학(미적분Ⅱ+기하)은 빠졌습니다.

| 2028학년도 수능 범위와 평가 방식 |

영역		시험 범위		평가 방식
국어		화법과 언어, 독서와 작문, 문학		상대평가
수학		대수, 미적분Ⅰ, 확률과 통계		
영어		영어Ⅰ, 영어Ⅱ		절대평가
한국사		한국사1, 한국사2		
탐구	사회·과학	사회: 통합사회1, 통합사회2 과학: 통합과학1, 통합과학2		상대평가
	직업	성공적인 직업생활		
제2외국어/한문		[9과목 중 택1] 독일어, 프랑스어, 스페인어, 중국어, 일본어, 러시아어, 아랍어, 베트남어, 한문	※추가 검토안 [10과목 중 택1] -제2외국어/한문: 9과목 -심화수학: 1과목 (미적분Ⅱ+기하)	절대평가

| 2028학년도 수능 개편안과 현행 수능 비교 |

구분 영역		출제 범위(선택과목)	
		현행(~2027 수능)	개편안(2028 수능~)
국어		공통+[2과목 중 택1] ·공통과목: 독서, 문학 ·선택과목: 화법과 작문, 언어와 매체 ·공통 75%, 선택 25% 내외	공통(화법과 언어, 독서와 작문, 문학)
수학		공통+[3과목 중 택1] ·공통과목: 수학Ⅰ, 수학Ⅱ ·선택과목: 확률과 통계, 미적분, 기하 ·공통 75%, 선택 25% 내외	공통(대수, 미적분Ⅰ,확률과 통계)
영어		공통 (영어Ⅰ, 영어Ⅱ)	공통(영어Ⅰ, 영어Ⅱ)
한국사(필수)		공통(한국사)	공통(한국사1, 한국사2)
탐구	사회·과 학탐구	[17 과목 중 최대 택 2] - 사회(9과목): 생활과 윤리, 윤리와 사상, 한국지리, 세계지리, 동아시아사, 세계 사, 경제, 정치와 법, 사회·문화 - 과학(8과목): 물리학Ⅰ, 화학Ⅰ, 생명과 학Ⅰ, 지구과학Ⅰ, 물리학Ⅱ, 화학Ⅱ, 생명과학Ⅱ, 지구과학Ⅱ 17개 과목 중 최대 택 2	- 사회: 공통(통합사회1, 통합사회2) - 과학: 공통(통합과학1, 통합과학2)
	직업 탐구	1과목: [5과목 중 택1] 2과목: 공통+[1과목] - 공통: 성공적인 직업생활 - 선택: 농업 기초 기술, 공업 일반, 상업 경제, 수산·해운 산업 기초, 인간 발달	- 직업: 공통(성공적인 직업생활)
제2외국어 /한문		[9개 과목 중 택 1] 독일어Ⅰ, 프랑스어Ⅰ, 스페인어Ⅰ, 중국 어Ⅰ, 일본어Ⅰ, 러시아어Ⅰ, 아랍어Ⅰ, 베트남어Ⅰ, 한문Ⅰ	[9과목 중 택1] 독일어, 프랑스어, 스페인어, 중국어, 일 본어, 러시아어, 아랍어, 베트남어, 한문

크게 바뀌는 내신제도, 어떻게 볼 것인가

이번 개편에서 고등학교 내신은 절대평가와 상대평가의 혼용입니다. 즉, 성취평가제에 5등급제를 병기합니다. 이는 사실상 대학에 내신 이용의 재량권을 준 것과 다름없습니다. 과거 석차백분율과 평어(수우미양가) 중 각 대학이 알아서 이용하던 시절과 같은 양상을 띨 수도 있죠. 1997학년부터 일정 기간 평어뿐 아니라 과목별 석차를 함께 표기했고, 이를 대학에서 자율적으로 활용했던 적이 있는데, 그때와 비슷한 양상이 벌어질 수 있습니다.

2011년 12월 13일에 발표된 '중등학교 학사관리 선진화 방안'에 따라 학업 성취 수준을 평가하는 성취평가제가 도입되었습니다. 성취평가제는 '학생이 무엇을 어느 정도 성취했는가'라는 평가의 본래적 의미를 강조하는 평가제도입니다. 교육과정에 근거해 개발된 교과별 성취기준을 바탕으로 학생들이 학습을 통해 도달한 성취 정도에 따라 성취 수준을 구분(학생의 학업 성취 수준을 평가하고 'A-B-C-D-E'로 성취도를 부여)하고, 학교는 다양한 교수·학습 활동을 통해 이에 부합하는 평가를 실시함으로써 학생의 목표 도달 정도를 확인합니다.

상대적 서열에 의해 '누가 잘했는지' 평가하는 게 아니라, '학생이 무엇을 어느 정도 성취했는지'를 중요하게 생각하는 평가입니다. 성취기준은 각 교과목에서 학생들이 학습을 통해 성취해야 할 지식, 기능, 태도의 능력과 특성을 진술한 것으로, 성취평가제의 기본 개념입니다.

이는 교수·학습과 평가의 실질적인 근거로 교사가 무엇을 가르치고 평가해야 하는지, 학생이 무엇을 공부하고 성취해야 하는지에 관한 실질적인 지침이기도 합니다.

'2022 개정 교육과정'과 고교학점제 등과 궤를 같이해 개편된 이번 수능은 내신 성적 처리 방침과도 연관되어 그에 큰 변화를 가져옵니다. 2028학년도 대입을 치르는 2025학년도 고등학교 1학년부터 내신 성적은 상대평가와 절대평가를 혼용합니다. 즉, 예체능 과목을 제외한 전과목(공통과목, 일반 선택, 진로 선택, 융합 선택)에서 상대평가 5등급과 성취평가제(A-B-C-D-E)를 병기합니다. 단, 국가교육위원회 의결 내용을 존중해 사회·과학 교과의 융합 선택과목은 상대평가 석차등급을 기재하지 않습니다.

상대평가 격인 등급제는 '2015 개정 교육과정'에서는 시행한 평가에 따라 교과, 과목, 단위수, 원점수/과목평균(표준편차), 성취도(수강자수), 석차등급을 산출합니다. 등급의 구분은 일정한 비율에 의해 이루어지는데 등급별 비율은 학업성적관리지침에 의해 정해집니다. 그런데 이 9등급제였던 것을 일부를 제외한 전과목 5등급제로 바꾸는 것입니다

이번 방침으로 기존의 상대평가 9등급에 비해 공통과목 내신의 변별력이 다소 약해지지만 선택과목의 변별력은 다소 강화되는 효과를 가져옵니다. 그렇지만 피상적으로 파악하면 학부모들 입장에서는 현재보다 내신 성적의 변별력이 떨어졌다고 느낄 가능성도 있습니다. 9등급에서 5등급으로 범위가 넓어지면 그렇게 느낄 수 있죠.

내신을 적극적으로 반영하는 조치는 교육과정의 정상화와 기초학력 확인을 위해서도 필요합니다. 더불어 수행평가, 과정 중심의 평가를 통해 수업의 개선 효과도 도모할 수 있습니다. 세계적으로도 '9등급+학년별 다른 평가방식'은 찾아보기 어렵고 대부분 '5등급제+논서술평가'가 대세입니다. 그래서 교실을 황폐화시키는 고교 내신 9등급제를 폐지하고 5등급제를 도입하면 기존방침에서 고1의 '내신 전쟁', 과잉선행 교육을 유발하는 것을 막을 수 있다는 주장입니다. 학생 간 경쟁을 완화하고, 협력학습을 유도한다는 것이지요.

그러나 내신을 적극적으로 반영하는 데에 반대하는 의견도 적지 않습니다. 학생부교과 성적의 객관성에 대한 의문과 비판은 해묵은 과제임이 분명하지만 비평준화 우수고, 자사고, 특목고생들의 불리함이 상존하는 것 또한 사실입니다. 또 현실적으로 존재하는 학교 차이를 반영하지 못하는 점과 관련해 공정성 문제도 야기될 수 있습니다. 학교 간 공정성, 객관성, 신뢰성 확보가 어려운 것도 사실이고, 성취평가제 실시에 따른 성적 부풀리기 현상이 초래될 가능성도 있습니다. 그렇게 되면 자퇴생이 급증할 수도 있죠.

그렇게 본다면 이번 개편은 수능의 변화 최소화로 대입의 안정적 운영을 담보하고 학부모와 수험생 적응이 용이하다고 할 수 있습니다. 또 수능 변별력 유지로 수능의 대입 선발 기능과 국가시험의 효율성도 유지되죠. 수험생 입장에서는 학생부(교과/종합), 논술, 수능 등 다양한 입학 기회를 가질 수 있다는 장점도 있습니다.

새로운 대입 개편이 초중등 학생들에게 미치는 영향

이번 개편에서 가장 눈에 띄는 점은 문과, 이과 구분이 없는 '2022 개정 교육과정' 취지에 부합하도록, 즉 융복합적 인재 양성 차원에서 계열 구분 없이 시험 범위를 정했다는 점입니다. 이번 개편은 제일 먼저 고등학교 선택에 영향을 줄 가능성이 큽니다. 다시 말해 내신 5등급제 실시로 특목고와 자사고 열풍을 불러올 수 있습니다.

또 다른 하나는 고교학점제를 근간으로 하는 교육과정 운영에 파행이 올 가능성도 무시할 수 없다는 점입니다. 첫째는 고등학교의 선택입니다. 지금까지는 학생부종합 전형과 학생부교과 전형에서 내신 성적의 위력이 매우 컸기 때문에 내신을 신경 쓰는 수험생들은 특목고와 자사고보다는 일반고를 선택하는 게 대세였습니다. 그러나 이번 내신 제도의 개편으로 경향이 달라질 수 있습니다. 왜냐하면 학부모와 학생들은 9등급에서 5등급이라는 숫자적인 변화를 크게 느끼고 내신의 변별력이 지금에 비해 다소 축소되었다고 볼 수 있기 때문입니다. 그래서 고등학교 선택 시 특목고나 자사고로 진학하려는 학생과 학부모가 많아질 것으로 짐작됩니다.

학부모들은 당초 교육부가 고1은 상대평가 9등급, 고2와 고3은 성취평가제로 발표한 것에 비해 고1의 비중이 다소 줄었다고 체감할 수 있습니다. 따라서 과거에 비해 전반적으로 내신의 영향력이 줄어들었다고 느낄 수 있기 때문에 자사고나 특목고에 대한 지원율이 증가할 것으로 예상됩니다. 지역적으로 보면 그동안 내신이 불리했던 강남 같은 학군지에 있는 학교들이 더 수혜를 입을 가능성이 큽니다.

중학생 학부모의 가장 큰 고민은 '어떤 고등학교를 선택해야 우리 아이에게 유리한가?' 하는 것입니다. 과거에는 학생부 위주 전형이 대세로 떠오르면서 내신 성적이 강조되었습니다. 그래서 자사고나 특목고보다는 일반고로 진학해 내신을 잘 받는 게 득이 된다고 생각하던 시절이 있었죠. 그러다가 점차 정시 모집이 늘고 수능의 영향력이 강화되면서 그런 생각보다는 그래도 면학 분위기가 좋은 곳에서 공부하는 게 낫지 않느냐는 의견이 대두되었습니다. 일반고를 선택하는 경우에도 학습 분위기가 좋지만 내신 받기에 어려운 고등학교와, 학습 분위기는 안 좋지만 내신 받기 좋은 고등학교를 사이에 두고 고민하는 학부모가 많았습니다.

그러나 2028학년도 새로운 대입제도 아래에서는 '2022 개정 교육과정'과 고교학점제가 실시되고, 고1~3학년 모두 성취평가제와 5등급 상대평가로 결정됩니다. 따라서 과거에 비해 내신 성적의 위상이 다소 떨어질 가능성이 있기 때문에 일반고만을 고집하기보다는 수업 분위기가 좋고 수능 대비가 잘되는 자사고나 특목고로의 진학도 나쁘지 않은 선택일 수 있습니다. 자사고나 특목고의 선택이 과거에 비해 불리하지 않다는 점은 분명합니다. 이것이 이번 개편이 고교 선택에 미치는 영향입니다.

둘째는 과목별 이해관계가 엇갈리면서 일부 과목에서 반발이 예상

된다는 점입니다. 이번 수능의 범위 설정에 대해 국어나 영어의 경우는 큰 반발이 없지만 심화수학이나 종래 과학탐구 I (물리학 외 3과목)·II (역학과 에너지 외 7과목) 범위에 해당하는 과목이 제외된 점에 대해서는 과목 관계자들의 반발이 있습니다. 공통 학업능력 시험을 위해 출제범위를 동일하게 설정했으므로 그동안 있었던 계열별 유불리 논쟁은 사라질 것으로 예상됩니다. 그렇지만 공통범위에서의 시험은 수학 때문에 대체로 이과생들이 유리한 게 사실입니다. 학생 입장에서는 사실상 공통과목 위주의 시험이므로 학습 부담 감소 효과가 있다고 볼 수도 있습니다. 하지만 과학계의 반발 가능성이 있고, 이공계 모집 단위에서 학력 저하 비판도 있을 수 있습니다.

셋째는 교육과정 운영의 파행 가능성입니다. 탐구 영역의 경우, 수능 범위가 고1 과정인 통합사회, 통합과학이므로 고2, 3학년에서 통합사회, 통합과학을 반복 학습할 가능성이 있다고 생각합니다. 그러므로 이에 대한 대비도 필요하다고 봅니다. 교육과정이 파행되지 않는다면 수능에서 공통학업 능력을 측정하고, 학생부에서 학생의 소질과 적성에 따라 심화 학습한 과목을 다양하게 반영할 수 있어 고교학점제에 부합하는 것으로 보입니다. 공통과목과 일반 선택과목은 수능으로, 진로 선택과 융합 선택은 내신으로 평가가 가능하므로 고교학점제 취지에 부합할 것입니다. 고3 수업이 제대로 운영되면 학생의 미래 진로에 따라 선택한 계열의 과목을 집중적으로 학습해 대학 진학 후에도 전공 이수에 도움이 될 것으로 보입니다.

이외에 이번 개편으로 나타날 수 있는 것들을 예상해보면 수능이 공통과목 위주로 실시되기 때문에 대학에서는 선발의 자율권 보장을 요구할 가능성이 큽니다. 다시 말해 대학은 대학별고사를 요구할 가능성이 매우 큽니다. 또 문과, 이과가 분리되지 않는 시험의 범위가 공통과목만이 아니라 선택과목인 일반 선택까지 확대됨으로써 '2022 개정 교육과정'의 취지를 잘 지켰는가 하는 논란이 있을 수 있습니다. 즉, 수능 범위가 공통과목을 넘어 일반 선택과목까지 필수가 됨으로써 '2022 개정 교육과정'의 선택과목 취지에서 다소 벗어난다는 비판은 어쩔 수 없을 것 같습니다.

지역별로 유불리를 보면 이번 개편으로 가장 수혜를 보는 곳은 대치동 등 소위 학군지입니다. 내신의 위력이 다소 줄어든다고 생각하기 때문에 사교육 등 여러 가지 학습을 위한 환경이 구축된 중계동, 평촌, 목동, 분당 등 소위 '학군지'의 매력도는 오를 것으로 보입니다.

대학에서 실시 가능한 내용
수시 모집 수능 최저 학력 기준의 강화
정시 모집에서 내신 성적의 반영
수시 모집과 정시 모집에서 대학별고사(논술, 면접) 추가 실시
수시 모집에서 기존 면접 시험의 난이도 상향 조정
수시 모집 면접에서 기본 소양 면접을 제시문 활용 면접으로 변경
수시 모집 학생부 위주 전형에서 정성평가 반영
수시 모집에서 모집 단위별 전공 연계 과목 설정(자격 요건 혹은 평가 요소)

새로운 대입 개편안에 따라 대학들도 고민이 시작되었습니다. 어떻게 전형안을 설계해야 우수한 신입생들이 올까 걱정이 클 것입니다. 대학들은 전형안을 만드는 과정에서 앞의 표와 같은 것들을 고민할 것입니다.

　　그 외에 고교나 다른 부분에서 가능성을 모아 보면 다음과 같습니다. 우선 ▲ 고교에서 수능 과목을 배우는 고1, 2학년 비중이 확대될 가능성, ▲ 고교에서 선택과목 선택의 고민거리 등장 가능성, ▲ 고교에서 교육과정 편성을 편법으로 할 가능성, ▲ 고교에서 1등급을 못 받으면 자퇴할 가능성, ▲ 고교에서 내신으로 승부했던 지방 학생들이 불리할 가능성, ▲ 고교에서 종래의 문제풀이 수업 성행 가능성, ▲ 평가원에서 수학 난이도 상향 조정 가능성, ▲ 평가원에서 출제 자료가 빈약한 통합사회와 통합과학을 융합형으로 낼 경우 탐구 부담 가능성* 등이 있습니다.

　　그러므로 새 대입제도의 성패 전망은 고교학점제가 어느 정도 시행되고 대학들의 전형 계획이 윤곽을 보이는 2026년은 돼야 어느 정도 드러날 것입니다.

---

* 통합사회와 통합과학은 여러 분야를 융합할 경우 학습 난도가 크게 상승할 가능성이 있기에 교육부는 혼란을 막고자 2024년에 문제 유형을 제시하겠다고 발표했습니다.

IB
(국제 인증 교육 프로그램)

•

"어릴 때부터 국제 기준에 맞춘
교육과정을 듣고 싶다면"

IB, 새로운 대안이 될 수 있을까

1994년, 가수 서태지와 아이들이 〈교실이데아〉라는 노래를 발표했습니다. 이 노래가 발매되었을 때, 수많은 아이들을 숨 막히는 교실에 가두고 똑같은 지식을 일률적으로 머릿속에 집어넣는다는 의미의 가사가 큰 반향을 불러일으켰습니다. 그런데 노래가 발매된 1994년의 모습과 30년이 흐른 지금 우리 교실의 모습은 큰 차이가 없어 보입니다. 이런 안타까움에 근본적으로 교실의 모습을 바꿔야겠다는 공감대가 모아졌죠. 하지만 그동안의 우리 교육 현실에서는 이를 바꿀 만한 근본적인 해법을 찾지 못했습니다. 결국 해외에서 찾은 해법이 바로 요즘 많

이 회자되는 국제 바칼로레아International Baccalaureate(이하 IB)입니다. (이번 2028학년도 대입에 반영되지는 않았지만) 대입 개편에 대한 논의와 함께 IB가 하나의 대안으로 떠오른 것이죠.

IB란 스위스에 본부를 둔 비영리교육재단인 IB 본부IBO에서 개발하고 운영하는 국제 인증 학교 교육 프로그램입니다. IB는 1945년에 UN이 창설되면서 세계 각국에 파견된 UN 주재원 자녀들의 교육을 위해 설립된 UN 국제학교가 시초입니다. 각국에서 교육받은 학생들이 모이다 보니 교육과정도, 평가도 다 제각각이었기에 통일된 교육 프로그램이 필요했고, 그것이 IB가 된 것이죠. 그 이후 일정한 조건을 만족한 각국 학생들에게 대학에서 학력을 인정하는 공통의 디플로마(학력 인증)를 수여하는 방식으로 발전했습니다. 즉, 국제적인 교육 단체가 운영하는 교육 프로그램입니다. 현재 IBO는 스위스 제네바에 있고 영국에 채점 본부가 있습니다.

IB 프로그램의 목표는 탄생 배경에서 유추할 수 있듯이 서로 다른 문화를 이해하고 존중하며 더 나은 평화로운 세상을 실현하는 데에 기여할 청소년을 기르는 것입니다. 이를 위해 IBO는 학교, 정부, 국제기관과 협력해 국제적 수준의 교육과 엄격한 평가 시스템을 갖춘 도전적인 교육 프로그램을 개발하고 있습니다. 2023년 기준 전 세계 159개 나라의 5,600개 학교에서 195만 명의 학생이 IB 교육을 받고 있습니다.

IB 프로그램의 특징을 몇 개의 키워드로 살펴보면 토론형 수업, 프로젝트 수업, 논술과 서술형, 절대평가 체제가 핵심입니다. 수업은 역량

| IBO 홈페이지 |

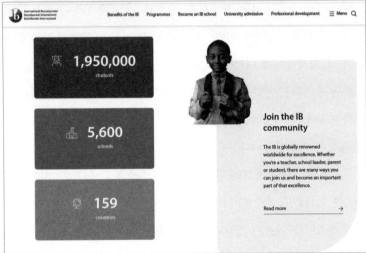

(출처: www.ibo.org)

중심의 교육과정을 기반으로 개념의 이해와 탐구 학습을 통해 자기주
도적인 성장을 추구하도록 진행합니다. 또한 논술과 서술형 중심의 교
육을 통해 학생들의 실력을 향상시키고 이를 토대로 평가합니다.

IB를 프랑스의 입학시험인 바칼로레아로 생각하는 경우가 있는데, 이와는 차이가 있습니다. '바칼로레아'라는 단어가 겹친다고 해서 두 가지를 동일한 교육과정으로 보는 경우가 많은데 이는 오해입니다. 한국 '수능CSAT, College Scholastic Ability Test'과 미국 '수능SAT'의 단어가 겹친다고 해서 같은 시험이 아닌 것과 마찬가지입니다. 전 과목 절대평가 및 논술과 서술형 평가라는 점에서 비슷한 요소가 있지만 프랑스 바칼로레아는 프랑스 교육부에서 주관하는 교육과정인 반면, IB는 국가 차원이 아니라 비영리재단을 통해 운영하는 교육과정이자 시험입니다.

IB 교육은 오랜 기간 전 세계적으로 꾸준히 관심을 받아왔습니다. 영어, 프랑스어, 스페인어 세 가지 공식 언어로 운영했으나 점차 확대했습니다. 운영을 희망하는 나라에 도입되어 2002년에는 독일어, 2013년에는 일본어로 번역되었습니다. 처음에는 국제학교나 사립학교 등에서 활용했으나 미국 등지에서부터 공교육 발전을 위해 도입했습니다.

지금 IB가 한국에서 주목받는 4가지 이유

최근 들어 전 세계적으로 IB가 주목받는 이유는 4차 산업혁명의 도래와 연관이 있습니다. 4차 산업혁명의 시대가 요구하는 창의력과 비판적 사고를 갖춘 창의융합형 미래 글로벌 인재를 양성하기 위해서는 교육 패러다임이 바뀌어야 한다는 인식이 커졌습니다. 그리고 그것을 일정 부분 IB로 기를 수 있다는 목소리가 높아진 것입니다. 즉, 전통적 학교 교육이 강조해온 지식 중심, 암기 중심 교육으로는 더 이상 시대적, 사회적 요구에 대응하는 능력을 함양하기 어렵다는 인식이 커졌죠.

우리나라를 비롯해 세계 각국에서는 '다름'을 이해하는 포용적 태도, 생각하는 힘, 자기주도성과 행동하는 자세를 기를 수 있는 학교 교육에 대한 요구가 큰 상황입니다. 이런 맥락에서 최근 우리나라에서는 국가 구분 없이 교육과정 이수 인정이 가능한 IB에 대한 관심이 높아졌고, 그 중심에는 평가 방식이 있습니다.

다음은 IB를 운영하는 대구광역시교육청에 소개된 IB 평가의 예시 문항입니다. 예시 문항에서 알 수 있듯이 우리에게 익숙한 기존의 객관식 문항과는 확실히 차이가 있죠. IB 수업은 토의와 토론 중심의 참여형을 지향하고, 평가는 논술과 서술형 쓰기 중심으로 학생의 창의적인 생각과 비판적 사고력을 묻습니다. 지식을 일방적으로 주입하는 게 아니라 학생 각자의 생각을 묻는 방식이기에 '생각을 꺼내는 교육'이라고 불립니다.

IB 평가 예시 문항

① 문학에서 종종 독자를 끌어당기는 것은 작가가 만들어낸 분위기다(예를 들어 평화롭다, 위협적이다 또는 아이러니하다). 분위기가 전달되는 방식과 그 효과에 대해 학습한 두 작품을 토대로 논하시오.(언어와 문학)

② Respond to one of the following options. Write 250 to 400 words. You and group of your friends want to help people who have lost property as a result of a recent nature disaster. As the spokesperson for the group, you have been onto a local news program to raise awareness, Choose one of the text types from the box below, explain the need, the ways in which people can help abd urge participation.(영어)

③ '외세의 영향이 20세기 내전의 결과를 결정했다.' 두 개의 전쟁을 제시해 이 내용을 논하시오.(역사)

④ 오존, 일산화질소, 프레온가스, 육플루오르화황, 메탄은 모두 온실가스의 예다.
1) 오존과 육플루오르화황에 대해 유요한 루이스 구조를 그리시오.
2) 오존과 육플루오르화황에 대해 전자 영역의 기하구조와 분자구조의 명칭을 추론하시오.(화학)

IB는 최근 들어 우리나라에서도 크게 부각되고 있습니다. 이주호 부총리 겸 교육부장관은 2022년 12월 대구 경북대학교 사범대학 부설 중학교를 방문해 수업 참관 후 "IB는 큰 가능성"이라며 "확신이 들면 전국적으로 확산시키려 한다"고 말했죠. 또한 "IB는 암기와 시험 중심 교육을 탈피할 수 있는 굉장히 좋은 대안"이라며 "다만 해외과정이라는 문제가 제기되었는데 얼마든지 한국화할 수 있는 가능성이 있다"고 말했습니다. IB를 적극적으로 도입한 대구광역시교육청과 제주시교육청 외에도 서울시교육청과 경기도교육청에서 IB 학교 도입과 추진 계획을 발표한 바 있습니다.

IB 교육이 우리나라에서 주목받는 이유는 여러 가지입니다. 첫째, 기존 우리 교육으로는 미래형 인재를 기를 수 없다는 인식 때문입니다. IB 학교가 미래 사회가 추구하는 가치와 역량을 구현하는 학교를 만들기 위한 모델로서 의미 있다는 것이죠. IB의 학습자상은 탐구적 질문을 하는 사람, 지식을 갖춘 사람, 사고하는 사람, 소통할 줄 아는 사람, 열린 마음을 지닌 사람, 도전하는 사람, 성찰하는 사람 등인데 이는 미래 교육에서 추구하는 학생의 가치와 역량이라는 점에서 일치합니다.

둘째, 우리나라 입시에 대한 변화의 필요성과 불만 때문입니다. 정권이 바뀔 때마다 대학입시제도가 바뀌었지만 교사와 학생, 학부모들이 새 대입 체제에 만족하기보다는 그에 따른 혼란과 문제점 발생으로 인한 불만이 많습니다. 입시제도가 아무리 바뀌어도 치열한 입시 경쟁 구조는 여전하다 보니 그 과정에서 불필요한 에너지가 너무 많이 소비되는 것이죠. 이 탓에 우리나라 학생과 학부모의 행복도가 너무 많이 떨어져 있습니다. 이에 근본적인 변화가 필요하다는 인식이 커진 것이죠.

| IB 학습자상Learner profile |

Inquirers
탐구하는 사람

Knowledgeable
지식이 풍부한 사람

Thinkers
사고하는 사람

Communicators
소통하는 사람

Principled
원칙을 지키는 사람

Open-minded
열린 마음을 지닌 사람

Caring
배려하는 사람

Risk-takers
도전하는 사람

Balanced
균형잡힌 사람

Reflective
성찰하는 사람

(출처: 대구광역시교육청 IB 소개 홈페이지)

| 왜 IB인가 |

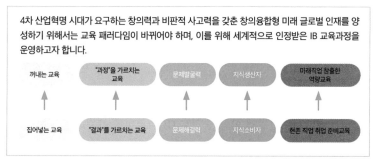

4차 산업혁명 시대가 요구하는 창의력과 비판적 사고력을 갖춘 창의융합형 미래 글로벌 인재를 양성하기 위해서는 교육 패러다임이 바뀌어야 하며, 이를 위해 세계적으로 인정받은 IB 교육과정을 운영하고자 합니다.

꺼내는 교육 — '과정'을 가르치는 교육 — 문제발굴력 — 지식생산자 — 미래직업 창출한 역량교육

집어넣는 교육 — '결과'를 가르치는 교육 — 문제해결력 — 지식소비자 — 현존 직업 취업 준비교육

(출처: 대구광역시교육청 IB 소개 홈페이지)

셋째, 논술과 서술형 평가에 대한 공감대가 높아졌기 때문입니다. 수능은 1993년(1994학년도 대입) 도입 이후 크고 작은 변화가 있었으나 '오지선다형 객관식 문제'라는 큰 틀은 지금까지도 바뀌지 않았습니다. 이미 오래전부터 '정답 감별 능력', '정답 찍기 기계'만 키운다는 지적이 쏟아졌지만 여전히 달라지지 않고 있죠. 이에 2028학년도 대입 개편 때 논술과 서술형으로 대입제도가 개편돼야 한다고 전, 현직 대학 총장 및 교육 전문가들이 주장한 바 있습니다.

《서울경제》가 2022년 6월 전·현직 대학 총장 등 교육 전문가 40명을 대상으로 '대학입시제도의 개선 방향'에 대해 질의한 결과 '논술과 서술형 도입 등 수능 개편'이 37.5%로 가장 많았고, '대학의 학생 선발권 보장(27.5%)'이 그 뒤를 이었습니다. 또한 서울대 등 일부 대학은 IB 연구를 진행 중입니다.

넷째, 외국 대학 진학이 용이하기 때문입니다. IB 학위는 현

재 90개국의 3,300개가 넘는 대학에서 인정하고 있습니다. 하버드대, 예일대, 프린스턴대 등 아이비리그 소속 학교뿐 아니라 뉴욕대, MIT 등 982개 미국 대학에 입학할 수 있습니다. 케임브리지대, 옥스퍼드대 등 영국 대학과 게이오대 등 일본 대학에도 진학할 수 있죠. 이 때문에 우리나라에 있는 국제학교, 특목고, 자사고에서는 해외 대학 진학 희망자를 대상으로 별도의 학급 단위로 IB 과정반을 개설해 운영하고 있습니다.

IB 프로그램이 추구하는 가치

IB 프로그램은 어떤 특징을 가지고 있는지 자세히 살펴보겠습니다. IB 는 유치원부터 고등학교까지의 학교 교육 전 과정을 연속적으로 아우를 수 있는 네 개의 프로그램으로 구성되어 있습니다. PYPPrimary Years Programme는 3~12세의 유치원과 초등학교 과정에 적용되는 프로그램이며, MYPMiddle Years Programme는 11~16세의 중학교 과정, DPDiploma Programme는 16~19세의 진학계열 고등학교 과정, CPCareer-related Programme는 직업계열 고등학교 과정으로 볼 수 있습니다. 이들 프로그램은 각기 따로 운영될 수도 있지만, PYP·MYP·DP/CP로 체계적으로 진급하는 연속성을 통해 일관된 교육 철학을 추구하는 경우도 많습니다.

먼저 IB 초등 교육과정인 PYP는 학생들이 각 교실, 지역, 국가, 전 세계적 환경에서 탐구자로 성장할 수 있도록 구성됩니다. 탐구를 기반

| IB 운영 단계 |

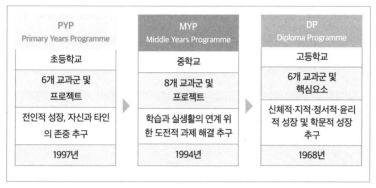

(출처: 대구광역시교육청 IB 소개 홈페이지)

으로 학습하며 독서를 가장 중요시합니다. 종합적인 학습과 국제 이해를 강조하며, 아이들의 호기심과 창의력을 개발하고 자기 생각을 표현하는 능력과 협력하는 능력을 촉진하는 것을 목표로 합니다. 학생들은 여섯 개의 초학문적 주제를 바탕으로 별도의 교과서 없이 언어, 수학, 과학, 사회, 예술, 인성·사회성 교육과 체육 과목 등을 학습하게 되는데, 여섯 개의 초학문적 주제는 다음과 같습니다.

1. 우리는 누구인가Who we are
2. 우리가 속한 공간과 시간Where we are in Place and Time
3. 우리 자신을 표현하는 방법How we express ourselves
4. 세계가 돌아가는 방식How the world works
5. 우리 자신을 조직하는 방식How we organize ourselves
6. 우리 모두의 지구Sharing the planet

위의 여섯 가지 주제를 통해 아이들은 학문적인 내용도 배우고 문제 해결, 탐구, 협력하는 방법 등도 함께 배웁니다. PYP는 아이들의 자기주도 학습을 장려하고 문제 해결과 탐구를 통해 학생들의 호기심과 창의력을 자극합니다. 아이들은 주체적으로 학습 목표를 설정하고, 팀 프로젝트와 개별 작업을 통해 주제와 관련된 개념과 기술을 개발하게 됩니다. 또한 다양한 방식으로 자신의 학습을 평가하고 발표하는 기회를 갖게 됩니다.

| IB 초등교육 프로그램 |

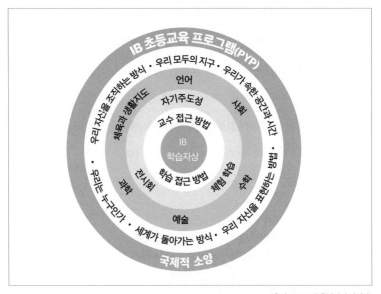

(출처: IBO 소개 홈페이지 번역판)

중등교육 프로그램인 MYP는 11~16세를 대상으로 하며, PYP에서부터 개발·심화된 여섯 가지 초학문적 주제를 여섯 가지 세계적 맥락으로 확대해 깊이 있게 탐구합니다. MYP 학생들은 이 여섯 가지 맥락인 '자아와 관계', '개인적·문학적 표현', '시공간의 방향성', '과학과 기술의 혁신', '공정성과 발전', '세계화와 지속 가능한 미래'를 집중적으로 탐구합니다.

또한 학생들은 여덟 개 교과군인 '언어와 문학', '개인과 사회', '수

| IB 중등교육 프로그램 |

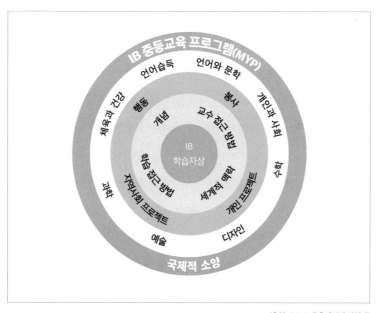

(출처: IBO 소개 홈페이지 번역판)

학', '과학', '체육과 건강', '언어 습득', '예술', '디자인'으로 구성된 핵심 과정을 한 과목씩 매년 각각 최소 50시간 이상 이수해야 합니다. 초등학교 교육과정인 PYP와 마찬가지로 가르치는 내용을 별도로 제시하지 않으며, 학생들에게는 사고력과 표현력을 기르는 탐구, 토론, 발표 중심 수업과 평가에 대한 안내를 제공합니다.

MYP에서는 최종적으로 학생들이 에세이, 예술작품 제작 또는 다른 형태의 표현 등과 같은 독자적인 '개인 프로젝트'를 수행하도록 돕습니다. 개인 프로젝트는 MYP 과정을 이수하는 데에 필수 과정이며, 이후 고등과정에서 진행할 소논문이나 지식론 프로젝트의 선행 과정이라고 할 수 있죠. 프로젝트의 주제를 정하는 것을 시작으로 프로젝트의 진행 일정, 그리고 IB에서 제시하는 평가 기준에 부합한 보고서 작성까지 모두 주도적으로 이루어집니다. 그렇기 때문에 학생들은 자기관리와 시간 조절 능력은 물론 프로젝트를 시작부터 끝까지 마무리하는 전 과정을 익힐 수 있는 계기가 됩니다. 아울러 '지역사회 프로젝트' 등 배운 지식을 토대로 실제 세계와의 연결을 통해 미래를 준비할 수 있도록 프로그램이 구성되어 있습니다.

DP는 16~19세를 대상으로 하며, 교육과정을 3년간 이수합니다. 최종 시험을 거쳐 기준 성적을 받으면 국제적으로 인정된 대학 입학 자격증을 취득하는 프로그램입니다. DP 교과과정은 대학 전공 및 진로에 필요한 학문적 지식과 소양을 갖출 수 있도록 여섯 개의 교과 영역('언어와 문학', '언어습득', '개인과 사회', '수학', '과학', '예술' 계열)에 대한 학습이 이루어집니다.

여섯 개의 교과 영역은 다시 고급 수준HL, Higher Level과 표준 수준SL, Standard Level 과목으로 나뉩니다. 이외에 '소논문Extended Essay(이하 EE)', '지식이론Theory of Knowledge(이하 TOK)', '창의·활동·봉사Creativity, Action, Service(이하 CAS)'의 세 개 핵심 요소를 이수하도록 합니다.

| IB 디플로마 프로그램 |

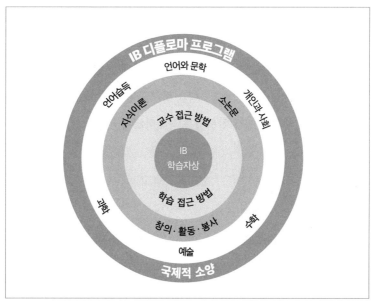

(출처: IBO 소개 홈페이지 번역판)

이 중 우리에게 가장 생소한 프로그램은 지식이론이 아닐까 싶습니다. 말 그대로 지식에 대한 이론으로 답이 정해진 특정 지식을 묻는 게 아니라 개인의 시각, 이론에 따라 답이 달라지는 질문을 던지고 그 근거를 논리적으로 펼치는 것이 핵심이죠. 각 영역의 지식을 습득하고 그 지식과 자신의 현실을 연계해 비판적으로 해석하고 다양한 관점을 생각하도록 운영하며, 장문 에세이와 프레젠테이션으로 평가합니다. '알고 있다는 것을 어떻게 아는가'가 핵심 질문인데, 우리나라에서 초중고를 다닌 부모님이라면 학창 시절 어떤 교사에게서도 이런 질문을 받아본 적이 없다는 사실을 깨달을 것입니다.

이런 핵심적인 질문을 통해 학생들은 자신이 어떤 것을 알고, 무엇을 모르는지를 명확하게 파악할 수 있는 능력을 기를 수 있습니다. 다양한 분야에 걸친 사고력 훈련은 메타인지 능력을 향상시키도록 도와줍니다. 이미 가지고 있는 배경지식을 탐구하며 그에 의문을 갖게 하는 출발점이 되도록 호기심과 창의성을 극대화하는 것입니다.

| DP 프로그램 교육과정 |

교과군Subjects		핵심과정Core
그룹 1 언어와 문학(국어)		지식이론Theory of Knowledge
그룹 2 언어습득(외국어)	+	
그룹 3 개인과 사회		소논문Extended Essay
그룹 4 과학		
그룹 5 수학		창의·활동·봉사Creativity, Activity, Service
그룹 6 예술		

(출처: 대구광역시교육청 IB 소개 홈페이지)

- **지식이론**
- 최소 100시간 이상 이수해야 함
- 다양한 문화에 따른 다양한 사고방식을 토대로 비판적인 숙고를 하는 영역
- 정치, 철학, 종교 등 통합 교과의 비판적인 사고 훈련 과정으로 이론 및 이론 상호 간의 관계를 이용하는 것
- IBO에서 제시하는 열 개의 주제 중 선택
① 1,200~1,600자 길이의 논술문 작성
② 주제 발표문을 작성해 10분간 발표
③ 자기평가 보고서 작성

- **소논문 과제**
- 50개의 다양한 어문 강좌를 통해 22개 주제 중 선택
- 관심 있는 주제를 정하고, 자기주도적 탐색이나 담당 교사의 도움을 받아 40시간 이상을 투자해 스스로 4,000자 이하의 개인 장편 연구논문 작성
- 연구 주제, 연구 방법, 논리 전개, 분석 수준 등을 통해 평가
예시: ① 제인 오스틴은 자신의 작품 『오만과 편견』에 내재된 사랑과 결혼이라는 주제에 대한 태도를 어떤 방식으로 표현하고 있는가?
② 다양한 키네킨 농도가 잎사귀의 노화와 엽록소의 생합성에 미치는 영향은 무엇인가?
③ 한국과 일본의 인터넷 기사는 어떤 언어적 표현을 사용해 독도 영유권 분쟁에 대한 입장을 드러내고 있는가?

- **창의·활동·봉사**
- 학교 공부 이외의 영역에서 창의성을 기르기 위한 예술, 스포츠와 같은 특별활동과 병원 등에서 하는 봉사활동 등을 포함함
- 창의: 오케스트라, 작문 클럽, 신문 제작 등과 같은 창의적인 활동
- 활동: 야구, 농구, 축구와 같은 체육활동
- 봉사: 학생회활동, 봉사활동 등과 같이 교육적으로 유의미한 활동
- 담당 교사가 도움을 주며 2년간 매주 3~4시간씩 최소 150시간 활동해야 함

| CAS 프로젝트 예시 |

CAS 프로젝트: 단일 또는 지속적 CAS 활동뿐만 아니라, 친구와 협력해 1개 이상의 CAS 프로젝트를 실행합니다.
(1개월 이상 활동)

C	A	S	CAS 프로젝트 예시
✔		✔	지역의 낙후된 골목을 찾아 벽화를 계획 및 설계하고 작업한다.
✔		✔	컴퓨터 활용 문서 만들기 개인 교습을 준비하고, 지역의 필요한 사람들에게 이를 제공한다.
✔	✔		자신이 참여하고 있는 스포츠 동아리가 주관해 우리 동네 마라톤 행사를 기획하고 실행한다.
✔	✔	✔	요양원과 같은 시설에서 동아리 부원들과 함께 댄스 공연을 기획하고 실행한다.

(출처: 대구광역시교육청 IB 소개 홈페이지)

DP 프로그램을 마치면 학생들은 IB DP 평가를 치릅니다. IB DP 평가는 내부 평가와 외부 평가로 구성되어 있습니다. 내부 평가는 학생들의 프레젠테이션, 프로젝트, 포트폴리오 등을 바탕으로 하며 교과 담당 교사가 진행하되 IB 조정자가 공정성을 심사합니다. 외부 시험은 마지막 학기에 실시하는데, IB 본부에서 총괄하며 기준을 통과하면 디플로마 자격을 취득할 수 있습니다. 우리의 수능처럼 매년 11월에 치러집니다(교과목당 2~3개 문제).

학생들의 답안지는 영국에 있는 채점센터로 보내지는데, 학생들이 졸업시험까지 마치고 나면 두 달 후에 IBO에서 성적표를 온라인으로 공개하며 이를 대학입시에 활용하는 방식입니다. DP 과목별 7점 만점(총 42점)의 점수와 지식이론과 소논문 합산 3점 만점의 점수를 합해 총 45점 만점으로 평가합니다. 24점 이상 받고 창의·활동·봉사를 이수

교과군	과목	내부평가(20~30%)	외부평가(70~80%)
그룹 1	언어와 문학	개별 구술	제시된 방향에 따른 텍스트 분석, 비교 에세이, HI, 에세이
그룹 2	영어	개별 구술	쓰기, 듣기 및 읽기
그룹 3	역사	역사 연구 에세이	사료기반 서술형, 지역제시 서술형, 세계사 주제제시 서술형
	경제	경제 해설 포트폴리오	확장형 서술형, 데이터 기반 서술형, 정책 기반 서술형
그룹 4	물리학, 화학, 생명과학	개별 연구 보고서	필수 주제 선다형, 데이터 기반 서술형, 필수 및 옵션 주제 자료 기반 평가
그룹 5	수학 분석과 접근	개별 연구 보고서	서답형 및 확장형 평가, 계산기 활용 서답형 및 확장형 평가, 확장된 문제 해결형 문항
	연극	연극 창작 협동 프로젝트	감독노트, 연구발표, 개인극작품
그룹 6	시각예술	전시회	비교연구, 과정 포트폴리오
핵심과정	지식이론	지식이론 전시회	지식이론 에세이(1,600단어)
	소논문	-	소논문(4,000단어)
	창의활동봉사	-	포트폴리오, 인터뷰, 학습성과 충족

하면 DP 획득이 가능합니다.

　　이외에 CP는 16~19세 대상의 직업교육 프로그램입니다. 직업 관련 학습에 관심이 있는 학생들을 위해 개발된 독특한 교과과정입니다. 직업 분야에서 활용할 수 있는 실용적 지식 교육이 CP의 핵심입니다.

학생들은 CP 핵심과 DP 두 개 과목, 외부 인턴십을 이수해야 합니다. CP는 2014년부터 학교에 도입되어 현재 23개국 214개의 학교에서 활용하고 있습니다.

IB 프로그램에 속한 모든 사항들은 IBO로부터 승인을 받아야 하며 IB 교육은 IB 인증학교만이 실행할 수 있습니다. IBO로부터 IB 학교로 승인받지 않은 상태에서는 어떤 IB 프로그램도 운영할 수 없습니다. 초등학교와 중학교에서는 학교 전체가 IB 교육과정을 운영해야 하지만, 고등학교는 한 학년만 할 수도 있고 열 반 중에 한 반만 하는 경우도 가능합니다. 따라서 이원화 체제가 고등학교에서는 가능하죠. 교사가 IB 수업을 하기 위해 별도의 자격증이 필요한 것은 아니지만 다른 형태의 교육과정이기 때문에 IBO에서 주관하는 연수를 받아야 하는데, 보통 2~3년 정도 걸립니다.

우리나라에서 IB 교육을 받으려면

2023년 기준 국내에서는 총 32개 학교가 IB 프로그램을 운영 중입니다. 1980년 서울외국인학교를 시작으로 외국인학교와 국제학교가 IB 학교 인증을 받아 운영했습니다. 주로 주한 외국인 자녀나 해외 유학을 준비하는 한국인 학생이 IB를 선택했죠. 공교육에서는 2011년 경기외국어고등학교를 시작으로 제주도에 위치한 표선고등학교까지 총 17개교에서 운영 중입니다.

우리나라에서 IB 프로그램은 국제학교를 중심으로 운영해왔으나, 2018년부터 전국 대부분 시도교육청에서 IB 공교육 도입에 대한 관심을 표명했습니다. 특히 대구와 제주시교육청이 상당히 적극적으로 IB 프로그램 도입을 추진해가고 있습니다.

IBO는 관심학교, 후보학교의 과정을 거쳐 인증학교에 해당하는 IB 월드스쿨의 자격을 부여합니다. 국내에서 IB 학교가 가장 많은 대구는 올해 60개 기초학교를 포함해 총 92개 초중고교에서 IB를 운영하거나 IB 도입을 준비 중입니다. 전체 455개 초중고교의 약 20%에 해당하죠.

특히 IB는 영어를 기본 언어로 하는데, 대구광역시교육청은 2019년 7월에 제주교육청과 함께 IBO와 업무협약을 맺어 이중언어 디플로마 프로그램을 운영하고 있습니다. 덕분에 영어를 비롯한 두 개 과목은 영어로, 그 외 과목과 핵심 과정(지식이론, 소논문, 창의·활동·봉사)은 한국어 수업과 평가를 진행하고 있습니다.

IB에 대한 관심은 아주 뜨거운데, 지난 2022년 18대 시도교육감 선거 때 후보들이 앞다퉈 공약으로 내걸었다는 점에서도 알 수 있습니다. 교육법에 각 시도교육청이 미래 선진 교육을 위해 운영하는 예산이 있는데 이를 활용해 IB 도입에 적극적인 것이죠. 서울시교육청은 관내 초중학교 31개교를 '2023 IB 탐색학교'로 운영한다고 밝혔습니다. 한 학교당 1,200만 원 내외의 예산을 지원해 교원학습 공동체활동과 연수 등을 통해 IB 프로그램에 대해 연구하고, IB 프로그램 운영 원리에 기반한 수업과 평가활동을 돕겠다고 했죠. 경기도교육청에서는 200개 학교를 IB 기초학교로 운영할 예정입니다.

IB 프로그램을 이수 중인 학생들 사이에서의 평가는 긍정적입니다. 대구광역시교육청이 IB 프로그램을 이수 중인 학생과 진행한 인터뷰를 보면 대체로 수업을 신선하게 여기거나 이를 통해 성장하고 있다고 평가합니다.

> IB 수업을 들으면서 나에게 무엇이 부족한지 알아야 하는 것이 중요하다고 느꼈다. 글을 읽는 능력이 부족하다면 많은 글을 찾아보고 읽어야 하고, 듣는 능력이 부족하다면 강의를 찾아 듣거나 해서 스스로 부족한 부분을 보충해나가는 과정의 중요성을 깨달았다.
>
> 중학교 때까지는 IB 자체에 대해 별로 알지 못했고 IB를 공부하려고 마음먹을 계기도 없었기 때문에 수능 영어에 맞춰 모의고사 영어 지문을 활용해 공부해왔다. 고등학교 IB반에 들어오니 여러 가지 활동과 접목한 영어 수업이 상당히 인상적이었다. 특히 영어 글쓰기를 비롯해 대본, 단편소설, 두께가 있는 소설과 연극, 문학 책까지 접할 수 있었다. 이런 문학 영역과 함께 지식이론 시간에는 학문적인 부분이 담긴 지문도 접하다 보니 확실히 영어를 읽는 게 좀 더 편해졌다는 느낌을 받았다.

(출처: 대구광역시교육청 IB 소개 홈페이지)

IB를 둘러싼 찬반 논란

현재 IB 교육과정 도입에 관한 찬반 의견이 팽팽히 맞서고 있습니다. 공교육 안에서 진행했을 때 IB의 한계가 우려되기 때문이죠. 찬성하는 쪽은 첫째로 공교육을 살리는 방안이 될 수 있다고 주장합니다. 교육 격차, 교육 불평등, 교육 양극화 해소 등 공교육을 통한 포용 가치 실현에 도움이 된다는 것이죠. 국제학교 등에서 도입했던 것을 공립 일반고까지 무상교육으로 확대하면 교육 격차를 해소하고 공교육이 활성화되리라 기대하고 있습니다. 그리고 과정을 중심으로 평가하기 때문에 학생들이 수업에 좀 더 능동적으로 참여할 것으로 보고 있죠.

둘째, 2024년부터 적용되는 '2022 개정 교육과정'이 추구하는 교육 목표와 역량이 IB가 추구하는 교육 목표와 역량과 서로 다르지 않다는 점도 찬성의 이유입니다. '포용성과 창의성을 갖춘 주도적인 사람'을 추구하는데 이것이 IB 학습자상과 일치한다는 것이죠.

셋째, 우리 교육의 심각한 병폐인 사교육비를 절감할 수 있는 방법이라고 생각하는 것입니다. IB 교육과정과 평가는 사교육을 통해 구현할 수 없기에 사교육비를 줄일 수 있는 현실적인 대안이 될 수 있다는 것이죠. 한편에서는 IB를 귀족교육, 영재교육이라고 보는 의견도 있는데 이는 그간 IB를 도입한 학교가 주로 국제학교나 외국인학교였기에 생긴 오해라는 의견입니다(출처 : 이기명, 「IB의 국내 공교육 도입 추진 쟁점 분석」, 학습자중심교과교육학회, 2021).

넷째, 현재의 객관식 평가 중심의 입시 체제를 혁신할 수 있는 방법이라는 것입니다. 그간 대입 체제 개선을 위해 많이 노력했지만 개선 효과는 높지 않았어요. 하지만 IB 평가를 국내에 도입하면 실질적인 대입 체제 개선에 도움이 될 수 있다는 의견입니다(출처 : 이기명, 「IB의 국내 공교육 도입 추진 쟁점 분석」, 학습자중심교과교육학회, 2021).

　　반면 반대하는 쪽에서는 일단 재정 부담이 만만치 않다는 점을 강조합니다. IB를 도입하려면 학교마다 연간 1,000만 원 이상의 연회비를 IBO에 납부해야 합니다. 교사 교육과 연수, 학생 교육활동 지원비, 학교 시설 보완 비용 등을 포함시키면 그 금액은 훨씬 더 커집니다. 교원은 IBO가 주관하는 워크숍에 참석해 의무적으로 연수를 받아야 해서 이에 대한 경비도 지불해야 합니다.

　　학교별로 IBO와 학교 사이에 관련 업무와 교육과정의 구성·평가, 학생의 IB 시험 응시, IB 인증 관련 절차 등에 대한 업무를 수행하는 IB 전담 코디네이터를 의무적으로 배치하는 예산도 필요하죠. 또한 IB 인증 교사에게 공립학교 자격증을 부여할 경우, 교원 수급 문제나 기존 교사들과의 형평성 문제 등이 발생할 수 있습니다. 현재는 각 교육청이 이를 부담하고 있지만, 모든 학교를 지원해 IB로 바꾸기 위해서는 막대한 예산이 필요하죠. 과연 막대한 예산을 해외에 지급하면서까지 교육과정을 가져와야 하느냐는 비판에 직면할 수밖에 없습니다.

　　둘째, IB 학교가 오히려 교육 불평등과 교육 기회의 차별을 유발할 수 있다고 주장합니다. IB 학교에 우선적으로 관심을 보이는 학교들은 특목고와 자사고인데, 이런 학교들이 대거 IB로 전환할 경우 새로운 특권 학교가 될 가능성이 있다는 것이죠. 즉, IB를 도입한 학교와 그렇지 못한 학교 간에 교육 격차가 벌어질 수 있다는 지적입니다. 정부가 논술형 대입 국가시험을 서두르지 않은 상태에서 IB 학교가 늘어나면 새로운 교육 양극화 현상이 나타날 수 있다는 것입니다.

셋째, 채점의 공정성 문제가 부각될 수 있습니다. IB는 논술과 서술형 시험을 기본으로 하기에 채점의 공정성이 화두가 될 수 있습니다. 정답이 명확한 객관식 시험에 익숙한 우리로서는 낯선 지점이죠. 내부 평가 및 외부 평가 모두 논술과 서술형 평가에서 평가자의 주관이 개입될 여지가 있기에 논란이 클 수 있습니다. 또한 공정한 평가 과정이 교사들에게는 과중한 업무가 될 수 있죠.

넷째, 현재 수능 체제를 유지하는 상태에서 IB 학교를 확대할 경우 예상치 못한 부작용이 생길 수 있습니다. 현재 IB는 수능 중심의 국내 고교 과정과 충돌하는 지점이 많아요. 우리나라 내신과 수능은 상대평가 체제이지만, IB 평가는 절대평가를 기본으로 하기에 맞지 않는 부분이 있습니다. IB 과정의 학생들에게는 수능 준비를 따로 시키지 않습니다. 매년 11월에 3주간 치러지는 IB 평가에 응시하려면 사실상 수능을 포기해야 하죠. 서로 시험 시간이 겹치기 때문입니다. 그래서 IB 과정을 마친 학생들은 수능 최저 학력 기준이 없는 수시 학생부종합 전형으로 대학에 가야 합니다.

2021년 국내에서 처음으로 IB 인증을 받은 고교에 재학 중인 학생들이 2024학년도 대입에서 어떤 결과를 불러올지 관심이 커지고 있죠. IB의 외부 평가 일정이 우리나라 수능시험 시기와 겹쳐 IB DP 과정을 이수하는 학생은 수능 시험에 응시하기 어렵습니다. 그래서 IB를 이수한 학생은 수능 최저 등급을 요구하지 않는 수시 전형으로 지원하는 상황입니다.

다섯째, IB를 도입하는 과정에서 오히려 사교육 증가가 예상된다고 말합니다. 일단 IB는 영어를 기본 언어로 하기에 영어에 대한 부담이 커져 사교육으로 이어질 수 있죠. 글쓰기에 대한 부담 역시 논술학원을 활성화하는 기폭제가 될 수 있고요. 또한 높은 수준을 요구하는 IB 교육과정과 과다한 학습량, 영어 몰입교육에 대한 부담감 등으로 인해 학생들이 심리적인 압박과 스트레스를 받을 가능성도 높아질 수 있습니다.

한국형 IB, KB를 주목하라

이처럼 IB를 우리나라에 도입했을 때 장점과 단점이 명확하기에 찬반 논란이 앞으로도 계속 이어질 전망입니다. 이때 우리보다 먼저 국가 차원에서 IB를 도입한 일본의 사례도 참고할 만하죠. 일본 정부는 2003년 글로벌 인재 양성을 위해 IB 과정을 향후 5년간 200개교에 도입한다는 목표를 세웠습니다. 하지만 지난해 기준 IB 인증학교는 그에 훨씬 못 미쳤죠. 비용 부담이 큰 데다 수업을 진행할 수 있는 교원 확보에 어려움을 겪은 것으로 알려졌습니다. 한국교육개발원은 지난해 7월 보고서에서 "IB 교육과정이 우수하더라도 국가 교육과정과 연계되지 않으면 학교 현장의 부담이 가중될 수 있다"고 지적했습니다.

이처럼 IB 교육의 정착을 위해서는 수능 중심의 고교 교육과정과 대입제도 개선, 교원 역량 강화, 학부모와 학생의 평가에 대한 공정성 신뢰 등이 병행되어야 하기에 수년 내로 확대되기는 어려울 것으로 보입니다. 다만 정부는 IB 수업과 평가 시스템의 장점을 벤치마킹하려는 움직임인 '한국형 바칼로레아(KB)'에 대해 관심을 기울여야 합니다. KB는 IB의 장점을 한국적 상황에 맞게 구현하자는 것이에요. IB가 현행 우리나라 교육과정이나 평가 체제와 충돌하는 지점이 있으니, IB를 직접 도입하기보다 IB를 한국형 논술평가 체제로 만들어 운영하는 게 현실적이라는 접근입니다. 즉, KB를 만들어 비판적 사고력을 키우고, 사고력 중심 교육과정과 수업 및 평가 모델을 확대하자는 것이죠. 특히 현재 조희연 서울시교육감이 KB 추진에 적극적입니다. 지방선거 때부터 IB적 방법론을 수용해 KB를 개척하겠다고 공약한 바 있죠.

일각에서는 교사의 일방향적 지식 제공 교육과정에서 벗어나 실험적으로 운영하는 공교육 학교인 '혁신학교'를 KB화해야 한다는 의견도 나옵니다. 혁신학교는 2009년 경기도교육청의 초대 민선 교육감이었던 김상곤 교육감이 내세우면서 등장한 것입니다. 이후 진보 교육감이 당선된 곳 위주로 혁신학교가 생기면서 진보 교육감의 상징처럼 인식되어왔습니다. 혁신학교는 입시 위주의 치열한 경쟁체제를 지양하고, 토론 수업 진행과 교과서 외의 학습이 가능하다는 점 등에서 IB와 닮은 점이 있습니다. 그래서 군이 국제 교육 프로그램인 IB를 도입하지 말고 혁신학교에 IB의 특색 프로그램을 반영해 서서히 바꾸자는 의견입니다.

'집어넣는' 교육이 아닌 '꺼내는' 교육으로

우리나라에 빠른 시간 안에 IB가 도입되든 그렇지 않든, IB가 전 세계 적으로 주목받는 교육 프로그램인 데다 그간 우리나라 교육의 단점을 보완할 수 있는 면이 있다는 점에서 우리에게 시사하는 메시지는 명확 합니다. 앞으로는 집어넣는 교육이 아니라 꺼내는 교육이 중요해질 거 라는 것이죠. 그리고 우리도 꺼내는 교육을 하기 위해 다양한 시도를 할 것입니다.

우리나라 수능은 '다음 중 가장 적절한 것은'과 같은 객관식 형태 의 질문으로 누군가가 정해놓은 정답을 맞히는 패러다임이기 때문에 '내 생각'을 꺼내는 능력을 평가할 수 없다는 문제점이 있죠. 그런데 인 공지능 시대에는 교과 지식을 '얼마나 알고 있는지'보다 교과 지식을 바탕으로 '무엇을 할 수 있는지'가 더욱 중요해질 수밖에 없어요. 분명 앞으로는 '집어넣는 교육'을 넘어 학생 각자의 관점과 생각을 '꺼내는 교육'으로 평가 패러다임이 조금씩 변화할 것입니다.

단순히 국내 입시만을 염두에 두지 않고 입시 이후 전 세계 인재들 과 겨룰 것을 생각하면 더욱 그렇습니다. 미국에서 가장 많은 IB 학생 이 입학하는 플로리다대의 경우 전체 학생의 4년 이내 졸업률이 53% 이고, IB 프로그램을 이수한 학생들의 졸업률은 72%였다고 합니다. 미 국 내 25개 대학 중 14개 대학에서 IB 학생들의 평균 졸업률이 다른 학 생들에 비해 2%에서 최고 20%까지 높다는 결과도 있습니다. IB 교육의 핵심 가치가 대학 교육이 원하는 인재상과 맞는 부분이 많기 때문입니다.

이제 초중등, 특히 초등학생이라면 꺼내는 교육에 관심을 갖고 이를 대비하는 학습을 해야 합니다. '꺼내는' 교육이란 지식과 함께 자신의 생각을 설명할 수 있어야 한다는 의미입니다. 자동차 운전 지식을 바탕으로 운전을 하는 것처럼 머릿속의 지식에 머무는 게 아니라 꺼내 적용하는 것이죠. 앞으로 중고등학교의 수행평가는 말로 발표하는 프레젠테이션이나 글쓰기의 비중이 분명히 늘어날 것입니다. 현재 중학교에서는 지필평가가 수행평가보다 비중이 높지만, 앞으로는 이 비중이 점차 역전될 것입니다. 그리고 실제로 2028학년도 대입 개편 시안에서도 알 수 있듯이 앞으로 내신에서 서술, 논술형 평가가 크게 늘어날 예정입니다.

먼저 말로 표현하는 능력은, 개념에 대한 원리를 말과 글로 표현하는 연습을 하는 것이 효과적입니다. 과목별로 교과서의 차례를 복사해 두었다가 개념과 원리를 설명해보는 것이죠. 말로 연습할 때는 카메라를 앞에 두고 녹화하는 습관을 기르는게 좋습니다. 시간을 정해 발표하고 녹화한 것을 보면서 스스로 평가해보기를 추천합니다. 아직 초등 저학년이라면 5~10분 큰소리로 책 읽는 연습을 함으로써 말로 표현할 때 자신감을 가질 수 있도록 연습하는 게 좋습니다.

글쓰기는 단계적으로 꾸준히 해야 합니다. 요즘 아이들은 키보드나 스마트폰 자판을 치는 것에 익숙하기 때문에 연필을 잡고 완성된 문장을 쓰는 것에 취약합니다. 따라서 매일 10~20분이라도 조금씩 글을 써보는 연습이 필요한데, 가장 쉽게 접근할 수 있는 방법은 바로 일기입니다. 다만 글쓰기 실력을 높이기 위해서는 매일 다른 콘셉트로 일기를 쓰는 게 좋습니다.

초등 글쓰기와 관련한 다수의 책을 쓰는 송재환 동산초 선생님은 제자들에게 요일별 글쓰기를 추천합니다. 월요일에는 한 주 동안 있었던 일을 쓰는 '생활일기', 화요일에는 읽은 책의 독후감을 쓰는 '독서일기', 수요일에는 감정카드를 보고 단어와 관련한 에피소드를 적는 '감정일기', 목요일에는 하루 동안 있었던 감사한 일을 적는 '감사일기', 금요일에는 단어를 보고 이야기를 만들어보는 '낱말일기' 등입니다.

이렇게 글쓰기를 연습하면서 익숙해졌다면 논리적인 글쓰기로 넘어갑니다. 이때는 일명 하버드생 글쓰기로 불리는 OREO(오레오) 방식을 추천합니다. OREO는 Opinion(하고 싶은 이야기), Reason(그 말을 하는 이유), Example(그 이유의 예시), Opinion(하고 싶은 이야기 강조)의 앞 글자를 딴 것으로 하버드대에서 재학생에게 추천하면서 유명해졌죠. 덧붙여 중학교 입학 전에는 방학 때를 활용해 시중에 나와 있는 '수행평가 대비용 글쓰기' 관련 책을 구매해 연습해보는 게 좋습니다.

초등학생이라면 교과서에 나온 학습활동을 중심으로 표현하고 생각하며 역량을 기르는 것도 중요합니다. 즉, 무비판적으로 지식을 암기하는 게 아니라 성찰과 동시에 그것을 표현하는 것이 핵심입니다.

관심 있는 주제가 있다면 탐구활동으로 나아가야 합니다. 많은 학부모가 수업 진도에 집착해 아이들의 탐구활동에 긍정적이지 않은 경우가 있는데, 앞으로는 자신만의 문제의식을 스스로 탐구하는 활동이 중요하다는 것을 꼭 기억해야 합니다. 칭찬으로 탐구활동을 지지하는 게 중요합니다. 이런 관점은 더 어려운 공부를 하기 위해 반드시 필요한 역량으로 우리나라 대학들도 강조하고 있습니다. 2020년에 서울대가 발표한 '고교생활 가이드북'을 보면 이를 알 수 있습니다.

> 대학에서는 많은 내용을 공부해야 하므로 책에 적힌 글자 그대로 외우는 게 아니라 왜 이런 현상이 일어났는지, 왜 A라는 사람이 이렇게 말했는지를 끊임없이 고민해야 합니다. 다른 사람들이 옆에서 본다면 '그냥 외우면 될 것을 저렇게 공부하면 시간만 많이 걸리고 그 내용이 무슨 도움이 돼?'라고 생각할 수도 있습니다. 하지만 대학에서 수행하는 공부의 본질은 지금까지의 학문을 그대로 답습하는 것에 있지 않습니다. 지금까지 쌓아온 학문을 통해 나의 식견을 넓히고 나의 생각을 만들어가는 것에 그 본질이 있다고 할 수 있습니다. 그래서 단순한 암기보다는 '왜'라는 질문을 항상 생각하며 조금 더 본질적으로 이해하며 이를 통해 나만의 생각을 쌓아야 합니다.

이제 학부모도 학습을 대하는 자세가 바뀌어야 합니다. 아이가 등교할 때 "학교 가서 선생님 말씀 잘 듣고 수업 잘 듣고 와!"가 아니라 "학교 가서 선생님께 질문 잘하고 네 의견을 잘 표현하고 와!"라고 말이죠.

챗GPT 교육

•

"인공지능은 앞으로 교육 방향을 어떻게 바꾸어놓을까"

미래 교육 패러다임: 챗GPT 시대의 자녀 교육

'19세기 교실에서 20세기 교사가 21세기 학생을 가르친다.' 굉장히 오랜 기간 교육계의 정설처럼 여겨진 말입니다. X세대와 Y세대에 이어 Z세대까지 등장했지만 여전히 교육환경, 교육과정, 교수·학습은 변화의 속도가 더딥니다. 우리가 학교에 다닐 때와 지금 우리 아이들이 학교 다닐 때의 모습이 크게 달라지지 않은 것처럼 말이죠. 여전히 교실에 수십 명의 학생이 앉아 선생님의 수업을 일방적으로 받아들이고 있습니다. 입시 정책만 자주 바뀔 뿐, 우리의 교육 현실과 교실의 모습은 사회의 다른 분야에 비해 사실 큰 변화가 없었습니다.

교육은 사회 각 분야 중 가장 변화가 느린 분야로 꼽힙니다. 전통적인 교육 방식이 오랜 기간 버텨온 탓에 사회 변화에 굉장히 보수적입니다. 한편 교육은 미래 세대를 기르는 중차대한 역할을 하는 만큼 검증이 될 때까지 빠르게 변해서는 안 된다는 의견도 있긴 합니다. 그렇더라도 사회 변화 속도와 비교했을 때 그 변화 속도가 아주 미미한 수준인 것만은 사실이죠. 하지만 앞으로는 변화가 불가피할 것으로 보입니다. 바로 4차 산업혁명 때문입니다.

오늘날 사회 각 분야에서 4차 산업혁명을 말하고 있습니다. 인공지능AI, 사물인터넷IoT, 빅데이터, 클라우드 컴퓨팅, 모바일 등 지능정보통신 기술이 기존의 경제와 산업, 사회와 융합해 혁신적인 변화 를 만들어내고 있습니다. 최근 산업계의 가장 큰 혁신은 단연 '챗GPT'입니다. 오픈AI가 개발한 대화형 검색 엔진인 챗GPT는 기존의 인공지능에서 한 단계 더 나아간 완성형 인공지능이라는 평가를 받고 있습니다.

기존에도 역사적으로 큰 변화 시기에는 산업혁명이 있었습니다. 그러나 4차 산업혁명이 기존 산업혁명과 다른 점이 있다면 변화의 속도와 융합입니다. 과거의 기술은 사람들이 충분히 적용할 수 있을 만큼 변화의 속도가 느렸다면, 3차 산업혁명 이후 기술의 변화는 너무 빨라 사람이 기술에 적용하기도 전에 새로운 기술이 덮쳐오는 시대가 되었습니다. 4차 산업혁명은 여기에 더해 인공지능이 다양한 전문성과 결합하면서 예상할 수 없는 형태로 진화했습니다. 이제는 하루하루 일상생활에서도 변화를 체감하기에 이른 것입니다.

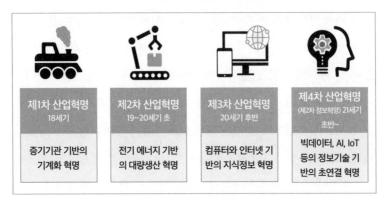

| 제4차 산업혁명의 도래 |

제1차 산업혁명 18세기	제2차 산업혁명 19~20세기 초	제3차 산업혁명 20세기 후반	제4차 산업혁명 (제2차 정보혁명) 21세기 초반~
증기기관 기반의 기계화 혁명	전기 에너지 기반의 대량생산 혁명	컴퓨터와 인터넷 기반의 지식정보 혁명	빅데이터, AI, IoT 등의 정보기술 기반의 초연결 혁명

4차 산업혁명은 모든 사회에 변화를 초래했습니다. 그 변화는 교육 분야에서도 예외가 아닙니다. 변화가 더딘 교육도 이제는 변화할 수밖에 없는 시대가 된 것이죠. 결론적으로 4차 산업혁명의 도래가 우리 교육 분야에 주는 시사점은 크게 두 가지로 생각해볼 수 있습니다.

첫째는 이렇게 급격하게 변화하는 사회에 발맞춰 미래 사회를 선도하고 대응할 수 있는 인재를 양성해야 한다는 것입니다. 4차 산업혁명 시대가 요구하는 역량을 갖춘 인재의 필요성이 부각된 것이죠. 이미 그 변화는 학부모와 학생이 체감할 정도입니다. 우리 세대에는 문과가 훨씬 인기였지만, 지금은 이과에 많은 학생들이 몰리고 있죠. 이공계 학과가 취업률이 월등히 높을뿐더러 연봉에서도 많은 차이가 나기 때문입니다.

요즘 인기 있는 학과는 거의 다 이과일 뿐 아니라 최근 정부가 육성하는 학과도 모두 이과에 쏠려 있죠. 현 정부가 적극적으로 밀고 있는 학과인 반도체학과가 대표적인 예입니다. 반도체학과는 의예과 뒤를 잇는 인기 학과로 자리매김하고 있습니다. 그렇다 보니 이과생 비율은 계속해서 늘고 있습니다. 2024학년도 입시는 역대 최대 규모로 추정됩니다. 이과생이 주로 선택하는 과학탐구는 23만 2,996명이 응시해 그전 해보다 3,542명이 늘었습니다. 문과생이 주로 선택하는 사회탐구는 23만 4,915명으로 지난해보다 1만 2,625명이 줄었습니다. 이과생 간의 경쟁도 훨씬 더 치열해지고 있습니다.

둘째는 4차 산업혁명으로 발전한 신기술을 교육에 적용하는 것입니다. 인공지능 기술을 중심으로 다양한 융복합 기술을 개발하고 활용한 상황에서 최적의 학습 효과를 이끌어낼 수 있는 학습 방식의 혁신이 필요해진 것입니다.

대한민국 교육에 스며든 에듀테크

앞의 두 번째 과제를 위한 대안으로 주목받는 것이 바로 '에듀테크'입니다. 사물인터넷, 빅데이터, AR과 VR, 인공지능 등 4차 산업혁명 기술은 교육 현장과 교수·학습법에도 적용되어 이른바 에듀테크로 발전하고 있습니다.

에듀테크EduTech 또는 EdTech는 교육Education과 기술Technology을 합친 단어입니다. 종이와 연필, 교실 학습을 중심으로 이루어졌던 교육환경과 전통적 교수·학습법에 혁신적인 ICT(정보통신기술)가 적용되어 지금까지와는 다른 새로운 교육환경과 학습 경험으로의 전환을 의미합니다. ICT의 발전과 함께 오프라인 중심이던 교육이 에듀테크로 나아가고 있는 것이죠.

사실 에듀테크가 최근에 나온 신조어는 아닙니다. 교육에 기술을 적용하는 시도는 2000년대 이후부터 지속적으로 나타났죠. 첫 단계는 ICT를 활용해 언제, 어디서든, 누구나 원하는 수업을 듣는 이러닝 형태였습니다. 전자 학습 또는 온라인 학습으로도 불리죠. 대표적인 예가 바로 메가스터디입니다. 메가스터디는 메가스터디교육이 수능과 대학별 고사를 위한 교과목 강의를 제공하기 위해 2000년 9월에 새롭게 개설한 사이트입니다. 사교육의 메카라 불리는 강남 대치동에서 '손사탐'이라는 별명으로 인정받은 손주은 회장이 오프라인 강좌의 인지도와 명성을 온라인 강좌로 옮겨 상용화시켰죠. 아시다시피 메가스터디는 개설 후 지금까지 학생과 학부모로부터 큰 사랑을 받으며 입시교육 분야에서 1위를 고수하고 있습니다.

2010년 이후에는 스마트러닝으로 발전했습니다. 스마트러닝은 이러닝을 스마트폰, 태블릿PC, e-Book 단말기 등 스마트 디바이스에 적용하고 실시간 피드백 기능을 활용한 것으로 대표적으로는 아이스크림홈런, 밀크T, 웅진스마트올 등이 있습니다. 여기에 에듀테크는 ICT를 접목해 교육에서 한 걸음 더 나아가 개별 학습자 간 맞춤형 교육을 추구합니다. 데이터와 소프트웨어를 중점으로 두고 있죠.

| 에듀테크의 발전 |

구분	개념	특징
이러닝	전자적 수단, 정보통신 및 전파, 방송 기술을 활용해 이루어지는 학습	인터넷과 컴퓨터에 교육을 접목한 온라인 교육 중심 주요 기기: 인터넷 PC
스마트러닝	스마트폰, 태블릿PC, e-Book 단말기 등 스마트 디바이스와 이러닝 신기술이 융합된 개념	스마트기기를 활용한 교육 주요 기기: 스마트폰, 스마트TV
에듀테크	교육에 ICT를 접목해 기존 서비스를 개선하거나 새로운 서비스를 제공하는 것	데이터와 소프트웨어에 중점 주요 기기: 스마트폰, 스마트폰TV

(출처: 소프트웨어 정책연구소)

경쟁적으로 발전하는 전 세계 에듀테크

에듀테크에 대한 관심은 전 세계적인 흐름입니다. 현재 전 세계적으로 교육에 ICT를 접목하는 시도가 활발히 일어나고 있습니다. 대한무역투자진흥공사KOTRA에서 2023년 5월 발표한 '에듀테크 해외시장진출 동향과 유망서비스' 기획 리포트를 바탕으로 전 세계 에듀테크 현황을 짚어보겠습니다.

가장 활발한 국가는 미국입니다. 라스베이거스에서 열린 세계 최대 가전 전시회 'CES 2016'에서 미래를 이끌 기술 열두 가지 중 하나로 에듀테크가 선정된 이후 활발히 성장하고 있습니다. 시장조사기관 홀론아이큐Holon IQ의 분석에 따르면 미국 에듀테크 시장은 2025년 2,520억 달러에 이를 것으로 전망합니다.

미국의 에듀테크 하면 어떤 게 가장 먼저 떠오르시나요? 단연 코세라Coursera가 아닐까 합니다. 전 세계 대학 수업을 온라인으로 듣는 온라인 대중 공개 수업MOOC, Massive Open Online Course의 대표적인 사이트라고 할 수 있죠. 코세라는 2012년 스탠퍼드대에서 강의를 제공하던 앤드류 응Andrew Ng 교수와 다프네 콜러Daphne Koller 교수가 만든 서비스로 온라인 대중 공개 수업의 일등 공신이라 할 수 있습니다. 세계경제포럼에 따르면 코세라에 등록한 학생은 2021년 기준 9,200만 명에 달합니다. 클릭 한 번으로 명문대 교수의 수업을 온라인으로 쉽게 들을 수 있다는 점에서 전 세계인들이 환호했죠.

| 2023년 에듀테크 유니콘 기업 |

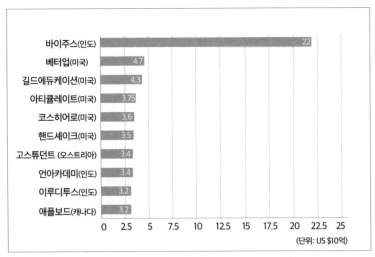

(출처: Statista)

미국은 코세라, 듀오링고, 유다시티를 포함해 에듀테크 유니콘 기업의 본거지라 불릴 만큼 상당히 앞서가고 있습니다. 시장조사기관 스태티스타Statista에 따르면 2023년 전 세계 에듀테크 유니콘 기업 중 가장 가치가 높은 기업은 인도의 온라인 강의 플랫폼인 바이주스ByJu's입니다. 그다음으로는 미국의 베터업BetterUp과 길드에듀케이션Guild Education이 뒤를 이었습니다. 전체 열 개 기업 중 다섯 개는 미국, 세 개는 인도 기업이며, 오스트리아와 캐나다 기업이 각 하나씩 있는 것으로 나타났습니다.

스타트업뿐만 아니라 애플과 레고 같은 대형 기업들도 새로운 제품과 서비스를 출시하면서 시장에 진출하고 있죠. 애플은 아이패드와 맥을 활용한 교육용 애플리케이션인 아이북오서iBooks Author, 클래스룸 Classroom, 아이튠즈유iTunes U 등을 출시해 교육 분야에서 입지를 강화하고 있습니다. 레고 역시 로봇 프로그래밍 교육용 제품인 레고 마인드스톰Mindstorms과 레고 에듀케이션Lego Education 시리즈를 출시해 교육 분야에서 자리매김하고 있죠.

미국의 교육은 정부 차원에서 교육제도나 교육과정, 교육방법에 획일적인 기준을 제시하지 않는 게 특징입니다. 각 주와 지역, 학교 차원의 자율성을 강조함으로써 다양한 교육 방법으로 학생들을 교육하고 있죠. 이처럼 미국 교육 시스템은 각 주와 지역 학군에 따른 자체 교육 정책과 규정이 있기 때문에 에듀테크도 각 주마다 활성화 정도가 다릅니다.

중국은 2010년 초반부터 온라인 교육시장이 활성화되기 시작했어요. 중국의 에듀테크 업체들은 인공지능, 빅데이터 등 첨단기술을 적극적으로 도입해 발전 속도를 높였죠. 온라인 교육기업 위안푸다오는 자체적으로 구축한 수학 문제 데이터베이스를 기반으로 한 이미지 식별 기술을 활용해 문제 자동 채점, 문제풀이 서비스를 제공하는 앱을 출시했습니다. 영어교육 서비스업체 브이아이피키드VIPKid는 안면 인식, 시선 추적 기술을 통해 수강생의 학습 상태를 실시간으로 분석해 이를 기반으로 최적의 교육 콘텐츠와 강사를 매칭하는 등 학습 효과를 극대화합니다. 그 결과 중국의 스마트 에듀 산업은 폭발적인 성장을 기록했죠. 맥킨지(2019)에 따르면 기업 가치 기준 글로벌 상위 10대 에듀테크 유니콘 중 네 곳이 중국 기업입니다.

하지만 뜨거운 교육열로 고속 성장하던 중국 온라인 교육시장은 2021년 7월 중국 정부의 강도 높은 규제인 '쌍젠双减' 정책이 나오면서 큰 위기를 맞고 있습니다. 쌍젠 정책이란 '의무교육 단계 학생들의 숙제 부담과 사교육 부담을 한층 경감시키는 것에 관한 의견'으로, 학생의 과제 부담과 학교 밖 사교육 부담 등 두 가지 부담을 줄여주겠다는 목적을 가지고 사교육 기관에 여러 가지 규제를 가하는 정책입니다.

중국 당국의 강력한 규제로 중국 내 온라인 교육 기업들은 직격탄을 맞고 있죠. 중국 국무원이 발표한 자료에 따르면 쌍젠 정책이 시행된 지 1년 만에 초중등생 대상으로 교과목을 가르치는 사교육 온라인 기업의 87%가 폐업했습니다. 주요 에듀테크 기업들은 대규모 감원을 단행하거나 기존 사업을 정부의 규제가 적용되지 않은 소양교육, 직업교육 등으로 전환했어요. 소양교육은 덕德, 지智, 체体, 미美, 노劳의 전면적 발전을 추구하는 교육을 말합니다.

최근 에듀테크 분야에서 가장 떠오르는 나라는 인도네시아입니다. 세계에서 인구(약 2억 7,500만 명)가 네 번째로 많은 국가이기에 성장 가능성이 높기 때문이죠. 그중 의무교육에 해당하는 초등학교(2,434만 명), 중학교(1,006만 명), 고등학교(509만 명), 직업고등학교(539만 명)를 모두 포함하면 학생 수가 약 4,488만 명이며, 대학교의 경우 4,528개 학교에 약 970만 명이 재학 중입니다. 24세까지의 학령인구가 약 1억 1,000만 명인 인도네시아는 동남아시아 내에서 가장 큰 규모의 에듀테크 시장으로 여겨져 많은 에듀테크 기업이 문을 두드리고 있습니다. 정부의 지원도 전폭적입니다. 인도네시아 정부는 디지털 개발, 창조경제와 학교 디지털화를 지원하는 산업혁명 4.0의 비전을 제시하며 교육의 균등한 분배를 지원하고자 노력하고 있어요. 학령인구가 매년 감소하는 우리나라와는 정반대인 상황이죠.

러시아는 교육 수준이 높고 자녀 교육에 대한 관심도가 큰 나라 중한 곳입니다. 러시아의 고등교육 이수율은 63%로 OECD 평균인 44%에 비해 월등히 높고, 매년 약 400만 명의 학생들이 고등교육 기관에 등록합니다. 교육에 대한 이 같은 사회적 관심과 함께 최근에는 교육과 IT를 접목한 에듀테크 시장도 급속도로 발달하기 시작했죠. 러시아에서도 온라인 교육기업 상위 128개의 매출은 2021년 748억 루블, 2022년

878억 1,000만 루블로 17.39%가 증가했습니다. 러시아 에듀테크 시장에서 가장 빠르게 성장하는 분야는 직업 전문 교육과 어린이 교육입니다. 그러나 러시아와 우크라이나의 전쟁 이후 러시아에서 페이스북과 인스타그램이 금지되면서 에듀테크 기업들은 광고 게재에 어려움을 겪었습니다. 이후 현재는 에듀테크 사용자 수가 현저히 감소한 상황입니다.

이렇듯 에듀테크는 해당 국가의 교육 정책이나 사회적 상황의 활성화에 지대한 영향을 줍니다. 그렇다면 우리나라의 상황은 어떨까요? 그간 우리나라 에듀테크는 높은 교육열에 비해 크게 활성화하진 못했습니다. 그나마 높은 IT 기술 발전을 반영해 스타트업에서 새로운 시도가 있었지만, 초중고등생 전체가 체감할 정도라거나 해외에서 두각을 나타낼 정도는 아니었죠.

특히 공교육에서는 그간 에듀테크에 대해 적극적인 움직임이 많지 않았습니다. 사실 에듀테크를 활성화하려면 학생들의 학습 데이터가 많이 필요한데, 이것을 공개하는 측면에서 교육부가 굉장히 보수적이었습니다. 수능 데이터나 국가 수준 학업 성취도 데이터 역시 공개하지 않았죠. 그렇기에 그동안 에듀테크 업계에서는 "우리나라 공교육 진입 장벽이 영미권에 비해 너무 높다"며 "인공지능 기술을 활용해 학습 수준을 정밀하게 진단하고 수준별 평가, 학습 경로를 제공하려면 AI에 학습시킬 데이터가 필요하다"고 목소리를 높여왔습니다.

교육부에서 가장 대표적으로 추진했던 에듀테크 시도인 '디지털 교과서'의 경우, 2007년부터 추진해왔으나 교사의 활성화율은 미미한 수준*에 그칩니다. 디지털 교과서란, e-교과서라고 불리며 컴퓨팅 기기를 매개로 여러 영상, 음성, 문자 자료와 학습 편의 기능을 담아낸 전자책입니다. 당초 정부는 2015년까지 디지털 교과서로 수업하는 비율을 30%로 높일 계획이라고 밝혔으나, 사실상 구성이 기존 교과서와 다를 게 없다 보니 굳이 활용할 필요를 못 느낀다는 평가를 받았습니다. 570억 원 넘게 투자했으나 크게 다른 게 없다며 비판을 받았죠.

왜 교육 현장에 기술이 필요한가

최근 들어 정부가 에듀테크에 관심을 가지며 적극적으로 계획을 발표하고 있습니다. 새로운 교육 정책을 발표할 때마다 빠지지 않고 등장하는 것이 바로 에듀테크입니다. 교육부가 3대 교육개혁 과제** 중 하나로 디지털 교육 혁신을 꼽을 만큼 적극적이에요. 필요할 경우 에듀테크 기업과의 협업도 고려하겠다고 밝혔죠. 정부가 이렇게 적극성을 띠는 데에는 두 가지 이유가 주효합니다.

첫째, 포노 사피엔스Phono Sapiens의 등장입니다. 요즘 아이들에게 스마트폰은 일상입니다. 노트북, 태블릿, 스마트폰과 같은 장치의 가용

---

* 2020년 한국교육과정평가원의 '코로나19 대응 온라인 개학에 따른 초중고등학교 원격수업 운영 실태 및 개선 방향 탐색' 보고서에 따르면 초중고 교사 1,879명 중 1,229명(65.4%)이 원격수업 중에 디지털 교과서를 쓰지 않았다고 밝혔습니다.

** 2023년 4월 19일 '2023 교육·인재정책 세미나'에서 교육부는 3대 교육개혁으로 국가책임 교육·돌봄, 디지털 교육혁신, 대학 개혁 등 3대 정책을 발표했습니다.

성으로 인해 학생과 교사는 교실과 가정에서 보다 쉽게 기술을 사용할 수 있게 되었습니다. 미국 교실에서는 이를 'BYOD Bring Your Own Device'라고 부릅니다. 모바일 장치의 보급률 증가로 학생들이 이것을 활용해 교육받는 데에 익숙해졌기 때문입니다. 수업 중에 인터넷 검색을 활용하는 나라도 많아졌죠. 전 세계적인 흐름과 우리 아이들의 활용 실태를 고려해 더는 뒤로 미룰 수 없습니다.

둘째, 코로나19로 인한 팬데믹입니다. 코로나19가 교육 현장을 발칵 뒤집어놓은 그때를 기억하십니까? 벌써 3년 전인데요. 코로나19로 우리는 그간 상상하지도 못했던 일을 현실로 겪었죠. 바이러스로 인해 다른 사람을 만날 수 없고, 밖에 나가기조차 어려웠습니다. 자연스럽게 학생들은 아이들이 밀집해 있는 학교에 가는 게 불가능했습니다.

문제는 교육 현장에서 이것에 대한 대비가 하나도 이루어지지 않았다는 점이죠. 시간이 지나면서 좀 나아지기는 했지만 줌 수업은 일방적이었고, 온라인 수업에 맞는 시스템은 구축되지 않았어요. 이런 민낯을 깨달은 학생과 학부모는 분노했고, 앞으로 이런 팬데믹에 대비하는 시스템을 만들어야겠다며 교육부 내에서의 자각이 이루어진 것입니다. 그것의 폐해가 현재 학습 격차로 뚜렷하게 나타나고 있기 때문입니다. 교육계에서는 코로나19 이후 학교 교육이 비대면으로 전환되면서 에듀테크 발전이 적어도 10년은 앞당겨졌다는 말이 나오기도 했습니다. 그만큼 코로나19가 덮친 지난 3년은 교육 현장에 위기감을 심어준 시기라고 할 수 있습니다.

공교육의 약점을 채워줄 완벽한 수단

에듀테크는 교육에 어떤 역할을 할 수 있을까요? 에듀테크가 우리나라를 넘어 전 세계적으로 관심받는 이유는 대량 교육 체제인 학교 교육을 보완하는 방안이 될 수 있기 때문입니다. 현재의 학교는 학습자의 수준이나 속도와 상관없이 연령에 맞춰 운영되고 있죠. 즉, 학생들은 공장 컨베이어 벨트에서 제품이 조립되는 것과 마찬가지로 1년 단위씩 진급과 진학을 하고 있습니다. 대량 교육 시스템에서는 학습 주체인 학생이 교육의 대상, 객체화가 됩니다.

특히 우리나라는 그간 평균의 함정에 빠져 있었습니다. 한 반에 20~30명의 학생을 교사 한 명이 가르치다 보니 학생들 개개인의 능력이나 상황을 고려하기보다는 평균에 맞춘 수업을 진행했죠. 현실적으로 학생 개개인마다 서로 다른 개성을 가지고 있는 현실을 외면한 채 평균 신체 사이즈로 맞춘 옷을 모두에게 입힌 셈입니다. 그렇다 보니 결국 맞지 않는 옷을 입은 학생들이 상당수 생겨날 수밖에요. 이 과정에서 많은 학생이 매시간 수업에서 소외되는 결과를 초래했습니다. 모두에게 똑같은 수업이 제공되는 탓에 상위권 학생은 학습에 흥미를 잃고, 하위권 학생은 수업을 따라가지 못하는 일이 일상적이었습니다.

이런 빈틈을 파고든 게 바로 사교육입니다. 평균에 맞춰진 공교육의 한계를 사교육이 보완하면서 그간 비약적으로 성장했죠. 지금은 보완을 넘어 사교육이 교육계의 한 축으로 공고화되었습니다. 현재 우리나라 에듀테크 시장도 사교육 위주로 형성되고 있습니다. 따라서 공교육은 사교육비를 줄이는 것은 물론 평균에 맞춰진 아쉬움을 에듀테크가 채워줄 것으로 기대하고 있습니다. AI를 활용해 학생들 각자의 학습 데이터를 분석해 맞춤형으로 교육을 제공한다는 계획입니다.

AI 디지털 교과서가 도입된 교실의 모습

이런 이유로 현재 정부는 교실에 에듀테크를 도입하는 데에 적극적입니다. 평소 에듀테크의 가능성을 강조한 이주호 교육부장관이 부임한 것도 이를 반영합니다. 이주호 장관은 부임과 동시에 인공지능 기술을 활용한 개인별 맞춤 학습을 제공하겠다고 밝혔습니다. 그리고 에듀테크를 통해 그간 우리나라에 뿌리박힌 교육 격차를 해소하겠다는 포부를 드러냈죠. 한 언론사가 이주호 장관의 1월 업무보고를 분석한 바에 따르면 '디지털'이란 단어가 74회나 등장했다고 밝힐 정도로 디지털을 강조한 것을 알 수 있습니다. 에듀테크를 기반으로 한 학생의 학습 성과를 데이터로 축적한다면 객관성과 공정성을 담보하면서도 지속적인 평가가 이루어질 수 있을 것으로 내다보고 있습니다.

이를 일각에서는 '하이터치high-touch 하이테크high-tech'라고 표현합니다. 학습자 맞춤형 교육을 실시하는 교사의 하이터치와 AI 메타버스 등 최신 기술을 교육에 도입하고자 하는 첨단 기술의 하이테크를 결합하는 교육 방법이라는 뜻입니다. '하이터치 하이테크'가 실현되면 교사는 AI의 도움으로 지식을 전달하는 부담을 덜 수 있습니다.

　'하이터치 하이테크'가 적용되면 교실은 어떻게 바뀔까요? 예를 들어 학생은 오전에 AI 교사와 기초 학습을 다지고 오후에는 인간 교사와 프로젝트를 진행하는 식의 학습을 예상해볼 수 있습니다. AI 수업 때는 학생들의 태블릿에 각자의 수준에 맞는 학습 과정을 제시하고, 학생들은 먼저 기본 문제를 풀어 자신의 수준을 평가받죠. 그것을 바탕으로 이후에는 개별 수준에 따른 문제를 풀고 피드백을 받습니다. AI 교사는 실력이 좋은 학생의 경우 난도를 빠르게 높여가며 어려운 문제를 풀게 하고, 그렇지 못한 학생에게는 개념을 이해할 때까지 반복적으로 학습하게 할 수 있죠.

　정부는 에듀테크의 구체적인 방법으로 AI 디지털 교과서 도입을 준비하고 있습니다. AI 디지털 교과서는 3대 교육개혁 과제인 디지털 교육 혁신의 일환으로 추진될 예정입니다. AI를 활용해 학생 데이터 기반의 맞춤 학습을 실현하기 위해서죠. 구체적으로는 AI를 활용해 학생별 학습 현황, 학업 성취도, 흥미 영역 등에 대한 데이터를 분석해 맞춤학습 경로와 콘텐츠를 제시할 계획이에요. AI 교과서는 기존 교과 내용에 용어사전, 멀티미디어 자료, 실감형 콘텐츠, 평가 문항, 보충 심화학습 등 풍부한 학습 자료와 학습 지원, 관리 기능이 추가됩니다.

　학생 학습 수준에 맞는 개별화 학습을 지원하는 것은 이미 민간 에듀테크 기업이 제공하는 서비스입니다. 이를 학교 수업에서도 디지털 교과서를 매개로 반영해 교육 서비스를 제공한다는 것이죠. 2025년에는 수학, 영어, 정보, 국어(특수교육) 교과에 우선 도입하고 2028년까지 국어, 사회, 역사, 과학, 기술·가정 등으로 확대할 계획입니다.

좀 더 구체적으로는 2025년 초등 3, 4학년과 중1, 고1을 대상으로 수학, 영어, 정보, 특수교육 국어 과목에 우선 적용하며, 2026~2028년 단계적으로 과목과 학년이 확대됩니다. 2028년부터는 발달 단계와 과목 특성을 고려해 초등 1, 2학년, 고교 선택과목, 예체능, 도덕을 제외한 전 과목에서 AI 디지털 교과서를 도입할 예정입니다. 이를 위해 교육부는 과학기술정보통신부와 협업해 AI 교과서 플랫폼 구축을 지원할 계획입니다. 디지털 교과서의 개발은 각 개별 기업이 하지만, 여러 지원 사항은 한국교과서협회(이사장 이대영)가 맡아 협조 체제로 이루어지게 됩니다.

| AI 디지털 교과서 도입 계획 |

구 분			2025년	2026년	2027년	2028년	비고
초등학교	국정	국어		국어 ③, ④	국어 ⑤, ⑥	-		특수교육 기본교육 과정
		수학			수학 ③, ④	수학 ⑤, ⑥		
	검정	국어			국어3-1, 3-2, 4-1, 4-2	국어5-1, 5-2, 6-1, 6-2		공통교육 과정
		수학		수학3-1, 3-2, 4-1, 4-2	수학5-1, 5-2, 6-1, 6-2	-		

학교급	구분	과목					교육과정
초등학교	검정	영어	영어 3, 4	영어 5, 6	-		공통교육과정
		사회		사회3-1, 3-2, 4-1, 4-2	사회5-1, 5-2, 6-1, 6-2		
		과학		과학3-1, 3-2, 4-1, 4-2	과학5-1, 5-2, 6-1, 6-2		
	인정	학교자율시간(정보)	정보 3, 4	정보 5, 6	-		
중학교	국정	선택			생활영어 1, 2, 3	정보통신 1, 2, 3	특수교육 기본교육과정
	검정	수학	수학 1	수학 2	수학 3		공통교육과정
		영어	영어 1	영어 2	영어 3		
		정보	정보				
		국어		국어 1-1, 1-2	국어 2-1, 2-2,	국어 3-1, 3-2,	
		사회			사회 ①, ②		공통교육과정
		역사			역사 ①, ②		
		과학		과학 1	과학 2	과학 3	
		기술·가정		기술·가정 ①, ②			
고등학교	국정	선택			생활영어 1, 2, 3	정보통신 1, 2, 3	특수교육 기본교육과정
	검정	수학	공통수학1, 공통수학2	-			공통교육과정

고등학교	검정	영어	공통영어1, 공통영어2	-			공통교육과정
		정보	정보				
		국어				공통국어1, 공통국어2	
		사회				통합사회1, 통합사회2	
		역사				한국사1, 한국사2	
		과학				통합과학1, 통합과학2	
		기술·가정		기술·가정			
합계(책)			18책	32책	29책	17책	
			총 96책				

이번에 교육부의 발표처럼 AI 디지털 교과서가 이뤄진다면 교육계는 굉장히 큰 변화를 맞이하리라 예상합니다. 가령 AI가 수학 교과서 안에 들어온다면 "받아올림이 있는 두 자리 수+한 자리 수는 정답률이 92%로 높아요. 두 자리 수-두 자리 수는 받아내림을 이해하면 정답률이 현재 55%에서 80%로 향상될 거예요"와 같은 파악이 가능해지는 것이죠. 틀린 문제와 비슷한 유형의 문제를 제시해 학습자의 이해를 도울 수도 있고요. 즉, AI 교과서는 AI 개인 교사처럼 학생의 강점과 약점을 파악해 맞춤형 교육을 제공하는 것이 목적입니다.

여기서 멈추지 않고 AI 교과서를 통해 학부모와 교사도 학생의 상태를 정확히 파악할 수 있습니다. 아이가 어느 정도 수업에 적극적으로 참여했고, 수업 때 이수한 미션의 성과는 어땠는지 정확히 공유하는 것이죠. 부모가 아이를 학원에 보내는 이유 중 하나가 아이의 실력을 정확히 판단하는 것이라고 할 때, AI 교과서가 상당 부분 이를 해결할 수도 있습니다.

교사 역시 마찬가지입니다. 개별 학생마다 굳이 시험을 보지 않아도 학습 상태를 정확히 알 수 있으니 좀 더 효과적으로 지도할 수 있습니다. 그리고 이는 학부모와의 상담 시 근거 자료로 활용할 수도 있습니다.

이런 AI 디지털 교과서에 대한 교육부의 장밋빛 전망과 달리 교육 현장의 반응은 아직 크지 않습니다. 교육부가 개발과 도입 시기만 결정했을 뿐 구체적으로 어떻게 개발할 것인지에 대한 지침 가이드가 명확하지 않기 때문입니다. 아직 학교 현장에서는 무선 인터넷망WIFI과 같은 기본 하드웨어조차 미비한 상황이기 때문입니다.

또한 AI 디지털 교과서를 활발히 수업에 활용하기 위해서는 교사 연수가 필수인데 1년밖에 남지 않은 상황에서 현실적으로 가능한지도 의문이라는 지적입니다. 지난번처럼 계획에만 머물 것인지, 아니면 이번에는 적극적으로 추진할지는 아직 미지수입니다.

따라서 정부가 이런 발표를 했고, AI를 반영한 디지털 교과서를 앞으로 도입할 수 있다는 정도로만 알고 있으면 됩니다. 윤리 문제, 저작권 문제 등 아직 풀어야 할 숙제가 많은 데다 직접적으로 평가나 대입에 반영하는 것은 아니기에 좀 더 마음의 여유를 가지고 교육부의 계획에 관심을 가지면 좋겠습니다.

| AI 디지털 교과서 학생용 대시보드 화면 예시 |

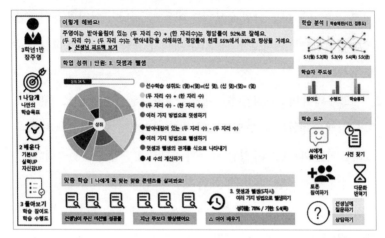

(출처: 교육부)

| AI 디지털 교과서 학부모용 대시보드 화면 예시 |

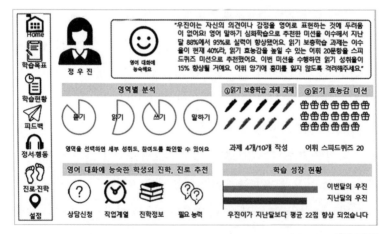

(출처: 교육부)

| AI 디지털 교과서 교사용 대시보드 화면 예시 |

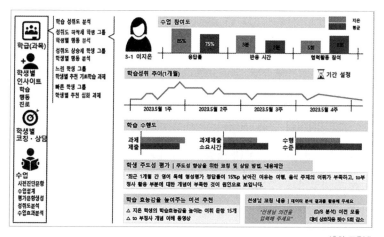

챗GPT는 교육을 어떻게 바꾸어놓을까

학부모가 놓쳐서는 안 되는 중요한 변화는 따로 있습니다. 바로 챗 GPT입니다. 2023년은 그야말로 챗GPT의 해라고 해도 과언이 아닐 정도로 사회적 파장이 컸습니다. 챗GPT는 '오픈AI'가 개발한 대화형 검색 엔진입니다. 2022년 11월 30일 대중에게 공개된 챗GPT 3.5 시 리즈 모델은 출시된 지 채 3개월이 되기도 전에 월간 활성 사용자가 자 그마치 1억 명을 넘는 신기록을 세웠습니다. 현재 유료 모델인 4.0 시 리즈도 큰 관심을 받고 있어요.

기존에도 인공지능 서비스는 있었지만 챗GPT가 놀라운 것은 기능이 애플의 '시리', 아마존의 '알렉사'와는 차원이 다르기 때문이에요. 챗GPT는 영화 〈아이언맨〉에 등장하는 인공지능 비서 '자비스'를 현실화시켰다는 평가를 받고 있죠. 챗GPT에 질문을 입력하면 인공지능이 빠른 속도로 답을 하는데, 기존 챗봇들의 답답한 단답형 대답과는 달리 챗GPT는 최적의 답을 건넵니다. 챗GPT는 로스쿨 시험, 미국의 의사 면허 시험, 펜실베이니아대 와튼스쿨 MBA 과정까지 합격하며 그 능력을 증명했어요. 무료 버전 챗GPT의 경우에는 2021년까지의 데이터만 탑재되었지만, 지난 5월 MS가 공개한 '빙' 검색 플러그인을 통한 챗GPT에서는 실시간 검색도 가능해졌습니다.

질문에 대해 문장 형태로 답을 만들어내는 AI 기술을 흔히 '생성형 AI'라고 합니다. 그동안 많은 AI 기술이 나왔지만 일반인이 사용하는 기술은 많지 않았죠. 2016년에 나온 알파고도 바둑에 한정되었지만, 챗GPT는 누구나 접할 수 있다는 점에서 그동안의 AI와는 완전히 다릅니다.

챗GPT가 세상에 공개된 이후 그 놀라움은 어마어마했습니다. '지난 2016년 알파고 대 이세돌 대국 이후 두 번째 충격', '2007년 아이폰 출시와 같은 혁명'이라고 불렸죠. 빌 게이츠는 이를 두고 "챗GPT와 같은 AI의 등장은 과거 인터넷 발명만큼 세상을 바꿀 가장 중대한 사건이 될 가능성이 높다"라고 평했습니다. 사실 우리가 4차 산업혁명을 실생활에서 체감하는 정도는 그리 크지 않습니다. 그래서 많은 분들의 뇌리에 이세돌과 알파고의 대결이 더 크게 각인되었는지도 모릅니다.

> 챗GPT를 학교 교육에 어떻게 활용할 수 있을까?
>
> 챗GPT는 학교 교육에 다양하게 활용될 수 있습니다. 여러 가지 방법으로 교육과 학습 경험을 향상시킬 수 있습니다:
>
> 1. **개별 학습 지원:** 학생들에게 개별적인 학습 지원을 제공하기 위해 사용할 수 있습니다. 학생들의 교과 과정 이해도를 확인하고 추가 학습 자료를 제공함으로써 학업 성취도를 향상시킬 수 있습니다.
> 2. **과제 및 프로젝트 도움:** 학생들이 과제나 프로젝트를 수행하는 동안 필요한 정보나 지침을 제공할 수 있습니다. 예를 들어, 특정 주제에 대한 연구 지원이나 창의적인 아이디어 제안을 할 수 있습니다.
> 3. **언어 교육:** 언어 교육에 활용할 수 있습니다. 영어 학습자를 위해 문법, 어휘, 작문 등의 연습을 지원하거나 외국어 학습을 지원할 수 있습니다.
> 4. **교육 자료 제작:** 교사가 교육 자료나 교과서를 작성하는 데 도움을 줄 수 있습니다. 예를 들어, 교과 과정에 관련된 질문 응답 섹션을 작성하거나 학습자를 위한 해설을 제공할 수 있습니다.

(출처: 오픈AI 홈페이지)

챗GPT는 프롬프트에 질문을 남기면 질문에 대한 복수의 정보를 있는 그대로 보여주지 않고, 질문의 맥락에 맞춰 가공된 하나의 답으로 제공한다는 점이 강점입니다. 그야말로 똑똑한 비서 못지않죠. 게다가 특정 콘텐츠를 주면 알아서 문제를 내줍니다. 과제나 리포트 작성 등 답변을 작성하는 도우미 역할을 넘어 출제자의 역할까지 하는 것이죠.

그것을 본 교육계의 충격은 가히 상상을 초월했습니다. 지식 위주의 우리나라 교육이 이제는 달라져야 한다는 것을 명확히 말해주고 있기 때문입니다. 저 역시 사용해보면서 놀라움을 감추지 못했죠. 챗GPT 공개 이후 교육계 관계자들을 만나면 화제의 대부분이 챗GPT에 관해서였습니다. 이후 챗GPT 관련 교육서들이 쏟아졌고, 챗GPT 관련 포럼도 수시로 열렸죠.

초기에는 챗GPT를 교육에 적용하는 부분에 대해 많은 교육 전문가가 우려와 불안감을 표시했어요. 학교에 도입하면 표절과 윤리 문제가 만연해질 것이라는 의견도 쏟아졌죠. 실제로 챗GPT를 개발한 오픈AI 팀도 만 13세 이상, 만 18세 미만은 부모 등 보호자의 지도하에 사용하라고 권합니다. 또한 만 13세 미만 초등학생은 챗GPT를 활용하지 않는 게 낫다고 합니다. 학습에서는 사고 과정이 중요한데, 챗GPT는 너무 빨리 답을 내놓기 때문에 학생들에게 생각할 시간을 주지 않는다는 문제점이 있어요.

챗GPT와 같은 생성형 인공지능이 세상에 나온 지 1년 남짓 된 지금, 교육계에서는 이를 어떻게 사용하고 있을까요? 우려로 인해 사용이 금지되었을까요? 오히려 현실은 그 반대입니다. 지금 전 세계 캠퍼스에서는 챗GPT를 적극적으로 도입하고 있습니다. 윤리적인 면에서 우려할 점도 있지만 AI 활용을 막을 수 없다는 점을 인정하기 때문이에요. 특히 유수 대학과 미국 보딩스쿨 등에서는 적용이 활발합니다.

우리나라 대학가에서도 마찬가지입니다. 일례로 성균관대 영상학과에서는 '인공지능을 사용해 작품을 창작해보세요'라는 과제가 출제된 적이 있습니다. 그림을 그리는 생성형 AI 달리Dall-E나 미드저니를 이용해 작품을 만들어보라는 주문입니다. 과제를 낸 교수는 "이제는 작품활동에서 아이디어를 도출하고 명령어를 잘 만드는 게 중요한 시대"라고 설명했어요. 건국대 정보통신대학원 정승익 교수는 지난 학기 전자공학과 강의에서 챗GPT 답변을 필수로 포함한 에세이를 제출하게 했습니다. 강의계획서에는 챗GPT를 활용하지 않으면 오히려 감점하겠다는 내용이 있었습니다. 강제해서라도 챗GPT 활용법을 연습시키려는 것이죠.

해외에서도 챗GPT 허용 범위가 넓어지고 있습니다. IB는 학생들이 제출하는 글에 챗GPT를 활용할 수 있게 했죠. IB 본부 측은 "챗봇을 특별한 기회로 받아들여야 한다"며 "다른 사람이나 인터넷에서 가져온 아이디어를 사용하는 것과 똑같기 때문에 출처를 명시하면 된다"고 밝혔습니다.

대학가에서는 AI 활용이 막을 수 없는 흐름이 되었습니다. 성균관대 재학생을 대상으로 한 설문조사(재학생 219명 참여)에서는 33.3%가 '코딩과 프로그래밍에 챗GPT를 쓴다'고 대답했습니다. 글쓰기(30.5%), 아이디어 생성(18.5%), 전공·시험공부(16.9%) 등에도 활용하고 있죠. AI를 사용해 학습 효율성이 높아졌다는 답변은 86.8%에 달합니다.

챗GPT의 등장 때 과제 표절 등으로 걱정이 앞섰던 대학이 이제 그 활용 방안을 적극 찾는 움직임을 보이고 있습니다. 대학가에서는 AI 활용이 이미 막을 수 없는 흐름이 되고 있기 때문입니다. 이런 흐름은 앞으로 초중고생들에게도 적용될 가능성이 높습니다. 해외에서는 이미 움직임이 나타나고 있죠. 구글 바드, 마이크로소프트 빙 등 생성형 AI가 일상이 되어가고 있기에, 앞으로 이런 시대를 살아갈 우리 아이들을 위한 교육을 하지 않으면 안 된다는 의견이 많아질 것입니다.

그리고 이런 흐름을 당연히 학부모들도 알아야 합니다. 우스개로 지인의 이야기를 들려드릴게요. 초등학교 6학년인 아들이 너무 공부를 안 하는 것 같아 문제집 열 장을 풀 때까지 방에서 나오지 말라고 했답니다. 그런데 어쩐 일인지 아이가 10분 만에 나온 거예요. 물론 모든 문제를 다 풀어서 말이죠. 게다가 정답까지 다 맞은 상황이 이상해 알아보니 문제만 업로드하면 30초 안에 풀어주는 앱을 활용했던 것입니다. 이런 현실은 학부모들이 아이의 학습을 지도할 때의 방향도 달라져야 한다는 것을 의미합니다.

챗GPT 시대 우리 아이 교육법

인공지능을 외면한 채 살기는 어려운 세상입니다. 협업하는 사람이 되어야 합니다. 인공지능과 경쟁하는 방식은 이미 무용지물이 되었기 때문입니다. 백문불여일견百聞不如一見이듯 아이들과 함께 이런 새로운 AI 기술을 사용하면서 변화를 체감하기를 추천합니다.

초중등생이라면 구체적으로 챗GPT를 어떻게 활용하면 좋을지, 지엽적인 부분보다는 이 시대에 갖춰야 할 역량에 초점을 두는 것이 좋습니다. 앞으로 기술은 더욱 빠르게 계속 변화할 테니 말입니다. 챗GPT 시대에 우리 아이들에게 필요한 역량은 무엇일까요? 이화여대 교육학과 정제영 교수는 『챗GPT 교육혁명』에서 다음 여섯 가지를 제시합니다.

첫째는 개념적 지식입니다. 흔히 AI 시대에는 지식의 중요성을 간과하곤 합니다. AI가 인간보다 지식을 더 많이 알 거라는 생각 때문이죠. 하지만 AI 시대일수록 지식은 중요합니다. 개념적 지식이 부족하면 챗GPT가 제공하는 정보를 잘못 이해하거나 오인할 가능성이 높기 때문입니다. 챗GPT는 잘못된 정보도 천연덕스럽게 대답하기 때문에 이를 가려낼 수 있으려면 지식을 기반으로 판단력을 향상해야 합니다. 올바른 지식을 형성하기 위해 가장 좋은 방법은 뭐니 뭐니 해도 다양한 분야의 독서입니다.

둘째는 커뮤니케이션 역량입니다. 기존에는 정답을 암기하는 능력이 중요했다면 챗GPT와 같은 생성형 AI가 일반화된 시대에는 지식을 적용하고 활용하는 능력이 중요합니다. 지식을 활용하기 위해서는 역설적으로 지식을 이해하고 표현할 수 있어야 하는데, 그게 바로 질문하는 능력입니다. 커뮤니케이션 역량을 향상시키려면 평소 대화 연습을 하는 것도 하나의 방법입니다. 일단 상대방의 의견을 경청하고, 질문을 통해 상대방의 관점을 이해해야 합니다. 요즘 아이들 중에는 메신저 사용으로 인해 일회성 메시지에 익숙하다 보니 상대방의 의견을 생각하고 비판적으로 받아들이는 대화를 못하는 경우가 많습니다. 평소 가정에서 가족 간 하브루타(대화, 토론, 논쟁) 등을 활용해 연습할 필요가 있습니다.

셋째는 문제 해결 능력입니다. 사용자의 문제 인식은 챗GPT에 질문하는 형태로 드러납니다. 질문의 수준이 챗GPT 활용의 수준을 결정합니다. 따라서 좋은 질문을 할 수 있는 역량이 필요하고 그것이 바로 문제 인식과 해결 능력으로 연결됩니다. 챗GPT를 잘 활용하기 위해서는 문제를 해결하려는 열망과 노력을 바탕으로 접근해야 합니다. 평소에 세상을 무비판적으로 수용할 게 아니라, 궁금증과 문제의식을 바탕으로 스스로 답을 찾아보는 노력이 필요하죠. 구체적으로는 토론과 프로젝트 학습이 도움이 됩니다.

넷째는 창의성과 인문학적 상상력입니다. 챗GPT에 의존하는 게 아니라 비서로 활용하기 위해서는 인공지능이 못하는 영역인 창의적인 생각과 인문학적 상상력이 필요합니다. 이를 기르기 위해서는 독서와 예술 활동 참여가 효과적입니다.

다섯째는 디지털 문해력입니다. 전문가들이 챗GPT 사용을 우려하는 가장 우선적인 이유는 단연 윤리적인 문제입니다. 표절이 만연하고 챗GPT의 의견을 자신의 의견처럼 활용할 수 있기 때문이죠. 인공지능에 종속되지 않기 위해서는 디지털 문해력과 디지털 시민성 교육이 필수입니다.

여섯째는 자기주도적 학습 역량입니다. 앞으로 교육계에 챗GPT가 적용되면, 이를 적극적이면서 주도적으로 활용하려는 경우와 그렇지 않은 경우의 교육 격차가 커질 수밖에 없습니다. 따라서 자기주도적으로 학습 능력을 기르지 않으면 가능성이 무궁무진한 비서에게 제대로 지시할 수도 없고, 무엇을 시켜야 할지 모르는 상황이 올 수도 있습니다. 따라서 평소 학습 동기와 학습 습관을 바탕으로 한 자기주도적 학습이 더 중요해질 전망입니다. 즉 챗GPT 시대에서는 챗GPT를 주도적으로 활용하느냐, 주는 정보에 끌려가느냐에 따라서 개인의 경쟁력이 크게 좌우될 것이기에 이를 염두에 둔 대비가 필요해요.

인공지능이 개방하는 대학의 문

AI 시대에 따른 교육에 대한 고민은 초중고에만 국한되지 않습니다. 대학들도 많은 고민을 하고 있죠. 경쟁률이 높으니 '인 서울' 대학은 걱정 없을 것 같다고 생각하겠지만, 그렇지 않습니다. 학령인구 감소 여파로 해외에서 유학생들을 모집하기 위해 전 세계 인재를 대상으로 경쟁률을 높여야 하는 과제를 부여받은 것입니다.

국내로 한정해도 고민은 커지고 있습니다. 학생들이 고3 때까지 전력투구하고 대학에 와서 공부를 이전만큼 안 하는 경우가 너무 많기 때문입니다. 학점이 좋든 나쁘든, 점수에 맞춰 선택한 학과에서 열정과 호기심, 상상력을 발휘하지 못하는 경우도 많습니다. 사회가 원하는 인재를 배출하기 위해서는 학생들의 도전과 창의, 상상력을 불러일으켜야 하는데 대학 입장에서는 쉽지 않기 때문입니다. 그동안 대학 총장님들을 상대로 많은 인터뷰를 했는데, 소위 대학 서열이 높은 대학이든 아니든 저마다 상당한 고민을 하고 있었습니다.

그동안 우리나라는 앞 사람을 따라 산을 오르는 등산객처럼 선진국 뒤를 성실히 따르는 빠른 추격자, 즉 패스트 폴로어fast follower였습니다. 하지만 어느덧 선진국의 반열에 오른 우리나라는 이미 산행의 선봉에 선 리더로서 신중히 방향을 판단해야 하는 퍼스트 무버first mover의 자리에 도달했죠. 이렇게 시대가 원하는 인재의 덕목이 바뀌면서 오늘날 대학들의 새로운 고민이 시작되었습니다.

거기다가 온라인 공개 동영상 서비스가 전 세계 대학을 위협하고 있습니다. 굳이 캠퍼스에 가지 않아도, 높은 입학 경쟁률을 뚫지 않아도 접속만 하면 아이비리그 교수의 강의를 보고 들을 수 있는 세상이기 때문이죠. 우리나라는 대학을 간판으로 여기기에 대학을 대체하는 분위기는 아니지만, 이미 해외에서는 온라인 공개 동영상 서비스가 대학을 대체하고 있습니다. 이런 흐름을 반영해 대학가에서도 새로운 시도가 나타나고 있는데, 그중 대표적인 사례가 바로 미네르바스쿨입니다.

하버드대보다 들어가기 어려운 혁신대학

최근 몇 년 동안 전 세계적으로 주목받는 대학이 있습니다. 혁신대학으로 불리는 미네르바스쿨Minerva School이 그 주인공입니다. 미네르바스쿨은 미국 최고의 명문인 하버드대보다 더 들어가기 어려운 대학으로 꼽힙니다. 지난 2020년 기준, 하버드대의 합격률은 5.6%, 예일대는 6.3%였던 반면 미네르바스쿨의 합격률은 0.8%에 불과했습니다. 세계 최고의 대학으로 꼽히는 하버드대와 MIT를 포기하고 미네르바스쿨을 선택하는 경우도 있습니다. 이름도 낯선 이 대학에는 대체 어떤 비결이 있는 것일까요?

미네르바스쿨은 미국의 벤처투자자 벤 넬슨이 KGI_Keck Graduate Institute, 즉 미국 대학 연합체의 인가를 받아 2010년에 설립한 대학입니다. '미래의 학교'라 불리는 미네르바스쿨은 기존 대학의 틀에서 벗어난 새로운 방식의 수업을 진행합니다.

일단 모든 수업은 온라인으로 진행합니다. 강의실에서 진행하는 오프라인 수업이 없어요. 캠퍼스 자체가 없고 대신 일곱 개의 기숙사만 있을 뿐입니다. 재학생 전원이 4년 동안 전 세계에 위치한 일곱 개의 기숙사를 돌아다니며 생활합니다. 1학년 때는 대학 본부가 있는 미국 샌프란시스코에서 공부하고, 2학년부터는 각 학기를 서울(대한민국), 하이데라바드(인도), 베를린(독일), 부에노스아이레스(아르헨티나), 런던(영국), 타이베이(대만)에서 생활합니다. 단순히 기숙사에만 있는 게 아니라 각 도시에서 생활하면서 다양한 문화를 체험하고 현지 기업에서 일하며 인턴도 체험합니다.

각 학기 수업마다 LBA_Location Based Assignment와 시빅 프로젝트_Civic Project를 수행합니다. LBA는 기숙사가 위치한 도시에서 학습 내용을 적용할 수 있는 주제를 정해 프로젝트를 진행하는 지역 기반 과제입니다. 시빅 프로젝트는 머무는 도시에 있는 기업이나 단체와 협업을 진행하는 프로젝트입니다. 학생들은 다양한 경험을 통해 각 나라에 대한 견문을 넓히며 수업에서 배운 것을 현장에서 적용하며 글로벌 시민이 되는 법을 배웁니다. 단순히 이론을 배우는 게 아니라 배운 것을 실전에 적용해보는 것입니다. 이런 과정을 통해 수업에서 배운 지식이 '죽은 지식'이 아닌 '살아 있는 지식'이 되는 것이죠.

기존에 없던 이 커리큘럼에는 설립자인 벤 넬슨의 가치관이 크게 영향을 미쳤습니다. 넬슨은 아이비리그에 속하는 펜실베이니아대에서 경제학을 전공했습니다. 그는 입학 당시 꿈에 부풀었죠. 펜실베이니아는 아이비리그 중에서도 경제 분야로 손꼽히는 대학이었기 때문입니다. 그는 자신의 사고력이 크게 발전할 거라고 생각했습니다.

하지만 기대와 달리 수업이 학생들의 사고력 증진을 위한 방향으로 이루어지지 않는다는 것을 깨달았고, 이를 개선하고자 점차 대학 교육제도에 관심을 기울이게 되었습니다. 졸업 후 온라인 사진 인쇄 업체인 '스냅피쉬'라는 벤처기업을 성공적으로 운영한 덕분에 이를 매각한 300만 달러(약 35억 원)와 추가로 여러 기업의 후원을 받아 만든 대학이 바로 미네르바스쿨입니다. 그는 미네르바스쿨을 학생들의 비판적이고 창의적인 사고력과 복잡한 문제를 해결하는 능력을 키워주기 위해 설립한 대학이라고 밝힌 바 있습니다.

미네르바스쿨이 기존 대학과 다른 점을 한 가지만 꼽는다면 '교수' 중심이 아닌 '학생' 중심이라는 점입니다. 수업은 주로 학생들의 토론으로 이루어집니다. 온라인이지만 교수와 모든 학생이 얼굴을 보며 의견을 주고받는 세미나 형식으로 진행되죠. 온라인 강의라고 해서 사전에 녹화한 강의를 일방적으로 시청하는 우리나라 동영상 강의 정도로 생각하면 안 됩니다. 교수는 토론 주제를 알려주고 가이드만 해줄 뿐, 수업을 이끌지 않습니다. 전교생 규모가 작은 신생 대학이기에 모든 수업이 20명 이하로 구성되어 있다는 점이 이를 가능케 합니다.

　기존 대학과는 차이가 컸기에 미네르바스쿨은 설립 당시부터 전세계 인재들이 몰려들기 시작했습니다. 이 중에는 우리나라 학생도 꽤 있습니다. 미네르바스쿨이 점차 널리 알려지면서 우리나라 학생들 사이에서도 인기 대학이 되었습니다. 그렇다 보니 최근 우리나라에는 이를 대비하는 입시학원도 생겨났죠.

　미네르바스쿨은 미국의 대학입학 자격 시험인 SAT^{Scholastic Assessment Test}나 ACT^{American College Testing Program} 같은 표준화된 시험 성적을 반영하지 않습니다. 성적은 사교육으로 충분히 만들어질 수 있다고 보는 것이죠. 그 외 활동과 제출되는 에세이도 누군가의 도움으로 만들어질 수 있다는 판단 아래 평가 기준에서 제외합니다. 올해 합격생의 말에 따르면 정해진 시간에 자체 시험을 보고, 여섯 가지 질문을 준 뒤 즉석에서 에세이를 쓰게 했다고 합니다. 그런데 그 질문이 워낙 창의적인 데다가, 자신이 누구인지도 증명해야 하기에 만만치 않은 단계라고 합니다. 그리고 미네르바스쿨은 매년 입학 에세이 문제를 바꿉니다.

한국형 혁신대학은 자리 잡을 수 있을까

지난해 우리나라에서 가장 주목받은 대학을 꼽는다면 단연 태재대학입니다. SKY라고 생각했을 텐데 낯선 대학이라 놀랐을 것입니다. 태재대는 앞서 말씀드린 미네르바스쿨의 한국판이라 불리는 신생 대학입니다. 우리나라 대학에 아쉬움을 느낀 한샘 창업주 조창걸 명예회장이 개인 재산 3,000억 원을 들여 설립한 대학입니다. 오랜 준비 기간을 거쳐 지난해 9월 사이버대학으로 문을 열었습니다. 초대 총장은 고려대 총장을 역임한 염재호 총장이 맡았습니다. 염 총장은 고려대 재임 시절부터 3무 정책 등 다양한 개혁을 시도한 인물이기도 합니다.

태재대 역시 캠퍼스가 전 세계에 위치해 있습니다. 재학생들은 전 세계를 돌아다니며 온라인 수업을 듣습니다. 서울에서 3학기를 마치고 도쿄, 뉴욕, 홍콩, 모스크바에서 각각 1학기씩 체류하며 학업을 수행합니다. 글로벌 순환 수업을 하는 이유는 학생들이 글로벌 현장 감각을 키우면서 각 도시에서 사회, 경제적 문제를 선정해 프로젝트를 수행하기 때문입니다.

무전공으로 입학한 다음 2학년 이후 전공(인문사회학부, 자연과학부, 데이터과학과 인공지능학부, 비즈니스혁신학부)을 선택하게 되며, 복수전공이나 자기설계 전공도 가능합니다. 태재대의 커리큘럼은 여섯 가지 역량 신장을 위한 것입니다. 여섯 가지 역량이란 비판적 사고 역량, 창의적 역량, 자기주도학습 역량, 소통과 협력 역량, 다양성과 공감 역량, 글로벌 화합과 지속가능성 역량입니다.

모든 수업은 영어로 진행하며, 20명 이하의 온라인 토론과 프로젝트 형식으로 진행합니다. 교수가 일방적으로 강의하고 학생은 듣는 전통적인 형식의 강의와는 다릅니다. 학생들은 수업 전에 미리 제시된 주제로 사전 공부를 하고 수업 때는 토론을 합니다. 이밖에 방학 등을 활용해 실리콘밸리 현장 학습과 유럽 문명사 그랜드 투어 등도 이루어진다고 합니다.

지난 9월 첫 신입생을 선발했습니다(한국인 100명, 외국인 100명). 한국인 전형으로는 총 세 가지를 운영하는데 태재미래인재 전형, 자기혁신인재 전형, 사회통합 전형으로 구성되어 있습니다. 태재미래인재 전형과 사회통합 전형은 학생부를 기본으로 서류 전형과 그룹 토론 면접, 개별 면접을 거쳐 합격자를 가립니다. 자기혁신인재 전형은 세상을 바꿔보거나 새로운 도전의 경험을 바탕으로 쓴 에세이를 기본으로 서류 평가와 개별 면접으로 뽑습니다. 사회통합 전형은 사회적 배려자를 위한 전형입니다.

1기생으로는 총 410명의 학생들이 지원해 선발 과정을 거쳐 최종 합격생 32명이 선발되었습니다. 1단계 서류 전형에서는 고교 시절의 업적과 학교생활기록부를 바탕으로 면접 대상자를 선발하고, 2단계 면접 전형에서는 태재대에서 경험하게 될 '토론식 수업형 면접'과 학생의 인적성을 보는 개인 심층 면접으로 진행되었습니다.

해외 대학에 재학 중이거나 중퇴 예정인 학생들이 대거 지원한 것으로 알려졌습니다. 합격자 중 국내 신입생은 총 27명이고 베트남, 카자흐스탄, 튀니지, 이스라엘 등의 국적을 가진 외국인 신입생도 다섯 명입니다. 태재미래인재 전형에 합격한 박 모 씨는 미국 캘리포니아 주립대 어바인 캠퍼스 생물학과에 합격한 후, 한국 뉴욕 주립대 응용수학을 전공하다 중퇴하고 이번에 태재대에 입학했습니다. 최 모 군은 미국 캘리포니아 샌디에이고 주립대 컴퓨터공학과에 입학 예정이었으나 태재대를 선택했다고 알려졌습니다.

우리나라에 기존에 볼 수 없던 새로운 커리큘럼으로 운영하는 혁신대학이 설립되었다는 점은 무척 고무적입니다. 하지만 태재대가 미네르바스쿨처럼 많은 학생으로부터 인정받기 위해서는 넘어야 할 과제가 많습니다. 그중 하나가 바로 우수한 교수진 확보입니다. 태재대는 교수의 선발과 관리에서 기존 대학과 다른 원칙을 제시합니다. 교수는 수업만으로 평가받으며 연구에 대한 의무 사항이 없으며 정년도 보장하지 않습니다. 끝없이 연마하고 경쟁하라는 취지가 교수 입장에서는 부담스러울 수 있습니다. 안정적인 부분이 사라졌기에 얼마나 우수한 교수진이 태재대에 올지가 의문입니다. 또한 아직 신생 대학이기에 학문적 명성이나 졸업생에 대한 평판이 형성되어 있지 않아 기대한 만큼 인재가 몰릴 것인가도 과제로 남아 있습니다.

사회가 원하는 인재상이 바뀐다

태재대가 앞으로 성공적인 행보를 보일지는 미지수이지만, 태재대의 설립이 우리나라 대학가에 주는 메시지는 큽니다. 일방적으로 지식을 전달하는 기존의 대학 수업 방식으로는 미래 변화에 효과적으로 대응하지 못한다는 것이죠. 과거에는 교수 강의를 들을 수 있는 방법이 오직 대학뿐이었기에 일방적인 수업 방식에 변화를 줄 필요가 없었지만, 이제는 그렇지 않기 때문입니다.

이에 부응해 미래형 인재를 양산하기 위해 대학도 뼈를 깎는 노력과 새로운 시도를 해야 한다는 과제를 남겼습니다. 앞으로 대학가에도 다양한 방식의 변화가 찾아올 거라고 생각합니다. 태재대와 같은 시도가 앞으로 계속 일어날 것입니다. 미래학자들은 공공연하게 대학의 변화가 클 거라고 예측합니다. 역할도 그렇고요. 앞으로 대학이 지니는 후광효과, 졸업장의 효과는 점점 더 약화될 것이기 때문입니다.

메타버스로 유명한 김상균 경희대 경영대학원 교수는 『초인류』에서 앞으로 대학의 미래를 예견했습니다. "대학을 졸업하지 않고 각종 디지털 플랫폼, 인공지능 튜터 등을 통해 학습한 이들이 사회에서 대학 졸업자에 비해 부족하지 않은 역량을 보이는 경우가 증가하면서 대학에 대한 사회의 인식이 꾸준히 변화하게 될 것"이라고 말이죠. "물론 대학이 가진 기능이 많기 때문에 사라지지는 않겠지만 대학의 네트워킹 기능은 빠른 속도로 퇴색할 것이고 변화에 능동적으로 대응하는 대학만이 살아남을 것"이라고 내다보았습니다.

이런 대학가의 변화는 앞으로 대학입시가 교육의 끝이라는 인식을 철저히 부정할 것입니다. 따라서 학부모들의 인식도 바뀌어야 합니다. 자녀 교육의 목표를 대학이 아니라 그 이후까지 내다보고 초중고 시절을 대해야 합니다. 대학에 가더라도 자기 역량을 발휘하지 못하면 사회에서 도태될 수 있음을 깨닫고, 지금부터라도 적어도 아이에게 '어떻게 해서든 대학만 가라'거나 '대학만 가면 모든 고민은 없어진다', '대학이 인생을 결정한다'는 식의 말은 삼가야 합니다. 앞으로는 대학 이후 사회에서 자신의 역량을 보여주는 게 훨씬 더 중요할 테니까요.

이는 인재상으로도 드러납니다. 과거의 인재는 한 분야만 잘하면 되는 I자형 인재였어요. 그 이후 지금까지는 T자형 인재가 인정받았죠. T자형 인재는 한 분야를 잘 아는 것과 함께 다양한 분야를 두루 아는 인재를 말합니다. 그런데 앞으로는 M자형 인재가 두각을 보일 것으로 전망합니다. 전공이 하나가 아닌 두 개, 즉 인터넷과 검색을 통한 지식 축적의 도움으로 전공과 관련한 인접 분야에도 전공만큼이나 깊은 지식을 쌓는 인재를 말합니다.

자녀가 장차 M자형 인재가 되기를 바란다면 관심 있는 분야를 깊게 공부하는 것을 즐길 수 있도록 해주어야 합니다. 그것이 어떤 분야든 말이죠. 한 분야에 대한 깊이 있는 탐구가 다른 분야로 옮겨갈 수 있습니다. 공부가 힘들거나 하기 싫은데 억지로 하게 하면 절대 지속적으로 할 수 없습니다. 공부를 부정적으로 여기지 않도록 부모님이 도와주어야 합니다. 공부를 일상으로 여길 수 있도록 공부하는 모습을 자주 보여주는 것도 좋습니다. 이제 공부는 오랜 친구나 가족처럼 평생 함께 해야 하는 시대이니까요.

+ 키워드 07 +

권위 상실

●

"부모가 교육의 주도권을
놓지 않으려면"

지금 대한민국에서 권위가 사라지고 있다

군사부일체君師父一體라는 말을 기억하시나요? 임금과 스승과 부모의
은혜가 같다는 말이죠. 우리가 학교에 다닐 때만 해도 익숙하던 이 말
이 어느샌가 우리 사회에서 사라졌습니다. 요즘은 잘 사용하지 않는 이
말을 다시 꺼내온 이유는 이 말이 회자되던 때를 기억하는 이들이 많아
졌기 때문입니다.

　2023년 교육계를 떠들썩하게 만든 키워드를 딱 하나만 꼽으라면
단연 '권위'가 아닐까 합니다. 권위의 사전적 의미는 '남을 지휘하거나
통솔해 따르게 하는 힘'을 말합니다. 권위는 사회 각 영역이 질서를 유

280 × 281

지해 돌아갈 수 있게 하는 메커니즘의 중심에 있습니다. 그런데 거대 전환의 사회 변화 과정 속에서 권위에 대한 의미가 조금씩 힘을 잃더니 권위주의적 질서가 빠르게 해체되었습니다. 전통적 가치관 아래 자연스럽게 주어졌던 권위가 무너진 것이죠.

문제는 새로운 메커니즘에 대한 논의가 이루어지지 않은 채 권위가 빠르게 붕괴되었다는 점입니다. 그로 인해 사회 각 분야의 질서를 유지하는 토대가 무너지면서 혼란한 상황들이 나타나기 시작했고, 가정과 학교도 예외가 아니었습니다.

권위 있는 부모가 사라지고 친구 같은 부모만 남았다

한때 '친구 같은 부모'가 굉장한 인기였습니다. 편안하고 친한 부모-자녀관계. 친구friend와 아빠daddy를 합친 '프랜대디'라는 용어가 생겨날 정도로 자녀와 친구처럼 자유롭게 대화를 나누고 격이 없이 지내는 관계를 꿈꾸는 부모가 많았습니다.

이는 어린 시절 권위주의적이었던 부모에 대한 원망에서 기인합니다. 우리 세대까지만 해도 부모 중에는 '권위'를 '권력'으로 생각하는 경우가 많았죠. 자녀에게 과하게 고압적이고 수직적으로 대하는 부모들이 종종 있었습니다. 그래서 과거의 부모 세대를 부정적으로 기억하는 이들이 많습니다. 혼나거나 야단맞는 일이 잦았으니까요. 특히 체벌을 당하는 경우도 많았죠. 그러다 보니 아무리 부모라고 해도 자녀를 때려서는 안 된다는 인식이 강하게 자리했고, 이런 인식이 인권을 존중하는 가치관의 확산과 맞물리면서 과거 권위주의적 양육 태도를 배척하는 현상으로 이어졌습니다.

권위주의적인 부모에게 염증을 느낀 세대가 자식에게만큼은 그렇게 하지 말아야겠다고 다짐하면서 아이와 수평적인 관계 맺기를 꿈꾸며 실천하기에 이른 것이죠. 미디어에서도 아이와 어깨동무하며 격이 없이 대화하는 모습이 이상적인 부모-자녀관계로 그려졌습니다. 한때 몇 년간은 '친구 같은 부모', '아이 마음 읽기' 등의 책들이 베스트셀러가 되었습니다.

'마음 읽기' 육아법은 2000년대 후반부터 국내에 알려지기 시작했고, 2010년대에 큰 관심을 받았습니다. 부모와 자녀 간 정서적 교감을 중요시하는 교육법으로, 아이가 문제 행동을 일으켰을 때 왜 그런 행동을 했는지 아이의 마음을 읽고 아이가 스스로 행동을 고치도록 기다려주는 게 핵심입니다. '사랑의 매'라는 이유로 체벌을 당연하게 여겼던 기존의 교육법이 지나치게 권위적이라는 반감과 함께 아이의 마음 읽기 육아법에 관심이 쏠렸습니다.

그러나 이 과정에서 예상치 못한 일이 발생했습니다. 권위 있는 부모를 권위주의적인 부모와 동일시하면서 권위 자체가 금기시되고 터부시된 것이죠. 그간 가정이라는 시스템을 유지하는 데에 중요한 역할을 했던 권위가 무너지다 보니 가정 내 질서가 흔들리고, 부모-자녀관계에서도 새로운 문제가 발생하기 시작했습니다.

부모의 권위가 없을 때 생기는 일

부모가 권위를 잃었을 때 어떤 문제가 발생할까요? 단적으로는 훈육이 어려워집니다. 훈육은 아이가 자라면서 지녀야 하는 것들을 가르치는 과정과 결과를 의미합니다. 즉, 부모가 어른으로서 마땅히 가져야 할 권위를 바탕으로 아이가 세상을 살아가는 데에 필요한 것들을 가르쳐야 하는데, 권위가 사라지다 보니 일일이 아이에게 설명하고 설득하는 어려움이 뒤따르는 것입니다.

구체적으로 예를 들면 '동생을 때리면 안 돼', '교통신호는 지켜야 해', '위험한 물건은 던지면 안 돼'와 같이 마땅히 해야 하는 일은 가르쳐야 합니다. 그런데 형이 동생을 때리고 물건을 던질 때마다 동생을 왜 때리면 안 되는지, 동생을 때렸을 때 어떤 문제가 발생하는지를 설명하기에 이른 것이죠. 교통신호는 왜 지켜야 하고, 안 지키면 얼마나 위험한지를 일일이 설명하고 설득하는 노력이 수반되었습니다. 이는 비단 과정의 비효율성이나 번거로움만을 말하는 것이 아닙니다. 지시를 통해 알려주어야 할 일도 설명과 설득을 하게 되었다는 의미입니다.

커뮤니케이션 방식상 지시와 명령과 달리 설명과 설득은 상대방이 '갑'의 위치에 놓입니다. 설명과 설득을 한다는 것은 상대방에게 어떤 행동을 해달라고 요청한다는 것인데, 이 말은 설명과 설득을 했음에도 상대방이 따르지 않을 수 있는 선택권이 주어진다는 것을 의미합니다. 즉, 설명과 설득의 주체가 아이라는 말입니다. 설명하고 설득하면 아이는 자신이 선택권을 가지고 있다고 생각하게 됩니다.

하기 싫은 일을 하게끔 시킬 때도 마찬가지입니다. 예를 들어 아이들은 참 씻기 싫어하죠. 하지만 씻기 싫어한다고 그냥 놔둬야 할까요? 매일 아침 이를 닦고 세수를 해야 한다고 반드시 가르쳐야 합니다. 때로는 기다림을 알려주어야 할 때도 있습니다. 먹고 싶더라도 절제 없이 아무 때나 먹는 게 아니라 시간과 장소에 맞게 먹어야 한다는 것을 가르치며 기다리는 힘을 길러주어야 합니다. 그래야 장차 아이가 단체생활을 하고 사회생활을 할 수 있게 되는 것입니다.

훈육은 부모가 아이를 상대로 반드시 해야 하는 것입니다. 그렇지 않으면 일단 안전에 위협이 따릅니다. 아이들은 아직 안전에 대해 어느 정도 위험한지 알 수 없기에 이를 부모가 반드시 가르쳐주어야 합니다. 그다음 그 나이대에 주어진 역할을 스스로 할 수 있도록 알려주어야 합니다. 아이들에게는 그 시기에 맞는 발달 과업이 있는데 이를 달성하는 것은 훈육 없이는 불가능합니다.

그런데 훈육 시 부모에게 권위가 없다면 어떻게 될까요? 제대로 가르치기 어렵습니다. 수평적인 관계에서는 부모의 지시가 아이에게 효과적으로 전달되기 어렵기 때문입니다. 아이가 부모의 훈육과 지시에 따르지 않고 그 이유를 일일이 묻고, 그럴 때마다 설명과 설득을 한다면 행동이 습관으로 연결되지 않습니다. 처음에는 설명과 설득으로 아이가 알아듣고 훈육에 따를 수 있지만 어느 지점에서는 커다란 장애물을 만나게 됩니다. 아이들은 아직 씻기 귀찮아하고 자기가 하고 싶은

대로 하기 좋아하는 미성년자이기 때문입니다.

수평적인 관계에서는 부모의 지시가 아이에게 효과적으로 전달되기 어렵습니다. 수평적인 관계에서 아이에게 행동을 하지 말라고 하면서 아이의 사소한 질문과 투정에 일일이 대답하고 반응하다가는 결국 본질이 아닌 감정싸움이 되거나 상황의 통제권이 아이에게 넘어가는 경우가 많기 때문입니다.

아마 이런 경험이 많을 것입니다. 회사 일이든 아니면 다른 급작스러운 일이 생겨 아이를 친정이나 시댁에 며칠 맡기고 나면 아이가 그사이 달라져 있는 경험 말이죠. 이전에는 자연스러운 일도 자연스럽지 않게 반응하거나 전혀 안 하던 행동을 하는 경우가 있습니다. 아이에게 주는 메시지가 달라졌기 때문에 아이의 태도도 달라진 것입니다. 그만큼 아이들에게는 양육자의 일관적인 메시지가 중요합니다. 그런데 행동 하나를 설명하고 설득하려면 아이가 매일 반복하는 일상적 습관의 하나까지도 훈련하는 데에 아주 오랜 시간이 걸릴 수밖에 없습니다.

이 시간을 기다리기가 어려워 아이 문제를 부모가 속전속결로 해결해줄 경우에는 더 큰 문제가 생깁니다. 수평적인 관계는 유지하고 싶은데 아이에게 해야 할 일을 시켜야 하니, 그냥 부모가 해결사가 되는 것이죠. 아이의 뒤를 졸졸 쫓아다니며 일거수일투족을 간섭하고 문제를 해결해줄 경우 아이는 이후에 발생하는 작은 문제까지도 다 부모에게 의지할 수밖에 없습니다. 아이 스스로 문제를 직면하고 해결하고 노력하는 과정을 통해 성인이 되기 전에 반드시 길러야 하는 문제 해결

능력이나 회복 탄력성을 쌓지 못한 채 어른이 되는 것이죠.

또 다른 문제는 불안해하는 아이들이 많아졌다는 점입니다. 인간은 질서 안에서 안정감을 느낍니다. 무한한 자유를 가지면 좋을 것 같지만 사실 그러면 오히려 불안감이 커져요. 그런 의미에서 인간은 제한된 자유 안에서 안정감을 느끼는 존재입니다. 울타리 안에서 자유로운 것이지, 울타리가 없는 허허벌판에서 뛰어노는 것은 불안하죠.

그런 의미에서 부모의 권위 상실이 아이에게 불안감을 심어주었습니다. 아이들은 무엇이 옳고 그른지를 분별하기 어려운 미성년자이기 때문입니다. 좀 과한 예시이긴 하지만, 어떤 사람을 죽인 사형수가 죽기 전에 마지막으로 부모에게 할 말이 있는지를 물었을 때 "왜 나에게 옳은 게 무엇인지 어려서부터 가르쳐주지 않았느냐?"라고 소리쳤다고 합니다.

교사의 말을 따르지 않는 아이들

훈육의 결핍으로 인해 아이에게 주어진 지나친 권한과 자율성은 학교 교실에서도 문제가 되었습니다. 교사의 말을 따르지 않고 반항하는 아이들이 많아진 것이죠. 뉴스에 나오는 극단적인 사건 사고를 꼽지 않더라도 몇 년 전부터 교사들 사이에서는 이런 문제를 공감하는 목소리가 많아졌습니다. 교사 커뮤니티에는 요구사항이 많아진 아이들로 인해 힘들어하는 내용의 글이 많이 올라옵니다. 툭하면 교실에서 '이건 왜 그런 거예요?', '이건 누가 만든 건데요? 설명해주세요', '저는 하기 싫은데요', '재한테만 왜 알려주세요? 저도 알려주세요' 등 아이들의 요구가 끝이 없어 너무 힘들다고 호소하는 목소리입니다.

그 아이들 중 상당수는 자기의 요구가 받아들여지지 않으면 감정을 주체하지 못하고 떼쓰며 화를 내는 경우도 많다고 합니다. 갑자기 한 명의 아이가 감정적인 행동을 보이면 수업 분위기가 엉망이 될 수밖에 없죠. 20명 이상의 아이들로 구성된 교실에서는 규칙과 규율이 질서의 핵심인데, 아이들의 요구사항으로 인해 흔들리고 있는 것이죠. 이 과정에서 특히 심하게 요구하는 아이들이 면학 분위기를 흐려도 교사들은 마땅히 손을 쓸 수 없는 경우가 많습니다. 교실 내 아이들을 제지할 기준선이 없어 딱히 학교로부터 이렇다 할 도움도 받지 못하는 교사들은 오롯이 혼자 감당하며 자괴감에 빠지곤 합니다. 심지어 이 과정에서 섭섭함과 부당함을 느낀 학부모들의 빗발치는 민원도 교사들이 감당해야 할 몫입니다.

이를 뒷받침하듯 요구사항을 들어주지 않는다는 이유로 담임 교체를 원하는 민원도 갈수록 늘고 있습니다. 국회 교육위원회 소속 정경희 국민의힘 의원실이 서울시교육청으로부터 제출받은 자료에 따르면, 지난 2017년부터 올해 상반기까지 서울시교육청 산하에 있는 초중고등학교에서 학부모 요구로 담임이 교체된 건수는 총 90건으로 드러났습니다. 지난 2020년과 2021년 코로나 상황을 감안하더라도 1년간 학부모 요구로 인한 담임 교체는 평균 15건가량으로 집계되었습니다.

| 서울시 초중고 학부모 요구로 인한 담임 교체 건수 |

	2017년	2018년	2019년	2020년	2021년	2022년	2023년 상반기	합계
초	16	16	20	3	7	12	4	78
중	1	3	0	0	1	0	0	5
고	0	1	2	0	2	1	1	7
합계	17	20	22	3	10	13	5	90

(출처: 정경희 국민의힘 의원실)

올해 초 방영된 시사교양 프로그램 〈PD수첩〉의 '나는 어떻게 아동 학대 교사가 되었나' 편에서는 이런 현실이 여과 없이 드러났습니다. 방송에서는 35년 차 초등학교 교사 이혜숙(가명) 씨의 사연이 소개되었는데, 그는 2023년 2월 한 학부모로부터 아동학대 혐의로 고소를 당했습니다. 고소인의 아이는 그가 2년 전 가르쳤던 학생이었고, 사건의 발달은 호랑이 캐릭터였습니다. 캐릭터를 좋아하는 저학년의 특성을 고려해 선생님은 훈육할 때 이것을 활용했다고 합니다. 캐릭터가 마치 축구 심판을 떠올리게 했기 때문입니다.

2021년 당시 한 아이가 생수병을 자꾸 구기며 수업을 방해해 호랑이 캐릭터 옆에 이름을 붙이고 방과 후 생활지도 교육을 한 뒤 집으로 보냈습니다. 그런데 학부모가 마땅한 이유나 설명 없이 아홉 살짜리에게 청소를 시켰다며 교무실로 찾아왔습니다. 그 스트레스로 아이가 병원 치료를 받았다며 담임을 아동학대로 고소한 것입니다. 뒤이어 학부모는 담임 교체를 요구했고 받아들여지지 않자 관계 기관에 20건 이상 민원을 넣었습니다. 결국 교사는 담임에서 물러날 수밖에 없었고, 아동학대에 대해서는 기소유예를 받았습니다.

이런 교실 분위기는 그 이후로도 계속 이어지다가 7월, 한 젊은 교사의 극단적 선택으로 인해 전 국민의 이슈로 떠올랐습니다. 지난 7월 서울 서이초등학교에서 근무하던 교사가 교내에서 스스로 생을 마감한 사건은 모든 이에게 큰 충격으로 다가왔죠. 그리고 그 배경에 학부모 악성 민원의 영향이 있었다고 알려지면서 교사의 권위가 화두로 떠올랐습니다. 이는 분개한 전국의 교사들을 서이초등학교 정문을 비롯해 광화문으로 모이게 하는 계기가 되었습니다.

선생님을 향한 악성 민원이 넘치고 아동학대 신고를 밥 먹듯 당했다는 사실이 국민에게 알려지면서 분노는 눈덩이처럼 커졌죠. 최근 5년간 전국 시도교육청에서 교사가 아동학대 혐의로 고소, 고발되어 조사받은 사례는 총 1,252건에 달합니다. 이 중 절반이 넘는 53.9%가 무혐의 종결이나 불기소 처분이었죠. 절반 이상이 재판에도 가지 않고 무혐의 종결이 날 정도로 교사를 상대로 한 무분별한 고소와 고발이 난무하고 있는 셈입니다.

금쪽이 시대의 기울어진 육아법

이런 국민적 공분은 오은영 박사에게로 향했습니다. 오은영 박사가 채

널A의 TV 프로그램 〈금쪽같은 내 새끼〉에 출연해 설파해온 이른바 '금쪽이 육아'가 교사가 감당할 수 없는 응석받이와 과도한 학부모의 요구를 양산하는 데에 큰 역할을 했다는 것을 전제로 합니다. 〈금쪽같은 내 새끼〉는 문제 행동을 보이는 일명 '금쪽이'를 위해 오은영 박사가 금쪽 처방을 해주는 프로그램입니다. 그 처방의 중심에는 아이가 왜 그런 행동을 했는지 이해하고 마음을 읽어주는 과정과 함께 기다려주는 태도가 있습니다. 그러다 보니 이것을 집에서뿐만 아니라 학교에서도 과하게 요구하는 일이 많아진 것입니다.

서이초 교사의 사망 이후 오은영 박사의 소셜 미디어와 온라인 커뮤니티에는 네티즌들의 갑론을박이 이어졌습니다. 일부 네티즌들은 교권 추락의 원인에 '오은영 훈육법'이 있다고 목소리를 높였습니다. 그저 문제 행동을 받아주고 남에게 피해주는 일까지 공감해주니 아이들이 학교에서도 버릇없이 행동하는 것이며, 그러는 동안 대한민국의 교권이 무너졌다는 논리를 폈습니다. 또한 오은영 박사의 몇 개의 처방으로 아이가 하루아침에 달라지는 것은 현실상 가능하지 않은데 환상을 심어주어 교사에게도 무리한 요구를 하게 만들었다고 비판했습니다.

소아청소년정신과 전문의 서천석 박사는 SNS를 통해 "금쪽이 유의 프로그램들이 지닌 문제점은 방송에서 제시하는 솔루션으로 결코 해결되지 않을 사안에 대해 해결 가능하다는 환상을 만들어내는 것"이라며 "매우 심각해 보이는 아이의 문제도 몇 차례 상담 또는 한두 달의 노력으로 해결할 수 있는 듯 꾸민다. 노력해도 바꾸기 어려운 아이가 있고, 상당수는 장시간의 노력이 필요하다"고 강조했습니다.

비난의 목소리가 커지자 오은영 박사도 의견을 밝혔습니다. 금쪽이 솔루션에서 자주 쓰는 '아이의 마음을 읽어주셨나요?'라는 말에 대한 정확한 의도도 설명했죠. 그는 "아이를 알아보고 부모 자신을 알아차려보고 아이의 어려움을 알아가보자는 뜻"이라며 그것이 무작정 다 받아주고 들어주라는 말은 아니라고 했습니다. 모든 것을 '우쭈쭈' 하며 다 들어주고 다 허용하라는 게 아니라고 강조했습니다. 오은영 박사를 인터뷰 했을 때 "아이에게 안 되는 것은 안 되는 거야"라고 명확하게 말해야 한다는 말을 강조했던 기억이 납니다. 다만 출연했던 육아 방송에서는 현재의 문제점을 여과 없이 보여주는 데에 중점을 두다보니 이 부분이 충분히 강조되지는 못했다는 생각이 듭니다.

앞서 온라인상에서는 "선생님을 찾아가 아이가 괴로워한다고 말하라. 교사의 입에서 조심하겠다는 말을 듣고 돌아와야 한다"는 등의 문구가 담긴 오 박사의 저서 내용 중 일부가 논란이 되기도 했습니다. 이 논란에 대해 오 박사는 "앞뒤 맥락이 잘려 의도가 훼손되었다"고 해명했습니다. 논란이 된 챕터는 총 7페이지로 122줄인데 온라인상에 유포된 내용은 고작 10줄에 불과해 맥락이 전달되지 않았다고 말이죠. 해당 챕터의 제목은 '담임교사, 나랑 너무 안 맞아요. 학교 가기 싫어요'로, 선생님이 잘못된 게 아니라 아이가 교사와 반대 성향이라 괴로워하는 경우를 주제로 한 것입니다. 이는 아이를 이해할 수 있도록 선생님에게 잘 설명하라는 뜻이지 잘못을 꾸짖어 사과받으라는 게 아니라고 다시 한번 설명했습니다.

교사의 권위 상실을 안타까워하는 목소리는 한 유명 웹툰 작가의 사건으로 더 커졌죠. 자폐 아들을 둔 웹툰 작가 내외가 자신의 아들을 가르치던 특수교사를 아동학대 혐의로 고소했기 때문입니다. 자폐 증상이 있는 웹툰 작가의 아들은 지난해 경기 용인시의 한 공립 초등학교에서 통합 학급 수업 때 여학생 앞에서 바지를 내려 학교폭력으로 분리 조치되었습니다. 이를 저지하는 과정에서 특수교사가 "너는 교실에 못가. 다시는 친구를 사귀지 못할 것"이라고 말했습니다. 웹툰 작가의 아내는 아들의 가방에 녹음기를 넣어 해당 발언을 포착했고 고소한 것이죠. 이로 인해 해당 특수교사는 재판에 넘겨지며 직위 해제되었습니다.

이 일이 알려지자 교육계에서는 특수교사를 무리하게 고소했다는 비판이 제기되었습니다. 선생님과 만나 자초지종을 들어보려는 노력은 하지 않은 채 아동학대로 고소한 행동에서 그간 아이를 돌본 선생님에 대한 감사와 배려를 찾아볼 수 없었기 때문입니다. 20년 이상 장애아동을 위해 노력한 과정을 물거품으로 만들기에 충분했죠. 당시 교사 몰래 아들 가방에 녹음기를 넣어 등교시킨 것도 교사의 권위는 물론 인권조차 생각하지 못한 행동으로 비난의 화살이 되었습니다.

일각에서는 자기 자식 중심주의가 교사의 권위를 떨어뜨렸다는 지적이 나왔습니다. 한두 명의 자녀만 낳아 기르는 경우가 많다 보니, 부모가 자녀의 잘못된 행동에 야단을 치거나 예의범절을 가르치기보다 그저 달래주기만 하면서 비뚤어진 양육 태도를 갖게 되었다는 것이죠.

『칼의 노래』로 유명한 김훈 작가는 중앙일보 특별기고를 통해 "'내 새끼 지상주의'는 사회적 관계 속에서 나의 자식이 겪게 되는 작은 불이익이나 훼손을 견디지 못하고 사회관계망 전체를 뒤흔들어버린다. 교실에서 벌어지는 아이들 사이의 사소한 다툼이 '내 자식'을 편드는 부모의 싸움으로 확장되어 교사를 괴롭히는 사례는 흔하고, '내 자식'을 편들며 달려드는 학부모의 태도는 울며 떼쓰는 아이와 같다"고 말했습니다.

부모의 권위를 다시 세우려면

일련의 사태를 두고 전문가들은 교실의 붕괴는 학교에서 시작된 게 아니라 이미 가정에서, 사회에서 시작된 것이라고 공통적으로 진단합니다. 부모가 권위를 잃어버린다는 것은 단순히 아이의 아빠, 엄마로서의 권위뿐만 아니라 어른으로서의 권위가 떨어질 수 있음을 의미하기 때문입니다. 아이들이 만나는 또 다른 어른인 교사가 가장 큰 영향을 받은 것이죠.

물론 교사의 권위 상실을 부모의 권위 상실만으로 해석하는 게 섣부를 수도 있습니다. 이와 함께 공교육의 붕괴도 작용했기 때문입니다. 어느 순간부터 초중고가 입시 위주로 흘러가다 보니 수업의 질 측면에서 학교보다 학원을 신뢰하는 일이 비일비재해졌습니다. 수업 때 자거나 딴 짓을 하며 교사의 지시를 따르지 않는 학생이 아주 많아졌죠. 심지어 교사는 월급을 받는 만큼 학생과 학부모에게 교육 서비스를 제공해야 한다는 인식도 있었습니다.

그렇다면 잃어버린 권위를 다시 찾는 방법은 무엇일까요? 다양한 의견이 나오고 있습니다. 일각에서는 '금쪽이 육아'가 아닌 전통 육아로 회귀해야 한다는 목소리가 있습니다. 『삐뽀삐뽀 119 소아과』의 저자인 소아과 전문의 하정훈 원장은 "육아와 교육은 문화"라고 강조하며 "전통 육아로 아이를 대하는 나라가 많은데 우리는 거꾸로 가고 있다. 전통 육아를 존중하되 그중에 체벌 등 안 좋은 육아는 배제하는 방향으로 노력해야 한다"고 주장합니다.

권위 있는 부모가 되기 위해 아이의 감정은 이해하되 행동은 통제하라고 강조하는 조선미 아주대 정신건강의학과 교수의 의견도 공감하는 이들이 많아졌습니다. 조선미 교수는 "미성년은 스스로 결정할 수 없기 때문에 미성년인 것이다"라며 "친구 같은 부모, 민주적인 부모는 비겁하다는 느낌이 든다. 아이를 낳아 키우는데 자식이 아니라 친구와 살겠다는 것과 다르지 않다. 육아의 주체가 안 되겠다는 것이다. 일정 수준의 선을 그어주는 역할을 부모가 반드시 해야 하며 그것이 부모의 가장 고유한 역할이라고 생각한다"고 말합니다.

당분간 '부모의 권위', '교사의 권위'는 교육계의 화두가 될 것으로 보입니다. 2024년도에도 다양한 이슈로 권위가 논의될 것입니다. 한번 추락한 권위를 다시 세우기 위해서는 꽤 오랜 시간이 걸리기 때문입니다. 하정훈 원장을 인터뷰했을 때 "문화가 붕괴되면 복귀하기까지 50년이 필요하다"고 단언한 바 있는데, 그만큼 많은 노력이 필요하다는 의미입니다. 지금 우리의 교육 현장은 잃어버린 권위로 다양한 부작용이 나타나고 있고, 이를 극복하기 위한 방법을 교육계에 요구하고 있습니다.

교육부는 지난 8월 학교장 중심으로 각종 학교 민원을 처리하는 학교 민원 대응팀을 운영하고 개별 학교 차원에서 다루기 어려운 민원은 교육지원청에서 처리하도록 한다는 '교권 회복 및 보호 강화 종합 방안'을 발표했습니다. 또한 9월 국회에서는 교사의 정당한 교육활동을 보호하기 위한 '교권 회복 4법'이 본회의를 통과했죠. 이 중 초중등 교육법 개정안에는 교원의 정당한 생활지도의 경우 아동학대로 보지 않는다는 내용이 담겨 있습니다. 하지만 전문가들은 이것이 최소한의 방패로 작용할 뿐 이것으로 교권이 회복될 것으로 보지 않습니다. 이미 교실 깊숙이 들어왔기 때문이죠. 이것은 제도적 장치와 함께 가정 내 부모의 권위가 회복되어야만 그 실마리가 풀릴 것으로 보입니다.

어른과 아이의 차이는 '생각하는 힘'에 있습니다. 중대한 일에 대해 스스로 판단하고 결정하며 그 결과에 대해서도 온전히 책임지는 사람을 우리는 어른이라고 부릅니다. 부모는 아이가 어엿한 어른으로 성장하도록 도와주어야 하는 사람입니다. 자기 자녀의 '판단력과 분별력을 길러주기 위해' 부모는 반드시 어른이어야 합니다. 부모가 어른답게 권위를 가져야 한다는 이 화두는 앞으로 더 큰 공감대를 이루며 지속적으로 논의될 것입니다.

주도권 있는 자녀교육을 위한 제언

① 부모의 권위를 세우는 가장 효과적인 방법
_아주대 의과대학 정신건강의학교실 조선미 교수

② 아이 키우기 힘든 부모를 위한 조언
_하정훈소아청소년과의원 하정훈 원장

부모의 권위를 세우는 가장 효과적인 방법

_아주대 의과대학 정신건강의학교실 조선미 교수

방종임 교육대기자(이하 대기자): 요즘 민주적인 부모, 수평적인 부모, 친구 같은 부모가 되기를 바라는 분들이 많아요. 이런 부모들은 설명이나 설득으로 아이들과 의사소통하고 메시지를 전달하고 싶어 하는데, 이 부분에 대해 어떻게 생각하시나요?

조선미 교수(이하 조 교수): 미성년이라는 개념은, 어떤 선택이 나에게 좋은 것인지 아직 스스로 결정할 수 없으니 보호자가 필요한 나이라는 의미예요. 어떤 선택이 옳은 것인지 모르는 아이와 그것을 아는 부모가 대등하게 의사소통을 할 수 있을까요? 그래서 저는 '민주적인 부모'는 현실성이 없고 약간 비겁하다는 생각마저 듭니다. 심하게 말하면 '나는 나쁜 부모가 아니야'라고 믿기 위한 일종의 자기합리화랄까요. 부모가 아이와 관련한 어떤 결정을 내릴 때 자신이 실수할지도 모른다는 것에 대한 두려움도 있고, 다른 사람들로부터 "왜 그렇게 엄마 마음대로 해?"라는 식의 비난을 듣지 않기 위해서 그런다는 생각이 들어요. 그러면서 '나는 우리 아이를 존중한다'고 생각하는 거죠.

저는 친구 같은 부모도 책임감이 없기는 매한가지라고 생각합니다. 내가 아이를 낳아 키우는데 육아를 안 하고 친구랑 살 듯이 한다는 거잖아요. 부모라면 육아의 의무가 있는데 그 역할의 주체가 되지 않겠다는 것으로 해석되거든요. 부모라면 책임을 지고 선을 그어주는 역할을 해야 하는 거죠. 예를 들어 아이가 친구와 함께 놀다가 서로 장난감을 갖겠다고 싸워요. 이때 아이들이 서로를 향해 "친구야, 우리는 상대방을 존중해야지, 서로 빼앗으면 안 돼"라고 말할 수 있을까요? 당연히 못 그래요. 그것은 선생님이 되었든 부모가 되었든 어른이 해야 하는 거예요.

아이들과 하는 대화는 '지시'와 '비지시'로 나눌 수 있다고 생각합니다. 말하자면 훈육을 하는 상황과 그렇지 않은 상황인데, 우리 일상에서는 그렇지 않은 상황이 훨씬 많죠. 오늘 뭐 먹었어? 학교에서는 어땠어? 오늘 누구랑 놀았어? 엄마는 너를 사랑해 등등 일상적인 대화가 80% 이상이죠. 반면에 숙제했어? 씻어! 얼른 자야지! 이런 대화는 지시에 해당합니다.

대기자: 그러면 지시를 효과적으로 할 수 있는 방법으로는 어떤 게 있을까요?

조 교수: 지시는 사실 방향이잖아요. 그래서 어떤 내용이 중요한 게 아니라 방향을 가리켰으면 거기까지 가는 게 중요해요. 만약에 아이가 일기를 썼으면 좋겠다고 생각했는데 막상 집에 가보니 일기를 안 썼어요. 그러면 보통 엄마들은 아이에게 "왜 일기 안 썼어?"라고 물어봅니다. 아이가 "귀찮아서"라고 대답하면 엄마들은 어안이 벙벙한 표정을 하죠. 엄마가 물어봐놓고는 막상 아이가 솔직하게 대답하니까 어이없다는 표정을 하는 거예요.

사실 엄마는 그게 궁금해서 물어본 게 아니라는 걸 우리는 알죠. 빨리 일기를 썼으면 좋겠다는 바람으로 그렇게 물어본 거잖아요. 바로 그게 잘못된 메시지 전달이에요. "왜 안 썼어?" 이렇게 말하는 것은 질문입니다. 엄마의 바람이 아이가 빨리 일기를 썼으면 좋겠다는 것이라면 이를 있는 그대로 아이에게 이야기해야죠. 이때 아이에게 "우리 일기 쓰자" 이렇게 말하는 것도 옳지 않습니다. 엄마가 일기를 같이 써줄 건 아니잖아요. 그냥 있는 그대로 '일기 써'라고 말하는 게 좋아요. 그런데 우리는 이상하게 '일기 써'와 같은 이런 표현을 나쁜 말이라고 생각합니다. 그래서 "일기 쓸래?", "일기 쓸까?", "일기 쓰자"라고 표현하는데 그러면 지시의 효과가 확 떨어져버립니다.

지시는 듣는 사람의 입장에서 '해야 하는구나'라고 느껴야 해요. 특히 아이들은 아직 어리기 때문에 미묘하게라도 어미가 바뀌면 '엥?' 하고 의아해하는 상황이 되거든요. "일기 쓸래?", "왜 안 썼어?" 이렇게 말하는 것은 말 자체가 질문이기 때문에 아이들은 엄마의 표정이나 어조로 그 말의 속뜻을 알아차려야 하는 거죠. 엄마의 질문에는 '좋게 말할 때 눈치껏 해라'라는 뜻이 담겨 있다는 것을 우린 알지만 아이들은 알아차리기가 쉽지 않아요. 그냥 '일기 안 썼으면 빨리 써' 이렇게 말하면 아이들이 이해하기가 훨씬 간단하죠.

그런데 엄마들은 왜 아이에게 "왜 일기 안 썼어?"라고 묻는 걸까요? 아이 스스로 일기를 쓰지 않은 자신의 행동을 반성하고 내일부터는 스스로 알아서 했으면 좋겠다는 바람이 담긴 거죠. 그런데 실제로 그렇게 말한다고 해서 아이가 반성하고 이후로 칼같이 일기를 쓸까요? 그렇지 않을 거예요. 우리가 잘 모르고 있는 것 중 하나가, 우리는 늘 아이들에게 양심, 반성, 자율 같은 것을 강요하는데 18세 이하는 스스로 알아서 하는 게 안 돼요. 자기주도는 자기가 계획을 세울 수 있어야 가능하기 때문이에요.

아이들이 지향하도록 해야 하는 것은 습관이에요. 아침에 일어나면 욕실에 들어가 쉬를 하고 이를 닦고 세수를 하고 밥을 먹고 하는 것들은 습관이에요. 그런데 그것을 자기주도라고 오해하는 거예요. 이것을 '네가 알아서 해주겠니?', '네가 알아서 해주면 정말 좋을 것 같아'라고 잘못 생각하는 거죠.

어릴 때의 훈육은 반복을 통해 습관을 형성해주는 거예요. 습관을 만들 때 가장 중요한 것은 반복과 일관성입니다. 그리고 이 반복과 일관성을 유지하기 위해서는 지시가 가장 효과적인 메시지 전달 방법이에요. 좀 더 효과적인 방법은 '일기 쓰면 엄마한테 전화해. 엄마가 집에 갈 때 뭐 사가지고 갈게'라고 말하거나 '일기를 쓸 때마다 엄마가 스티커를 줄 거야. 이거 다 모으면 게임머니 사줄게'라는 식으로 말하는 거예요. 지시 안에는 효과성을 높이는 행동수정의 원리가 있는데요, 거기에는 보상과 같은 여러 가지 장치들이 있죠. 그것을 바탕으로 지시의 효과를 높이고, 빠르게 학습하고, 습관화되면 그다음 단계로 가는 거죠.

아이가 나이가 들어 청소년기 이후가 되면 뭔가를 상상하고 연상하는 게 가능해서 스스로 생각해볼 수 있게 됩니다. 엄마가 "이렇게 하면 네가 어떻게 되겠니?"라거나 "네가 원하는 게 이런 건데 네가 지금 이렇게 하는 게 도움이 되겠니?"라고 말하면 아이는 그 말을 이해합니다. 열 살쯤 되면 엄마가 "그렇게 하면 친구가 너랑 놀고 싶겠니?"라고 말하는 정도는 이해하고, 고등학생쯤 되면 "너 앞으로 이런 거 하고 싶다며? 그러면 이 정도는 해야 하지 않겠어?"라며 좀 더 미래의 일을 말해도 이해합니다. 그래도 그저 이해하는 정도지 거기서 더 나아가 미래를 계획하고 그것을 실행하고 그러기는 어려워요. 그런데 부모들은 아이가 거기까지 해주기를 바랍니다. 여기서 부모와 아이 사이에 갈등이 생기는 거죠.

대기자: 아이가 스스로 무언가를 하도록 하기 위해 보상을 활용하는 부모들이 많은데, 이런 방법에 대해서는 어떻게 생각하시는지요?

조 교수: 보상 방법 중에 스티커가 아주 효과적인데요. 이때 아주 중요한 포인트가 있어요. 이것을 놓치면 실패할 수 있습니다. 첫째, 이 규칙은 부모가 정하는 거예요. 아이들이 "나 이거 할 테니 스티커 줘" 하는 식으로 규칙을 아이들 마음대로 정하면 안 됩니다. 그러면 보상의 성격이 뇌물이 되면서 걸핏하면 뇌물을 더 내놓으라는 식이 되거든요.

둘째, 스티커는 안 하던 일을 시킬 때 사용해야 합니다. 이를테면 빨래 바구니에 빨래 갖다 넣는 것을 지금까지 안 했다면 '앞으로는 네가 빨래를 직접 갖다 넣는 거야. 그렇게 하면 상으로 스티커를 줄 거야'라고 말하고, 실제로 그렇게 했을 때 스티커를 한 장씩 주는 거예요. 그런데 요즘에는 아이들이 결핍이 없다 보니 스티커를 상으로 줄 때 문제가 되는 경우가 있어요. 옛날에는 한 1,000원짜리 젤리면 다 되었거든요. 그런데 지금은 그 수준이 높아졌죠. 그래서 간식을 다 절제시켜야만 효과가 있어요. 그렇지 않고 냉장고만 열면 아이스크림이 있고, 주스가 있고, 젤리가 있으면 아이들은 굳이 스티커를 얻기 위해 자기가 해야 할 일을 하려 하지 않죠.

셋째, 보상을 정할 때 아이한테 딱 맞는 보상을 해야 해요. 이것을 행동수정이라고 합니다. 어떤 분들은 행동수정이 굉장히 인간미가 없다거나 약간 조련 같다고 말하기도 하는데요. 아이들은 어떤 행동을 설득해서 배우는 나이가 아니라 반복함으로써 배우는 나이거든요. 어른은 회사에서 어떤 업무를 인계받거나 새로운 업무를 맡으면 한 번 배운 뒤 바로 하잖아요. 그런데 어렸을 때는 반복을 통해 배우게 되거든요. 예를 들어 제가 처음으로 테니스를 배운다고 가정해봐요. 코치가 친절하고 부드럽고 다정하고 꼼꼼하게 설명해준다고 해서 제가 바로 테니스를 잘 치게 되는 건 아니죠. 코치가 100번 연습하라고 하면 100번 연습하는 거예요. 그렇게 하다 보면 잘 치게 되는 거죠. 어른도 어떤 부분은 반복 훈련이 필요해요.

대기자: 보상으로 부모의 권위가 서기도 할까요? 어떤 노력을 해야 부모의 권위가 설까요?

조 교수: 부모가 스티커 제도를 주도적으로 하면 권위가 섭니다. 보상을 줄 수 있는 사람이니까요. 그런데 열 살 정도 된 아이라면 그 효과가 미비할 수도 있어요. 부모 스스로 아이를 상대로 권위가 없는 것 같다는 생각이 들면 가족 내에서 자신의 지위가 너무 만만한 건 아닌지 돌아볼 필요가 있어요. 충분히 알아들을 수 있도록 이야기하면 보통의 아이들은 수긍이 안 돼도 부모의 말을 들어야 한다고 생각합니다. 그게 바로 경계거든요. 그 경계가 없으면 안 돼요.

강의 중에 한 어머니가 중학생 딸이 속옷을 벗어서 빨래통에 안 넣고 옷장 사이, 침대 밑에 막 끼워두는데 어떻게 해야 하느냐고 질문을 한 적이 있어요. 그래서 제가 빨아주지 말라고 했죠. 자기가 속옷을 내놓지 않아 빨지 못했고, 그래서 입을 게 없다는 걸 몇 차례 겪으면 자연스럽게 빨래통에 내놓게 되어 있거든요. 그런데 그 아이가 엄마에게 "엄마는 집에서 하는 일이 뭐 있어?"라고 하더래요.

그런데 엄마는 그냥 엄마라는 존재만으로 권위가 있는 거예요. 그러니까 엄마가 하라는 건 어느 정도 해야 하는 거죠.

아주 어릴 때부터 아이에게 간단한 지시를 반복함으로써 아이 스스로 배울 수 있도록 하는 겁니다. 어렸을 때부터 엄마가 아이에게 "이거 저기 갖다 놔", "엄마 물 좀 갖다줄래?"라고 지시하고, 아이가 물을 가져오면 "고마워"라고 말하는 거예요. 이렇게 계속하다 보면 자연스럽게 엄마의 권위가 서는데, 그걸 안 하다가 갑자기 권위를 세우려니까 문제가 되는 거죠. 그래서 어릴 때부터 아이에게 간단한 지시를 반복적으로 할 필요가 있어요.

권위가 있어야 한다는 생각 자체를 아예 안 하던 부모들은 문제가 더 크게 느껴질 거예요. 요즘 상담하러 오는 분들의 유형 중 아이가 분노 조절이 안 된다는 경우가 많아요. 초등학교 1, 2학년이면 분노 조절이 안 되는 나이가 아닌데 엄마한테 소리를 지르고 발을 구르고 짜증을 낸다는 거예요. 엄마가 평소 아이의 감정을 많이 다독여주고 위로해주고 했어요.

그런데 그렇게 해주다 보니 아이는 기분이 나쁘면 그게 엄마 몫인 거예요. 학교에 가서 기분 나쁜 일이 생기면 누가 이걸 책임져야 할까요? 엄마인 거예요. 그래서 짜증이 가실 때까지 집에서 괜히 소리 지르고 하는 거죠. 분노 조절 문제가 맞긴 하지만 그 나이에 분노 조절 문제를 가진 아이들이 아주 특별한 경우 외에는 잘 없어요. ADHD가 대표적인 경우죠.

이 아이의 경우에는 자기 감정을 다스리는 걸 엄마가 대신 많이 해준 거예요.

그러다 보니 엄마는 더 많이 힘들죠. 아이가 화낸다고 같이 화를 내는 엄마가 아니었으니까요. 이런 아이들은 마음을 진정시키는 능력이 좀 덜 발달될 수밖에 없어요. 엄마가 다 해줬으니까요. 10년 동안 남편이 장 다 봐주고, 음식 다해주고 하면서 살았는데 어느 날 갑자기 안 해준다고 생각해보세요. 어떤 기분이 들까요? 화가 나서 소리를 지르고 뭘 던지고 싶을 수도 있어요. 같은 거예요. 그러니까 아이의 감정은 존중하되 의사결정 존중은 신중하게 해야 합니다. 의사결정까지 존중해주면 자칫 큰일 날 수 있어요.

대기자: 요즘 부모들의 한결같은 고민 중에 아이와 말싸움을 하면 당해낼 재간이 없다는 건데, 어떻게 해야 할까요?

조 교수: 권위라는 것은 내가 가지고 있는 지위를 이용해 상대방을 이끌어가는 힘을 말해요. 그런데 요즘 부모들은 힘을 갖는 것을 굉장히 두려워합니다. "너 이렇게 해!"라고 말하는 것을 강압적이라고 느껴서 "이거 해볼래?"라거나 "한번 해볼까?"라고 말해요. 권위적이지 않은 부모가 되고 싶은 거예요. 그러니까 아이에게 '나를 권위적인 존재로 보지 마. 나와 너는 대등한 관계이고, 우리 집은 민주적이니까'라고 말하는 거예요.

이런 분위기의 가정에서 자라는 아이의 입장에서는 부모 말을 들을 필요가 없는 거예요. 친구관계라고 해놓고 어느 날 갑자기 부장님 대우를 해달라고 하는 거나 마찬가지잖아요. 이미 상호작용의 패턴이 결정되었기 때문에 한쪽에서 원한다고 해서 갑자기 바꿀 수 있는 구조가 아니에요.

저 같은 경우에는 아이들에게 지시할 것은 지시하는 편이에요. 둘째가 열 살인데, 그전에는 심부름도 잘했어요. 열 살이 되니까 왜 내가 해야 하느냐고 묻는 거예요. 그때 한편으로는 이제 이런 걸 물을 정도로 컸구나 하는 생각이 들기도 했죠. 그래도 '뭐야? 그래도 해야지!'라고 말하기는 그러니까 열 살 수준에 맞춰 이렇게 말했던 것 같아요.

"너 지금 열 살이지? 그러면 숫자로 써봐." 그랬더니 "10"이라고 쓰더라고요. "숫자가 몇 개 있어?" 하니까 "두 개"라고 대답하는 거예요. "누나가 열여섯 살이니까 누나도 두 개, 엄마도 두 개야. 그런데 너 작년에 아홉 살이었지? 그러면 숫자가 한 개였잖아. 숫자가 한 개일 때와 두 개일 때는 역할이 엄청 달라져. 한 개일 때는 자기만 위해서 뭘 해도 되지만 두 개일 때는 남을 위해서도 뭘 해야 돼"라고 말했어요.

물론 말도 안 되는 궤변이죠. 그래도 아이가 듣기에는 뭔가 되게 그럴 듯했던 모양이에요. 제가 말해주고 싶었던 것은 '집안에서도 각자 나이에 맞는 역할이 있다'라는 것이었어요.

집안일을 가르쳐서 하게 하는 것은 집단생활을 하는 데에 있어서 아주 중요한 기초 준비거든요. 그래서 아이가 열 살 정도가 되면 가족의 구조를 재정비할 필요가 있어요. '집에서 해야 할 일이 아주 많아. 엄마가 해야 할 일도 많고 아빠가 해야 할 일도 많아. 지금까지는 너희가 어려서 엄마 아빠가 많이 해줬지만 이제 열 살이면 자기가 할 수 있는 일은 스스로 해야 하는 나이이고, 심지어 서로 도와야 하는 나이야'라고 분명하게 말해주는 거죠.

대기자: 유독 아이한테 휘둘리는 부모의 특성이나 유형이 있나요? 그리고 아이에게 휘둘릴 때 효과적인 대화법으로는 어떤 게 있을까요?

조 교수: 첫째는 '나는 권위적인 부모가 되지 않겠다'고 생각하는 부모예요. 한마디로 그런 신념이 강한 분들이죠. 둘째는 아이의 분노가 감당이 안 되는 분들이에요. 아이의 무리한 요구를 들어주면 안 된다는 걸 알고 있지만 아이가 강렬하게 감정의 에너지를 표출하는 순간에는 감당이 안 되는 거예요. 이미 아이의 기에 눌린 거죠. 그러면 아이는 엄마가 자기의 기에 눌렸다는 것을 알아요. 그러니까 소리 지르고 발을 구르고 짜증을 내는 거예요.

권위적인 부모가 되지 않겠다고 생각해서 권위가 없는 채로 살다가 어느 순간 애가 너무 말을 안 듣는다고 갑자기 권위를 세워보려고 하는데, 이게 참 어렵습니다. 경우에 따라 조금 다르긴 한데, 만약에 아이가 아빠 말은 조금 듣는다면 엄마도 아빠와 같은 방식을 사용할 것을 추천드려요. 또는 아이가 선생님 말을 잘 듣는다면 선생님과 비슷한 방식을 사용하는 거예요. 그리고 현실적으로 한동안 우리가 평화롭게 살기는 어려울 거라는 걸 예상해야 하죠. 안 그러면 아이의 학년이 올라갈수록 엄마의 재량이 줄어들고, 원래 그랬던 아이가 아닌데도 아이의 성격이 지배적이거나 통제적으로 바뀔 수 있어요.

그리고 아이에게 휘둘릴 때 대화로 해결할 수 있다고 생각하는 것 자체가 착각입니다. 많은 분들이 대화로 해결할 수 있다고 생각하는데, 아이들의 발달 과정을 보면 좋아하는 것만 할 수는 없고 싫은 것도 해야 할 때가 있거든요. 그런데 이때 아이를 설득하거나 대화를 통해 이 문제를 해결할 수는 없어요. "싫어?

싫은 건 알겠는데 그래도 해!"라고 말해야 합니다. 그래도 아이가 하지 않는 경우가 있죠. 그때 바로 권위가 필요한 거예요.

그런데 이때 엄마가 갑자기 "네가 어질렀으니 네가 치워!"라고 말한다면 아이가 화를 낼 수밖에 없어요. 아이는 여태까지 그런 말을 들어본 적이 없기 때문이에요. 그리고 아이가 둘 이상인 경우라면 어떤 아이가 어질러놓은 건지 모르잖아요. 그런데 엄마가 그렇게 이야기하면 아이에게 반감을 주는 거예요. 사실 그 말은 아이를 비난하는 거니까요. 어조 자체가 아이를 꾸짖거나 책임을 추궁하는 느낌이잖아요.

아이와 효과적으로 대화를 하려면 먼저 아이 기분이 좋을 때 이야기하는 것도 하나의 방법이에요. 예를 들어 '엄마는 네가 많이 컸다고 생각해서 참 기특해. 그리고 많이 컸으니까 이제는 집안에서도 어떤 일들은 네가 맡아서 해야 하는 거야'라고 말하고 구체적으로 어떤 일들을 해야 하는지 알려주는 거예요. 그런데 무조건 어지른 걸 다 치우라고 말하면 너무 모호해요.

둘째는 쉬운 것부터 하나씩 시키는 거예요. 예를 들어 "식탁에서 숙제한 것 좀 치워!"라고 말했을 때 아이가 "응, 알았어!" 하고 치우면 그때 아낌없이 칭찬해주는 거예요. 이게 진짜 중요해요. "잘했어, 우리 딸 진짜 다 컸네! 엄마가 집에 와서 할 일도 훨씬 적어지고 아주 좋다!"라고 칭찬하는 거예요. 아이가 할 일을 갑자기 확 늘리면 안 되고 이렇게 작은 것부터 시작하는 거예요. 밥 먹은 그릇을 개수대에 갖다 놓으라거나 식사를 준비할 때 수저를 놓으라거나 하는 거죠. 그리고 아이가 그것을 실행하면 충분히 칭찬해주는 거예요. 그러면 아이는 엄마를 자기와 대등하거나 자기와 말싸움을 하는 대상이 아니라 내가 뭔가를 했을 때 칭찬해주는 엄마로 서서히 인식하게 됩니다.

대기자: 아이에게 휘둘리고 싶지 않은 부모를 위해 어떤 말을 해주실 수 있을까요?

조 교수: 아이를 설득하는 것은 한계가 있어요. 그렇기 때문에 단순하게 무조건 "무엇을 해라"라고 말하세요. 아이가 "왜?"라고 물으면 설득은 뒤에 하세요. 그러니까 지시를 먼저 하고, 설득은 나중에 하는 식으로 순서를 바꾸는 거예요. 사회 심리학에 보면 상대방이 나를 설득하려 하면 내 마음은 이미 방어 모드로 바뀐다고 해요. 그리고 엄마가 길게 말하는 동안 아이는 뭐라고 대답해야 하는지 생각하게 되거든요.

그래서 부모들에게 마음의 준비보다 기술적인 부분을 알려드리는 게 훨씬 더 도움이 될 것 같아요. 일단 톤이 높고 밝지만 단호한 목소리로 "○○야, 장난감 치우자!", "○○야, 이거 제자리에 갖다 놔!"라고 말해보세요. 보통 유치원 선생님이 그런 톤과 말투로 "우리 친구들, 다 같이 이거 하자!"라고 하면 왠지 그래야 할 것 같잖아요. 바로 그거예요. 그런 톤과 말투로 아이에게 지시하는 거예요. 처음에는 조금 어색할 수 있는데 몇 번 해보면 얼마든지 할 수 있습니다.

아이 키우기 힘든 부모를 위한 조언

_하정훈소아청소년과의원 하정훈 원장

방종임 교육대기자(이하 대기자): 원장님이 말씀하시는 쉬운 육아, 자동 육아는 구체적으로 어떤 건가요?

하정훈 원장(이하 하 원장): 자동 육아는 말 그대로 저절로 되는 육아예요. 예를 들어 아이들은 배고프면 먹고, 졸리면 자고, 불편하면 울고, 울다가는 그칩니다. 그런데 부모들이 그걸 안 믿어요. 매일 먹이려 하고, 재우려 하고, 울면 달래야 한다고 생각하니까 얼마나 힘들어요. 그렇다고 해서 아이를 그냥 놔두라는 이야기가 아니에요. 제일 중요한 것은 가정의 틀을 잡아주는 거예요.

옛날 우리 부모들은 즐겁게 살았어요. 부부 간에도 행복하게 살았죠. 그런 환경에서 아이는 저절로 크는 거예요. 그러면 그 가정의 주인은 누구예요? 당연히 부모죠. 예전 부모들은 모두 자기들 위주로 살았어요. 부모가 가정의 주인이고 자식은 손님이에요. 그런데 지금은 자식이 가정의 주인이자 대장이 되어버렸어요. 부모의 위계질서 아래 있어야 하는데 그렇지 못해요. 엄마 아빠가 나보다 높은 사람이고, 할머니 할아버지는 그보다 더 높은 사람이어야 하는데 그 반대예요.

가정의 틀이 있으면 아이들은 그 안에서 자연스럽게 자라납니다. 그 안에서 엄마가 아이를 기르는 것을 보고 자라면서 육아하는 방식도 배우게 되죠. 그러니까 아이를 기르는 게 쉬웠어요.

그리고 또 하나 중요한 것은 우리 부모들은 바빠서 아이들에게 뭘 많이 못해줬어요. 6남매, 8남매 키우면서 밥하고, 빨래하고, 설거지하고, 논일하고, 밭매야 하는데 어떻게 아이를 일일이 돌볼 수 있었겠어요. 바빠서 세세하게 돌볼 수 없으니 그냥 놔두게 되고, 내버려두니 잘 자란 거예요. 물론 최소한의 것은 돌봐줬죠.

제가 첫아이를 낳았을 때 우리 어머니께서 하신 말씀이 "얘야, 애 우는 거 겁내지 마라. 애는 울어야 머리가 좋아진다"고 하셨어요. 그래서 저는 아이 우는 걸 겁낸 적이 없어요. 30년 전 엄마들은 대부분이 아이가 우는 걸 별로 겁내지 않았죠. 지금은 아이가 울면 뭐 거의 부들부들 떨어요. 육아법에 나오는 '아이를 울리지 말라' 그 한마디 때문이에요. 문제가 생긴 아이들을 본 사람들은 아이가 우는 걸 겁내고, 그에 대한 솔루션으로 아이를 울리지 말라고 말해요. 그 한마디 때문에 모든 게 엉망이 되는 거예요.

'울리지 말라'고 했으니 아이가 조금이라도 울면 얼른 아이를 달래죠. 그러면 아이가 스스로 울음을 못 그쳐요. 이 아이는 나중에는 울음도 못 그치는 아이가 됩니다. 한마디로 자기통제력이 안 생기는 거죠. 스스로 울음을 그친다는 것은 단순한 의미를 넘어 자기 행동을 통제할 수 있다는 거예요. 그런데 그것을 부모가 대신 해주는 거죠. 극단적인 예가 마마보이예요. 그런 상황이 쌓이고 쌓이면 모든 걸 부모가 해주지 않으면 안 되는 것처럼 느끼는 거죠.

대기자: 아이의 일상을 일일이 통제하지 못하면 오히려 아이에게 미안해하는 부모들도 있어요. 아이에게 미안함을 갖는 부모에 대해서는 어떻게 생각하시나요?

하 원장: 옛날 우리 부모들을 떠올려보세요. 항상 바빴기 때문에 아이들이 특별히 문제가 있지 않는 한 그냥 놀게 놔뒀어요. 아이가 신나게 노느라고 저녁밥 먹을 때까지도 안 들어오면 그때 아이를 불러 야단쳤죠. 그렇게 한계를 벗어날 때만 혼을 낸 거예요. 그런데 요즘은 부모가 아이의 행동을 일일이 컨트롤하려고 하죠.

미안함을 갖는다는 건 말도 안 되는 거예요. 부모는 부모의 인생이 있고, 아이는 아이의 인생이 있어요. 아이가 뭘 못해서 문제가 되면 아이가 부모에게 미안해해야지 왜 부모가 미안해해요. 미안해하면 안 돼요. 그것은 아이의 인생이에요. 낳아준 것만으로도 감사하게 생각하도록 만들어야 해요. 자신의 인생을 고맙게 생각해야 매사 감사한 줄 알거든요.

그렇게 하려면 아이에게 무엇을 해줄 때 항상 부모로서 당당해야 합니다. 부모가 자신이 아이에게 무언가를 해줄 때 아이가 고마움을 느낄 수 있도록 행동하지 않으면 아이가 어떻게 고맙다는 생각을 하겠어요. 그렇지 않고 그냥 자꾸 해주다 보면 아이는 점점 더 많은 걸 원해요. 나중에는 안 해주면 부모에게 욕하고 화를 냅니다. 부모가 매사 당당하지 않다는 게 문제예요.

지금 육아법들이 부모 위주로 생각하지 않고 자존감, 애착 등을 앞세워 지나치게 아이 위주로 가르치니까 그렇거든요. 부모가 권위가 있고 위계질서가 있으면 아이들이 부모를 믿고 밖에 나가서 큰소리를 쳐요. "우리 아빠한테 이를 거야!" 하고요. 그런데 요즘에는 그렇게 말하는 아이들이 없죠. 아이 스스로 자기가 대장인 줄 아는데 누구한테 이르겠어요.

그러니까 가정의 틀 속에서 저절로 생기는 자존감이 진짜 자존감이고 만들어주는 자존감은 가짜 자존감이에요. 진짜 자존감이 있으면 그 아이는 어떤 사회 속에서도 평생 굴복하지 않아요. 스스로 만든 진짜 자존감이기 때문이죠. 하지만 부모가 만들어준 자존감은 외부적인 작용으로 좌절과 실패를 경험하면 무너집니다. 요즘에는 실패와 좌절을 경험하면 한순간에 무너지는 아이들이 아주 많아요. 진짜 자존감이 아니라 누군가 만들어준 자존감이기 때문이에요. 가정의 틀 속에서 자연스럽게 자기 스스로 만든 자존감은 절대 그런 걸로 쉽게 무너지지 않아요.

인생은 있는 그대로 가르쳐야 합니다. 가정의 틀이 있고, 위계질서가 있고, 규칙이 있고, 한계가 있으면 돼요. 예전의 그릇된 관습처럼 쓸데없이 아이를 때리거나 하는 식의 나쁜 행동들만 안 하면 됩니다. 교양 있는 부모의 적당한 배려가 있으면 되는 거예요. 예전에는 이 부분이 조금 부족했던 게 사실이에요. 예전 부모는 권위를 넘어 절대적인 권한을 갖고 있었죠. 그러니까 예전 육아 방식의 틀을 유지하되 그런 그릇된 부분은 요즘 세대에 맞게 개선해야 한다는 말이에요. 이것이 육아 문화예요.

이 문화를 붕괴시켜놓고는 무조건 아이에게 맞춰주는 게 문제예요. 붕어빵 만드는 과정을 한번 떠올려보세요. 붕어 모양으로 생긴 그 틀이 없으면 어떻게 되겠어요? 난리 나죠. 틀이 있어야 붕어빵을 쉽게 만들 수 있잖아요. 틀이 없으면 아예 붕어빵을 만들 수조차 없어요. 아무리 특수교육을 받고 일 년 내내 연습해도 틀이 없으면 만들 수 없어요. 그러면 붕어빵은 안 만들어지고 힘만 드는 거예요. 이 틀을 어떻게 만들어야 할까요? 이것이 바로 부모가 노력해야 하는 부분입니다.

대기자: 예전과 달라진 육아 문화 중 하나가 '친구 같은 부모'가 되길 원하는 거라고 해요. 그래서인지 '권위적인 부모'를 부정적으로 생각하는 부모가 많은데, 이에 대해서는 어떻게 생각하시나요?

하 원장: 부모는 친구가 아니에요. 예를 들어 사자 집단에서 친구 같은 사자 부모 봤어요? 가장 자연적인 동물의 왕국에는 위계질서가 존재해요. 그러니까 '친구 같은 부모'는 불가능한 목표예요. 부모가 아이를 친구처럼 이해하고 배려하는 것은 필요하지만 부모는 친구가 되면 안 돼요. 그런데 요즘 부모는 친구는커녕 아예 졸병이 되었어요. 위계질서가 깨지면 모든 게 무너지는 거예요.

권위적인 부모 밑에서 매도 많이 맞고 인격적으로 존중받지 못한 채 힘들게 산 사람들 중에 권위를 부정하는 사람들이 있어요. 그러면 그 틀을 유지하면서 개선하면 되는데 아예 시스템을 붕괴시킨 거예요. 문화가 붕괴되는 것은 아주 끔찍한 일이에요. 문화가 붕괴되면 문명도 붕괴됩니다. 아이를 키우는 문화가 붕괴되니까 우리는 자꾸 지식으로 그것을 대체하려 해요. 문화가 붕괴되어 생기는 심각한 문제 중 하나가 바로 저출산입니다. 당장 국민연금이 줄어들고 일하는 사람이 부족해져요. 극단적인 표현이기는 하지만 그러면 나라는 망하는 거예요.

문화적 육아라는 것은 가정이라는 틀 속에서 부모가 아이를 키우며 일상을 살아가는 거예요. 그러면 부모는 특별히 뭘 할 필요가 없어요. 물론 아이를 도와주긴 하지만 부모가 자신의 인생을 행복하게 살아가면서 아이를 키우는 거예요. 지금은 부모가 행복하게 사는 데에 육아가 방해된다고 생각하죠. 하루 종일 아이한테 매달려 전전긍긍하며 찌든 삶을 사니까 그런 생각이 들 수밖에 없죠.

대기자: 부모가 인간관계의 틀을 만들어주면 안 되는 이유는 뭘까요?

하 원장: 인간관계는 인간관계로만 끝나는 게 아니에요. 인간관계를 통해 아이들은 두뇌가 활성화됩니다. 인간관계는 매우 복잡하기 때문이에요. 그 복잡한 것을 판단하고 결정하고 실행에 옮겨야 하는데, 그게 안 되면 인간관계를 주입시키려 해요. 하지만 그렇게 해서는 두뇌가 활성화되지 않아요. 아이 스스로 익힌 인간관계가 진짜 인간관계입니다.

그런데 요즘엔 부모들이 인간관계의 틀까지 만들어주니까 거기서 벗어나면 아이들은 헷갈리는 거예요. 부모가 아이한테 만들어주는 인간관계에는 좋은 것만 있잖아요. 그런데 실제 인간관계에도 좋은 사람들만 있을까요? 아니죠. 요즘 젊은 사람들 중에 직장에서 야단 한번 맞으면 그만두는 경우가 있어요. 부부 간에도 한번 싸우면 그냥 끝인 사람들 많죠. 좌절을 겪어본 적이 없기 때문이에요. 인생은 있는 그대로 가르쳐야 해요. 혼도 나고, 야단도 맞고, 억울한 소리도 들어보고, 칭찬이나 격려도 받고 하는 것들을 가정의 틀 속에서 겪어야 해요. 중요한 것은 부모의 적당한 배려가 있으면 됩니다. 어차피 사회에 나가면 부모가 해준

적당한 배려 이상을 기대할 수 없어요. 누구도 그 이상을 해주는 사람은 없거든요. 그러니까 그것을 견뎌내도록 키우는 게 중요하다는 말입니다.

어려서부터 그런 환경에 노출된 경험이 다양하면 직장에서 혼나고, 억울하고, 화가 나는 일이 있더라도 쉽게 그만두지 않아요. 온실 속의 화초처럼 키우면 아이가 다양한 사회 환경에서 버텨내질 못해요. 그런데 요즘 부모들은 뭐 하나만 잘못되어도 일일이 고쳐주려 하죠. 결국 부모는 뼈 빠지게 고생하지만 정작 아이는 혼자 할 수 있는 게 아무것도 없는 상태가 됩니다. 그래서 한계를 정해주고 그 한계 내에서는 그냥 놔둬야 해요. 그리고 아이가 스스로 할 때까지 기다려주는 겁니다. 여기서 한계는 일상의 모든 것을 포함해요. 예를 들어 해가 지면 집에 들어와야 한다거나 어른에게 반말을 하면 안 된다거나 하는 아주 일상적인 것들이에요. 이것은 가정의 규칙을 정하고, 그리고 어디까지 선을 넘으면 안 되는지 한계를 명확하게 해주는 거예요. 그래야만 아이가 그 안에서 편안히 살 수 있어요.

대기자: 가정의 틀이 있으면 육아가 쉬워지나요?

하 원장: 요즘 '아이를 방목한다'는 표현을 많이 쓰는데 방목에도 울타리는 있어요. 또 두 살 전에 훈육하지 말라고 하는데 그렇게 이해하면 안 돼요. 훈육도 신생아 때부터 해야 합니다. 신생아 때도 부모로서의 권위가 있어야 해요. 그런데 신생아 때는 권위가 없다가 아이가 조금 크면 그때 부모의 권위를 만든다고 해서 그게 만들어지나요? 아니거든요.

부모가 권위가 있으려면 신생아 때 어떤 것부터 해야 할까요? 예를 들면 카시트를 사용하는 거예요. 부모가 권위가 있으면 카시트 사용이 쉽습니다. 그때부터 아이는 자기 통제를 배워요. 훈육은 자기 통제와 연관되어 있거든요. 우스갯소리로 '아이가 울 때 100% 달래지 말고 60%만 달래라'라는 말이 있어요. 그렇게 해서 아이가 스스로 울음을 그치면 그때 아이에게 통제력이 생긴 거예요. 이 통제를 통해 아이들은 내 마음대로 되지 않는 게 있다는 것을 신생아 때부터 배우는 거죠. 카시트를 사용함으로써 운다고 모든 걸 얻을 수 있는 게 아니라는 것을 배우는 겁니다.

약 20년 전 국가에서 의무로 정하기 전에는 카시트를 사용하는 사람이 별로 없었어요. 카시트가 의무화되자 부모들이 그걸 어떻게 사용하느냐고 아주 난리가 났었죠. 그때는 그런 문화가 아니었으니까요. 그런데 지금은 어때요? 지금 그런 말을 하는 부모는 없어요. 카시트 문화에 적응하고 나니까 쉽게 카시트를 사용하잖아요.

훈육도 그렇게 하는 거예요. 한계를 정해줬으면 무조건 지키도록 하는 거예요. 아이 잘 키우는 엄마들에게 아이가 말을 잘 듣느냐고 물어보면 '당연한 거 아니에요?'라고 말해요. 아이 키우는 걸 힘들어하는 엄마에게 물어보면 '아니 어떻게 애가 말을 들어요?'라고 대답합니다. 거기서부터 차이가 나는 거예요. 그래서 육아가 즐거운 분들은 아이를 3~4명도 낳습니다. 그게 우리나라에서는 놀라운 일이지만 다른 나라에서는 흔히 있는 일이죠.

우리 병원에 오는 외국인들의 경우에는 아이를 어디에 맡기지 않아요. 아이를 키우는 즐거움을 온전히 느끼고 싶은 거죠. 신생아 때부터 아이를 키우는 일이 즐겁다고 생각해야 아이를 쉽게 키울 수 있어요. 구글링을 해보면 다른 나라에서는 모두 돌 이전에 훈육한다는 내용이 쫙 뜹니다. 특히 프랑스 육아를 살펴보면 우리나라 전통 육아와 흡사해요. 아이가 우는 걸 겁내지 말고, 한 박자 늦추고 기다리라고 말합니다. 디테일의 차이는 있지만 큰 틀은 같아요. 지금 젊은 부모들은 우리의 전통 육아를 모르니까 프랑스 육아법이 낯설다고 생각하겠죠.

대기자: 원장님의 말씀을 들어보면 훈육은 아이를 가르치는 게 아니라는 생각이 드는데, 맞나요?

하 원장: 훈육은 가정의 틀 속에서 스스로 배우는 거예요. 아이들의 시각과 어른의 시각이 다르기 때문이에요. 아이들은 아이들 나름의 방식으로 배워요. 일상생활 속에서 부모의 말과 행동을 통해 언어도 습득하고, 인간관계도 배우고, 훈육도 배워요. 훈육은 아이 스스로 저절로 되는 것이지, 부모가 가르치는 게 아니에요. 무엇이든 다 가르치려 하니까 육아가 힘들어지는 거예요.

육아는 쉽고 재미있고 즐거워야 합니다. 그래서 아이가 태어나기 전부터 육아는 즐거운 것이라는 인식을 하고 미리 공부해야 합니다. 이때 공부는 지식 공부가 아니라 문화 공부예요. 옛날에는 특별히 공부하지 않아도 전승되는 문화를 그냥 익히는 것만으로도 충분했어요. 그런데 지금은 그런 문화를 배울 수 없으니 미리 그것에 관해 공부해야 하는 거죠. 그런데 대부분의 부모들이 문화를 배우지 않고 지식을 배우는 게 문제인 거예요.

대기자: 고된 육아로 지친 부모들에게 어떤 말씀을 해주실 수 있을까요?

하 원장: 쉬운 육아를 하라고 말씀드리고 싶어요. 아이를 키울 때 가장 중요한 세 가지는 언어 발달, 인간관계, 훈육입니다. 여기에 한 가지가 더 추가되는데, 바로 행복한 육아예요. 불행이 대물림되듯이 행복도 대물림됩니다. 저는 참 긍정적인 사람이고, 어릴 적에는 역경도 많았지만 한 번도 힘들다고 생각한 적이 없어요. 어릴 때부터 인생을 행복하게 살았기 때문이에요. 우리 부모님은 어려운 상황 속에서도 우리에게 행복하게 사는 모습을 보여주셨죠. 부모님으로부터 행복하게 사는 법을 배운 거예요.

요즘 부모들은 예전에 비하면 경제적으로 훨씬 잘 살잖아요. 그런데 행복을 못 느껴요. 문제는 행복을 못 느끼는 게 아이들한테 그대로 대물림된다는 거예요. 부모가 행복한 모습을 보여주면 아이들은 인생이 행복하다는 것을 배우게 됩니다. 부모가 행복한 모습을 보여주려면 부모 위주의 인생을 살아야 해요. 그런데 요즘 부모들은 부모 위주로 안 살죠. 특히 엄마들을 보면 아이 키우려고 결혼한 사람처럼 느껴질 때가 많아요. 아이한테 끌려가기 때문이에요.

분명한 것은 부모가 주인이고, 아이는 손님이어야 한다는 겁니다. 부모가 행복하게 사는 모습을 보여주고 화목한 가정의 틀을 만들어주는 게 부모의 역할이에요. 부모 위주로 행복하게 살면 아이들은 그 팀에 끼려고 노력해요. 그러면서 가정에 대한 소속감을 느끼고 유대감을 갖게 되죠. 그리고 아이 스스로 애착을 만들어갑니다. 애착 역시 부모가 만들어주는 게 아니고 아이 스스로 행복한 가정의 틀에 들어가기 위해 만들어가는 거예요. 이게 바로 정상적인 육아입니다.

KI신서 11594

우리 아이 미래를 바꿀
대한민국 교육 키워드7

1판 1쇄 발행 2023년 12월 27일
1판 5쇄 발행 2024년 3월 20일

지은이 방종임 이만기
펴낸이 김영곤
펴낸곳 (주)북이십일 21세기북스

인문기획팀장 양으녕   **책임편집** 이지연 노재은
디자인 말리북
출판마케팅영업본부장 한충희
출판영업팀 최명열 김다운 김도연 권채영
마케팅2팀 나은경 정유진 박보미 백다희 이민재
제작팀 이영민 권경민

출판등록 2000년 5월 6일 제406-2003-061호
주소 (10881) 경기도 파주시 회동길 201(문발동)
대표전화 031-955-2100 **팩스** 031-955-2151 **이메일** book21@book21.co.kr

ⓒ 방종임 이만기, 2023
ISBN 979-11-7117-280-1 03370

(주)북이십일 경계를 허무는 콘텐츠 리더

21세기북스 채널에서 도서 정보와 다양한 영상자료, 이벤트를 만나세요!

페이스북 facebook.com/jiinpill21   **포스트** post.naver.com/21c_editors
인스타그램 instagram.com/jiinpill21 **홈페이지** www.book21.com
유튜브 youtube.com/book21pub

서울대 가지 않아도 들을 수 있는 명강의! 〈서가명강〉
'서가명강'에서는 〈서가명강〉과 〈인생명강〉을 함께 만날 수 있습니다.
유튜브, 네이버, 팟캐스트에서 '서가명강'을 검색해보세요!